Cautivante

Revelando el misterio del alma de una mujer

JOHN & STASI ELDREDGE

GRUPO NELSON
Una división de Thomas Nelson Publishers
Desde 1798

NASHVILLE   DALLAS   MÉXICO DF.   RÍO DE JANEIRO   BEIJING

GRUPO NELSON
Una división de Thomas Nelson Publishers
Juntos inspiramos al mundo

Caribe-Betania Editores es un sello de Editorial Caribe, Inc.

© 2005 Editorial Caribe, Inc.
Una subsidiaria de Thomas Nelson, Inc.
Nashville, TN, E.U.A.
www.caribebetania.com

Título en inglés: *Captivating: Unveiling the Mystery of a Woman's Soul*
© 2005 por *John and Stasi Eldredge*
Publicado por Thomas Nelson, Inc.

A menos que se señale lo contrario, todas las citas
bíblicas son tomadas de la Versión Reina-Valera 1960
© 1960 Sociedades Bíblicas Unidas en América Latina.
Usadas con permiso.

ISBN 0-88113-278-0
ISBN 978-0-88113-278-6

Traducción: *Omayra Ortiz*

Diseño interior: *Grupo Nivel Uno, Inc.*

Impreso en E.U.A.
Printed in the U.S.A.

7ª Impresión, 09/2007

A las mujeres cautivantes a las que tenemos
la bendición de llamar nuestras amigas.

Índice

Introducción

Ahora sí estamos sobre terreno santo. Escribir un libro para hombres *(Salvaje de Corazón)* fue una propuesta bastante sencilla. No que los hombres sean ilusos. Pero sí *son* los menos complicados de los dos géneros que tratan de navegar juntos por el amor y la vida. Tanto los hombres como las mujeres saben que esto es cierto. Por cierto, el misterio del corazón femenino se suponía que fuera algo bueno. Una fuente de felicidad. Sin embargo, se ha convertido en una fuente de vergüenza. Casi universalmente las mujeres sienten que son «demasiado» y «no lo que se supone que sean». Y los hombres tienden a alejarse de las profundas aguas del alma de una mujer, inseguros de lo que van a encontrar allí o de cómo manejarlo. Y así nos hemos perdido el tesoro que es el corazón de una mujer, hemos perdido la rica femineidad que se suponía trajeran a nuestras vidas, hemos perdido la forma en que esto nos habla acerca del corazón de Dios.

Puedes estar segura, este no es un libro sobre todas las cosas que no estás haciendo como mujer. Estamos cansados de esos libros. Recién convertida, tiré de un lado a otro del cuarto el primer libro que yo (Stasi) decidí leer sobre la femineidad cristiana y nunca más lo tomé en mis manos. En los veinticinco años que han pasado desde entonces, solo he leído unos pocos que puedo recomendar sinceramente. Los demás me vuelven loca. Sus mensajes a las mujeres me hacen sentir que aunque «no eres la mujer que debieras ser, si sigues los siguientes diez pasos, puedes tener éxito». Estos libros, en su mayoría, aniquilan el alma, pues la femineidad no puede recetarse en una fórmula.

Tenemos amigas a las que les encantan las reuniones para tomar té y las vajillas elegantes, y otras a las que les sale salpullido de solo pensar en esto. Tenemos amigas a las que les encanta cazar, hasta con arco y flecha. Mujeres a las que les encanta ser anfitrionas y otras a las que no les gusta. Mujeres que son profesoras, madres, doctoras, enfermeras, misioneras, dentistas, amas de casa, terapistas, cocineras profesionales, artistas, poetisas, escaladoras de montañas, atletas, secretarias, vendedoras y trabajadoras sociales. Todas son mujeres valiosas. Entonces, ¿es una verdadera mujer la Cenicienta o Juana de Arco? ¿María Magdalena u Oprah? ¿Cómo recuperamos la femineidad esencial sin caer en estereotipos, o peor aún, sin añadir más presión y culpa a nuestras lectoras? Eso es lo último que necesita una mujer. Y aún así, *hay* una esencia que Dios le ha dado a cada mujer. Compartimos algo profundo y verdadero en lo profundo de nuestros corazones. Así que nos arriesgamos en esta exploración de la femineidad a través del *corazón*. ¿Qué hay en lo más profundo del corazón de una mujer? ¿Cuáles son sus deseos? ¿Qué anhelábamos cuando éramos niñas pequeñas? ¿Qué anhelamos todavía como mujeres? Y, ¿cómo comienza a sanar una mujer de las heridas y tragedias de su vida?

En algún momento entre los sueños de tu juventud y ayer se perdió algo valioso. Y ese tesoro es tu corazón, tu inapreciable corazón femenino. Dios ha establecido dentro de ti una femineidad que es poderosa y tierna, fiera y encantadora. No cabe la menor duda de que ha sido malentendida. Ciertamente ha sido agredida. Pero está allí, tu verdadero corazón, y bien vale la pena recuperarlo. *Eres* cautivante.

Así que te invitamos a emprender esta jornada con nosotros, una jornada de descubrimiento y sanidad. Porque tu corazón es un galardón del reino de Dios y Jesús ha venido a rescatarte otra vez para Él... todo tu ser. Oramos para que Dios use este libro en tu vida y en tu corazón para traer sanidad, restauración, gozo y ¡vida! Y si Dios hace eso, será un motivo para una maravillosa celebración. Con tazas de té y vajillas elegantes. O platos sanitarios. Lo que prefieras. Un día, todos celebraremos juntos. En anticipación y esperanza, anhelamos que este pequeño libro te acerque más al corazón de Dios... y al tuyo.

CAPÍTULO UNO

El corazón de una mujer

A veces es difícil ser mujer.
—TAMMY WYNETTE

Él vio que los ojos de Fátima estaban llenos de lágrimas.
«¿Estás llorando?»
«Soy una mujer del desierto», respondió desviando su rostro.
«Pero sobre todo, soy mujer».
—PAULO COELHO, *El Alquimista*

Tu lugar está entre las flores silvestres.
Tu lugar está en un barco en alta mar.
Tu lugar está con tu amor de tu brazo.
Tu lugar está en donde te sientas libre.
Wildflowers [Flores silvestres], TOM PETTY

*H*agámoslo.
Estaba oscureciendo. El aire estaba frío, perfumado con pino y salvia, y el río, que se movía aprisa, nos hizo señas. Estábamos acampando en los Tetons, así que nuestra canoa estaba sobre la capota del auto. «Vamos». John me miró como si hubiera perdido la razón. En menos de veinte minutos la noche estaría sobre nosotros, sobre el río y sobre el bosque. Todo estaría oscuro como boca de lobo. Estaríamos en el río, solos, únicamente con una vaga idea sobre qué ruta seguir (hacia abajo), dónde salirnos (en dirección a la carretera), y una larga caminata de regreso al auto. Quién sabe los peligros que podemos encontrar allí. Me miró otra vez, miró a nuestros hijos, y luego dijo: «¡De acuerdo!» De inmediato comenzamos con los preparativos.

La noche estaba bellísima. Los elegantes movimientos del río provocaban que los colores del agua cambiaran de cobalto a plateado a negro. No había nadie más a la vista. Teníamos el Oxbow Bend para nosotros. En tiempo récord, teníamos la canoa en el río, los chalecos salvavidas abrochados, los remos listos, los chicos acomodados y partimos. Una carrera para beber profundamente de toda la belleza que fuera posible, juntos.

Un viejo puente de madera colgaba a baja altura sobre el río. Sus escombros parecían como si fueran a colapsar con la siguiente brisa fuerte. Tuvimos que agacharnos para pasar por debajo. Cuidadosamente navegamos los sinuosos canales de la Serpiente: John en la parte de atrás, yo al frente, tres chicos entre ambos llenos de asombro y fascinación. Cuando comenzaron a asomarse las estrellas, nos parecíamos a los niños presentes en la creación de Narnia... el cielo tan despejado, las estrellas tan cerca. Aguantamos la respiración mientras una caía suavemente, surcando el cielo, y desaparecía.

Un castor chapoteó en el río, como un disparo de escopeta, provocando que dos patos asustados levantaran el vuelo. Sin embargo, todo lo que podíamos ver entre el agua oscurecida y el cielo eran las pequeñas olas blancas que dejaron al levantar el vuelo, como si fueran esquiadores acuáticos sincronizados. Los búhos comenzaron a emitir su llamado nocturno en los árboles sobre nosotros, unidos a las grullas a lo largo de la orilla. Los sonidos eran familiares y al mismo tiempo fuera de este mundo. Susurrábamos unos a otros sobre cada nueva maravilla, mientras los remos casi se sumergían, pero no totalmente silenciosos, dentro y fuera del agua.

La noche cayó. Tiempo de regresar. Planificamos salir por la ensenada más cerca de la carretera para no tener que caminar demasiado para encontrar nuestro auto. Ni siquiera nos atrevimos a salir por donde habíamos entrado. Eso hubiera requerido remar en contra de la corriente con muy poca facultad para ver por dónde íbamos.

Mientras nos dirigíamos a la orilla, un alce apareció entre los altos arbustos, exactamente en el lugar donde habíamos planificado desembarcar. Era tan oscuro como la noche. Podíamos verlo solo porque su silueta se dibujaba en el cielo. Era enorme. Era precioso. Estaba en el medio. Bloqueaba la única salida que teníamos. Más personas mueren en los parques nacionales a causa de los alces que por cualquier otro animal. Mil setecientas libras de músculos y cuernos, velocidad asombrosa y el ser tan impredecibles, ciertamente los hace muy peligrosos. Le tomaría dos segundos correr hasta el agua y volcar nuestra canoa. No podíamos pasar.

El estado de ánimo cambió. Ahora John y yo estábamos preocupados. Solo había una alternativa a esta salida, ahora cerrada para nosotros, y era remar río arriba en lo que se había transformado en una absoluta oscuridad. Discreta y silenciosamente, volteamos la canoa y comenzamos a remar, buscando el canal correcto que nos mantuviera fuera de la corriente principal. No habíamos planificado que la aventura tomara aquel giro pero, de repente, todo era necesario. John tenía que timonear con destreza; yo debía remar con fuerza. Un solo error nuestro y la fuerte corriente inclinaría la canoa de un costado, se llenaría de agua y nuestros hijos se irían río abajo hacia la noche.

Fue glorioso.

Lo logramos. Él lo hizo. Yo lo hice. Superamos el reto trabajando juntos y el hecho de que exigió todo lo que tenía, que estaba allí con mi familia y por mi familia, que estaba rodeada por una belleza salvaje y reluciente, y que era, bueno, de alguna manera *peligrosa*, hizo el momento… trascendente. Ya no era Stasi. Era Sacagawea, la Princesa India del Oeste. Una mujer fuerte y valiente.

La travesía de una mujer

Entonces llegó un momento cuando el riesgo necesario
para permanecer apretada en un capullo era más doloroso
que el riesgo que se necesitaba para florecer.
—Anais Nin

Estoy intentando recordar cuándo supe por primera vez en mi corazón que ya no era una niña y que me había convertido en mujer. ¿Fue cuándo me gradué de la escuela superior, o de la universidad? ¿Lo supe cuándo me casé? ¿Cuándo me convertí en madre? Al momento de escribir este libro tengo cuarenta y cinco años, pero aún quedan lugares en mi corazón que se sienten demasiado jóvenes. Cuando pienso en lo que se consideraría como momentos de transición en mi vida, entiendo por qué mi travesía ha estado marcada por la falta de guía y la incertidumbre. El día que tuve mi período por primera vez, mi familia me avergonzó durante la cena cantando una canción: «Esta niñita ya es mujer, ahora...» Hmmmm. No me *sentía* nada diferente. Lo que me sentía era humillada de que ellos *supieran*. Miré mi plato y de repente el maíz me pareció muy interesante.

El día que me compraron mi primer sostén, un sostén de práctica, de esos que tienen material elástico al frente, una de mis hermanas me empujó hacia el pasillo donde, para mi horror, mi padre estaba listo para tomar una foto. Me dijeron que me reiría de eso más adelante. (No lo he hecho.) Como muchas otras mujeres, me dejaron sola para que navegara mi ruta a través de la adolescencia, a través de mi cuerpo con sus nuevos cambios y el despertar de una nueva etapa en mi vida, un retrato de mi corazón cambiante y el despertar a un nuevo mundo. No recibí ningún consejo en mi travesía hacia ser mujer. Sí me alentaron, sin embargo, a que comiera menos. Mi papá me llamó aparte y me dijo: «Ningún muchacho te va a querer si estás gorda».

Me uní al movimiento feminista cuando estaba en la universidad, buscando, como la mayoría de las mujeres en la década de los setenta, un sentido del yo. De hecho, llegué a ser Directora del Centro de Recursos para Mujeres de una universidad estatal de pensamiento liberal en California. No obstante, sin importar lo mucho que afirmaba mi fuerza e independencia como mujer («escuchen mi rugido»), mi *corazón* de mujer se mantenía vacío. Que te digan que eres joven y que «puedes ser todo lo que quieras» no es muy útil. Es demasiado inmenso. No te da dirección. Que te digan cuando somos mayores que «puedes hacer todo lo que un hombre puede hacer», como nos dijeron a muchas de nosotras, tampoco ayuda. No quería ser un hombre. ¿Qué significa ser una *mujer*?

Y como ocurre con el romance, tropecé a través de ese misterioso terreno teniendo solo las películas y la música como guías. Como muchas mujeres que conozco, batallé sola durante el desastre de varios corazones rotos. En mi último año en la universidad me enamoré en serio y este joven realmente reciprocó mi amor. John y yo salimos durante dos años y medio, y luego nos comprometimos. Mientras hacíamos planes de boda, mi madre me dio un extraño consejo; en este caso, su consejo matrimonial. Tenía dos partes. Primero, ama las moscas fuera de tu ventana cuando no hay chuletas en la mesa. Y segundo, siempre mantén el piso de la cocina limpio; esto hace que el resto de la casa luzca mejor. Rápido capté su intención. Es decir, que mi nueva posición como «esposa» se centraba en la cocina; preparar las chuletas y limpiar después de comerlas.

De alguna manera creí que después de decir «lo prometo», me transformaría como por arte de magia en Betty Crocker. Me imaginaba horneando pan fresco, con el rostro sonrojado y precioso mientras sacaba los moldes humeantes del horno. No importaba que no hubiera cocinado más de cinco platos en toda mi vida, me dispuse a preparar cenas, y hasta desayunos, con determinación y fervor. Luego de dos semanas de esto, me acosté en el sofá deprimida, anuncié que no sabía qué había para cenar y que John estaba por su cuenta. Además, el piso de la cocina estaba sucio. Había fracasado.

Mi historia se parece a la de muchas mujeres. Hemos recibido todo tipo de mensajes pero muy poca ayuda en lo que significa convertirse en mujer. Como lo expresó una joven que hace poco nos escribió:

> Recuerdo que cuando tenía diez años me preguntaba a mí misma, y a algunas mujeres mayores en mi vida, cómo una mujer de Dios podía realmente estar segura de sí misma, ser escandalosa y bella, y al mismo tiempo no parecer una feminista nazi ni una callejera emocional insegura gritando «¡Necesito atención!» ¿Cómo me convierto en una mujer fuerte sin volverme ruda? ¿Cómo puedo ser vulnerable sin ahogarme en mi tristeza?

Parece que va en aumento la cantidad de libros sobre la travesía *masculina* —ceremonias o ritos que se celebran para marcar el paso de una etapa de la vida a otra, iniciaciones y cosas por el estilo— y muchos de ellos son muy útiles. Pero se ha ofrecido muy poca sabiduría sobre el camino para convertirse en mujer. ¡Ah! Sabemos las *expectativas* que se han puesto sobre nosotras por nuestras familias, nuestras iglesias y nuestras culturas. Hay resmas de materiales sobre lo que *debemos* hacer para ser buenas mujeres. Pero eso no es lo mismo que saber lo que implica el camino hacia convertirse en una mujer, ni siquiera lo que debe ser realmente la meta.

En esto la Iglesia no ha sido de gran ayuda. No, eso no es ser lo suficientemente sincera. La Iglesia ha sido parte del problema. Su mensaje a las mujeres ha sido principalmente... estás aquí para servir. Para eso Dios te creó: para servir. En el salón de cuna, en la cocina, en varios comités, en tu casa, en tu comunidad. En serio, piensa en las mujeres que visualizamos como ejemplos de feminidad en la Iglesia. Son dulces, son útiles, sus cabellos están muy bien peinados. Siempre están ocupadas, son disciplinadas, son tranquilas y están *cansadas*.

Piensa en las mujeres que ves en la Iglesia. Están tratando de cumplir con cierto modelo de feminidad. ¿Qué te «enseñan» ellas sobre ser mujer? ¿Qué nos están diciendo a través de sus vidas? Como ya hemos dicho, has tenido que concluir que una mujer piadosa está... cansada. Y es culpable. Todas estamos viviendo bajo la sombra de ese infame ícono: la mujer de Proverbios 31, cuya vida está tan ocupada que me pregunto cuándo tiene tiempo para las amistades, para salir a caminar o para leer buenos libros. ¿Acaso no se le apaga la lámpara durante la noche? ¿*Cuándo* tiene relaciones sexuales? De alguna manera, ella ha santificado la vergüenza bajo la que viven la mayoría de las mujeres; la prueba bíblica de que, una vez más, no damos la talla. ¿Se supone que eso es ser piadosa? ¿Esa sensación de que eres un fracaso como mujer?

Invisibles, poco importantes, inseguras

Sé que no estoy sola en este fastidioso sentimiento de no dar la talla; un sentimiento de no ser lo suficientemente buena como *mujer*. Cada mujer que conozco lo siente y es algo más profundo que sencillamente la sensación de fracasar en lo que se hace. Un sentimiento subyacente e interno de fracaso en lo que ella *es*. *No soy suficiente* y *soy demasiado*, al mismo tiempo. No soy lo suficientemente bonita, lo suficientemente delgada, lo suficientemente bondadosa, lo suficientemente amigable, lo suficientemente disciplinada. Pero demasiado emocional, demasiado necesitada, demasiado sensible, demasiado fuerte, demasiado terca, demasiado descuidada. El resultado es la vergüenza: la compañera universal de la mujer. Nos persigue, rozando nuestros talones, alimentándose de nuestro temor más profundo de terminar abandonadas y solas.

Después de todo, si fuéramos mejores mujeres —lo que sea que *eso* signifique— la vida no sería tan dura. ¿Verdad? No tendríamos tantas luchas, habría menos pena en nuestros corazones. ¿Por qué es tan difícil entablar amistades significativas y mantenerlas? ¿Por qué nuestros días parecen tan poco importantes, faltos de romance y aventura, y llenos de tareas y exigencias? Nos sentimos *invisibles*, aun para aquellos que están más cerca de nosotras. Nos sentimos *poco importantes*; es decir, nadie tiene la pasión o el valor para ir tras nosotras, para ir más allá de nuestro desorden hasta encontrar a la mujer que está en lo profundo. Y nos sentimos *inseguras*... inseguras hasta de lo que significa ser mujer; inseguras de lo que realmente quiere decir ser femeninas; inseguras de si lo somos o alguna vez lo seremos.

Conscientes de nuestros profundos fracasos, derramamos desprecio en nuestros propios corazones por querer más. Ah, anhelamos intimidad y aventura; ansiamos ser la Bella de alguna gran historia. Pero los deseos arraigados profundamente en nuestros corazones parecen un lujo otorgado solo a aquellas mujeres que tienen «todo bajo control». El mensaje para el resto de nosotras —sea de la cultura o de la Iglesia— es *trata más fuerte*.

El corazón de una mujer

Y en todas las exhortaciones hemos perdido lo más importante de todo. Hemos perdido el *corazón* de mujer. Y hacer esto no es muy sabio pues las Escrituras nos dicen que el corazón es primordial. «Sobre toda cosa guardada, guarda tu corazón; porque de él mana la vida» (Proverbios 4.23). Sobre toda cosa. ¿Por qué? Porque Dios sabe que nuestro corazón es la médula de lo que somos. Es la fuente de toda nuestra creatividad, nuestro valor y nuestras convicciones. Es el manantial de nuestra fe, nuestra esperanza, y claro está, nuestro amor. Este «manantial de vida» dentro de nosotras es la esencia misma de nuestra existencia, el centro de nuestro ser. Tu corazón de mujer es lo más importante sobre ti.

Piensa en esto: Dios te creó *mujer*. «Y creó Dios al hombre a su imagen ... varón y hembra los creó» (Génesis 1.27). Sea lo que sea que signifique llevar la imagen de Dios, tú lo haces *como mujer*. Hembra. Así es cómo y dónde llevas su imagen. Tu corazón femenino ha sido creado con el mayor de todos los honores: como un reflejo del propio corazón de Dios. Eres una mujer en tu alma, en la médula misma de tu ser. Y también lo es la travesía para descubrir lo qué Dios quiso decir cuando creó a la mujer a su imagen; cuando te creó a *ti* como su mujer. Esa travesía comienza con tu corazón.

Otra forma de decir esto es que la travesía comienza con *deseo*.

Mira los juegos que juegan las niñitas, y si puedes, recuerda qué soñabas cuando eras una niña. Mira las películas que les gustan a las mujeres. Escucha tu corazón y los corazones de las mujeres que conoces. ¿Qué es lo que quiere una mujer? ¿Con qué sueña? Piensa otra vez en mujeres como Tamar, Rut, Rahab... mujeres no muy «de iglesia» que digamos, pero que la Biblia tiene en alta estima. Creemos que descubrirás que toda mujer anhela tres cosas en su corazón: que la enamoren, jugar un rol irremplazable en una gran aventura y revelar belleza. Esto es lo que hace que una mujer cobre vida.

QUE LA ENAMOREN

Te encontraré. No importa el tiempo que tome,
no importa cuán lejos... te encontraré.
—NATANIEL A CORA EN *EL ÚLTIMO DE LOS MOHICANOS*

Uno de mis juegos favoritos mientras crecía era «secuestrada y rescatada». Conozco muchas niñitas que jugaron esto o que les hubiera gustado hacerlo. Ser la bella, secuestrada por los chicos malos, peleada por y rescatada por un héroe. Alguna versión de esto ocurre en todos nuestros sueños. Como la Bella Durmiente, como la Cenicienta, como Maid Marian o Cora en *El Último de los Mohicanos*, quería ser la heroína y que mi héroe viniera por mí. ¿Por qué me da vergüenza contarte esto? Sencillamente me encanta sentirme deseada y digna de que peleen por mí. Este deseo está muy arraigado en lo profundo del corazón de cada niña... y cada mujer. Aunque la mayoría de nosotras nos sentimos avergonzadas por esto. Le restamos importancia. Pretendemos que es menos de lo que es. Después de todo, somos mujeres del siglo veintiuno: fuertes, independientes, capaces, muchas gracias. Ajá... ¿y quién compra todas esas novelas de romance?

Piensa en las películas que te gustaron una vez y las películas que te gustan ahora. ¿Existe alguna película para niñas que no tenga un guapo príncipe que venga a rescatar a su amada? *La Bella Durmiente, Blanca Nieves, La Sirenita*. Las niñitas anhelan romance, que alguien las vea y desee, y que peleen por ellas. De tal modo, la Bestia debe ganarse el corazón de Bella en *La Bella y la Bestia*. De tal modo, en la escena del mirador en *The Sound of Music*, el Capitán finalmente declara su amor a María bajo la luna, con una canción y con un beso. Y suspiramos.

¿Acaso no se conmueve algo dentro de ti cuando Edward *finalmente* regresa al final de *Sense and Sensibility* para proclamar su amor por Eleonor? «Entonces... ¿no estás... no estás casado?», ella pregunta casi conteniendo su respiración. «No», dice él. «Mi corazón es... y siempre será... tuyo». ¿Y qué de cuando Frederick regresa por Jo al final de *Little Women*? ¿O la escena del atardecer en la popa del Titanic? Y no podemos olvidar *Corazón Valiente*, de la forma en que William Wallace fue tras Murón con flores, notas e invitaciones para montar a caballo. Ella es capturada por su amor mientras montaba a caballo con él bajo la lluvia. (Ahora dime algo... ¿no *te* gustaría montar a caballo por las planicies escocesas con un hombre como Mel Gibson?)

Cuando John y yo comenzamos a «salir», yo acababa de terminar una relación de tres años que me había dejado herida, a la defensiva y muy recelosa. John y yo habíamos sido amigos por muchos años pero nunca había sido evidente que estuviéramos conectados en el departamento romántico. Si a mí me gustaba él, entonces John quería que fuéramos «solo amigos». Si él sentía mucho por mí entonces yo no sentía nada por él. ¿Entiendes el cuadro? Hasta un otoño luego de él haberse convertido en cristiano y en el que yo estaba en una búsqueda desesperada. Nuestro peregrinar espiritual y los deseos de nuestros corazones finalmente se encontraron.

John me escribía cartas, muchas cartas. Cada una repleta de su amor por Dios y de su pasión por mí, su deseo por mí. Pasó horas tallando un precioso corazón en madera de manzanita. Luego lo unió a una delicada cadena y me sorprendió con el regalo. (Todavía valoro mucho el collar.) Caminé hasta mi auto luego de un turno sirviendo mesas para encontrar una poesía escrita por él en el parabrisas. ¡Versos escritos para mí y a mí! Él me amaba. Él me vio, me conoció y fue tras de mí. Me encantó que me enamorara.

Cuando somos jóvenes, queremos ser preciosas para alguien... especialmente papá. Cuando vamos creciendo, el deseo madura hasta convertirse en un anhelo de que vayan tras nosotras, nos deseen como mujer. «¿Por qué me siento tan avergonzada por la profundidad de mi deseo por esto?», me preguntó una joven el otro día. Estábamos hablando de su vida como mujer soltera y de cuánto ella disfrutaba su trabajo, pero preferiría mucho más estar casada. «No quiero que mi vida dependa de esto, pero aún así, lo anhelo». Seguro. Eres una mujer.

Ahora bien, que la enamoren no es todo lo que una mujer desea, y ciertamente John y yo no estamos diciendo que una mujer debe derivar el significado de su existencia de si es o ha sido enamorada por un hombre o no... ¿pero acaso no ves que *deseas* esto? ¿Ser deseada y que vaya tras de ti alguien que te ame, ser la prioridad de alguien? La mayoría de nuestras adicciones como mujeres se intensifican cuando sentimos que no somos amadas o que no van tras de nosotras. En algún lugar, tal vez muy en lo profundo del interior o enterrado en su corazón, toda mujer desea que alguien se percate de ella, la desee y vaya tras de ella. Queremos que nos enamoren.

Un rol irremplazable en una gran aventura

Cuando era una niña me encantaban las películas sobre la Segunda Guerra Mundial. Me imaginaba que era parte de ellas. Soñaba con crecer, trenzar mi cabello y luego ocultarlo debajo de mi casco. Planificaba encubrir mi género pues así podría alistarme. Sentía que los hombres de estas películas eran parte de algo heroico, valeroso y honorable. Anhelaba ser también parte de aquello. En lo profundo de mi alma anhelaba formar parte de algo grande y bueno; algo que requiriera todo de mí; algo peligroso y por lo que valiera la pena morir.

Hay algo feroz en el corazón de una mujer. Sencillamente insulte a sus hijos, a su hombre o a su mejor amiga y le darás una probadita a lo que me refiero. Una mujer es también una guerrera. Pero se supone que sea una guerrera singularmente femenina. En algún momento antes que las aflicciones de la vida hicieran su trabajo para matar esto en nosotras, la mayoría de las jóvenes querían ser parte de algo grandioso, de algo importante. Antes que la duda y la acusación hagan de las suyas, la mayoría de las niñas sienten que tienen un rol vital que desempeñar. Quieren creer que hay algo en ellas que se necesita y que se necesita desesperadamente.

Piensa en Sara, el personaje de la película *Sarah Plain and Tall*. La necesitan; el mundo de ellos no está bien hasta que ella viene a formar parte de él. Sara trae su valor y creatividad al Oeste y ayuda a domesticarlo. Sentimos un profundo respecto por las enfermeras en *Pearl Harbor*. Admiramos cómo en medio de un horrendo asalto ellas traen valor y fortaleza para rescatar la vida de cientos de hombres. Las mujeres de la trilogía *El Señor de los Anillos* son valientes y bellas; mujeres como Arwen, Galadriel y Eowen cambiaron la suerte de la Tierra-media. ¿Y qué me dices de mujeres como Ester, María y Rut; personajes bíblicos que tuvieron roles irremplazables en una Gran Historia? No eran mujeres «seguras» y «simpáticas», no eran meramente «dulces», sino que eran apasionadas y poderosas mujeres que son preciosas *como* guerreras.

¿Por qué me gusta tanto recordar la historia de la canoa en la oscura belleza de los Tetons? Porque me necesitaban. *Yo* era necesaria. No solo me necesitaban, sino que como Arwen, era irremplazable. Nadie más en aquella canoa podía haber hecho lo que yo hice.

A las mujeres les gustan las aventuras de todo tipo. Sean las aventuras de caballos (la mayoría de las niñas pasan por la etapa de los caballos) o descender en balsa por aguas turbulentas, ir a un país extranjero, actuar en un escenario, tener hijos, comenzar un negocio o zambullirse más profundamente en el corazón de Dios, fuimos hechas para ser parte de una gran aventura. Una aventura que es *compartida*. No queremos la aventura por el hecho de tener la aventura, sino por lo que requiere de nosotras *para* otros. No queremos estar solas en la aventura; queremos estar en ella *con* otros.

Algunas veces la idea de vivir como ermitaños nos ha llamado la atención a todos. Sin demandas, sin necesidades, sin dolor, sin desilusiones. Pero esto ocurre porque hemos sido lastimadas, estamos agotadas. En lo profundo del corazón, en ese lugar donde somos principalmente *nosotras mismas*, no queremos escapar por mucho tiempo. Nuestras vidas fueron creadas para ser vividas con otros. Como ecos de la Trinidad, recordamos algo. Creadas a la imagen de una relación perfecta, somos relacionales en esencia y estamos llenas de un deseo de propósito trascendente. Ansiamos ser una parte irremplazable de una aventura compartida.

BELLEZA PARA REVELAR

«Y deseará el rey tu hermosura». Salmo 45.11

Lacey, una adorable niñita de seis años, estaba visitando las oficinas de nuestro ministerio el otro día. Iba de oficina en oficina, balanceándose del marco de la puerta y preguntando con una sonrisa: «¿Te gustaría escuchar mi canción?» Su rostro, con preciosas pecas, besado por el sol; le faltaban dos dientes al frente y sus ojos bailaban de regocijo... ¿quién podía negarse? A ella realmente no le importaba si era una interrupción. Dudo mucho que este pensamiento hubiera cruzado por su mente. Lacey cantaba su recién inventada canción sobre perritos y gatitos, esperando deleitar absolutamente a su oyente, y luego se iba por el pasillo para deleitar al ocupante de la siguiente oficina. Era como una rayito de sol de verano, o, mejor aún, un jardín de hadas revoloteando de oficina en oficina. Era una niñita en todo su esplendor, sin vergüenza de su deseo de deleitar, y deleitarse.

Por esto las niñas juegan a vestirse con ropas lindas. Los niños también juegan a vestirse, pero de una manera diferente. Nuestros hijos fueron vaqueros por años. O soldados. O caballeros *jedi*. Pero ni una sola vez se vistieron de novias, hadas madrinas, mariposas o *princesas*. Los niñitos no se pintan las uñas. No suplican que le perforen las orejas. (Algunos adolescentes lo hacen, pero esa es otra historia.) Los niños no juegan a vestirse con las joyas de mamá y los tacones altos. No se sientan por horas y cepillan el pelo de su amiga.

¿Recuerdas las faldas con volantes volados? La mayoría de las niñas pasan por una etapa en la que no quieren vestirse con nada que no se mueva juguetonamente (y si brilla, muchísimo mejor). Entregar a las niñas una caja llena de sombreros, bufandas, collares y ropa resulta en horas y horas de juego sin fin. Los collares de cuentecillas de las tiendas de descuento son joyas invaluables. Las pijamas de la abuela son un traje de gala. Una vez vestidas, bailan por toda la casa o pasan horas frente al espejo. Sus tiernos corazones quieren intuitivamente saber que son lindas. Algunas preguntarán con palabras: «¿Soy linda?» Otras sencillamente preguntarán con sus ojos. Expresado con palabras o no, sea que estén vestidas con un traje de lentejuelas o cubiertas en lodo, todas las niñitas quieren saberlo. Como escribió una joven compositora recientemente:

> *Quiero ser bella*
> *y hacer que te pongas de pie con admiración.*
> *Mira dentro de mi corazón*
> *Y maravíllate.*
> *Quiero escucharte decir*
> *Que quien yo soy es más que suficiente*
> *Solo quiero merecer amor*
> *Y ser bella.*
> —*Beautiful* [Bella], BETHANY DILLON

El verano pasado John y yo asistimos a una gala en el precioso e histórico Hotel Broadmoor. Fue un evento espectacular. Chaqueta negra. A la luz de las velas. Cena. Baile. De todo. El patio donde sirvieron los entremeses estaba decorado con flores frescas, fuentes de agua y la música de un talentoso pianista. Fue una noche planificada por mucho tiempo. Semanas... no, *meses* antes del evento, como todas las mujeres que asistieron, me hice la importante pregunta: «¿Qué vestido me pondré?» (Mientras la gran noche se acercaba también me pregunté si era posible perder veinte libras en siete días.)

La noche resultó gloriosa. El clima estuvo perfecto. Cada precioso detalle cuidadosamente planificado. Sin embargo, las mujeres pusieron el toque especial de la noche. Más allá del sonido del agua salpicando en las fuentes, aún por encima de la música que flotaba en el aire, se escuchaban las exclamaciones de deleite. «¡Te ves preciosa!» «¡Estás lindísima!» «¡Qué vestido espectacular!» «¡Qué hermosa te ves!» Nos estábamos deleitando en la belleza de unas y otras, y disfrutando de la nuestra. Estábamos jugando a vestirnos, ahora en serio, y *disfrutándolo* al máximo.

Estas mujeres eran mujeres normales, mujeres como tú y yo. Mujeres que van al banco, al supermercado o a la oficina. Mujeres cuyas batallas contra el acné han dejado sus rostros marcados y sus almas llenas de cicatrices. Mujeres cuyas luchas con el peso han sido la desgracia de sus vidas. Mujeres que siempre han sentido que su pelo era demasiado fino, demasiado grueso, demasiado liso o demasiado rizado. Mujeres comunes y corrientes, si es que existe algo así. Pero mujeres que, por al menos algunas horas esta noche, se arriesgaron a revelar su belleza. Quizás mejor, cuya belleza fue *revelada*.

Piensa en el día de tu boda, o en el día de bodas que sueñas. ¿Cuán importante es el vestido para la novia? ¿Tomarías lo primero que apareciera en el clóset? ¿Te pondrías cualquier «cosa vieja»? Tenemos una amiga que se casa en seis meses. Bien, esta joven ha tenido su dosis de novios y desengaños. Su relato de belleza tiene muchos golpes. Pero cuando nos contaba del día en que se midió diferentes trajes de novia, y encontró sencillamente el traje perfecto, la fatiga desapareció y estaba radiante. «¡Me sentí como una princesa!», dijo, casi con timidez. ¿No es esto lo que sueñas?

Una niñita que ha sido criada en un hogar donde su corazón femenino es valorado, le contó a su mamá sobre un maravilloso sueño que tuvo.

Mi hija Emma, que tiene casi seis años, se acercó a mí con su rostro radiante esta mañana. Se acostó a mis pies en la cama, toda estirada, como si no tuviera ninguna preocupación en el mundo. «Mamá», me dijo: «Tuve anoche un sueño maravilloso». «¿De qué se trataba?», pregunté. «Era una reina», contestó. Y mientras lo decía sus mejillas se sonrojaron. «¿De verdad?», contesté. «¿Qué pasó en tu sueño?» «Llevaba un vestido largo y precioso», respondió mientras gesticulaba con sus manitas hacia abajo, como si estuvieran flotando. «¿Había algo en tu cabeza?», pregunté en voz alta. «Sí, una corona». «Mmm, ¿por qué fue ese un sueño maravilloso?» «¡Sencillamente me encantada sentirme así!» «¿Cómo?» Y con un suspiro, pronunció una palabra... «Bella». (El sueño de Emma según se lo contó a su Mamá.)

El deseo de ser hermosas es un anhelo eterno. Mi amiga Lilly tiene más de ochenta años. Mientras bajaba por las escaleras de su casa una temporada navideña, quedé absorta por su belleza. Vestía un mameluco verde en tela de pana con una camisa blanca con cuello de tortuga con diseños de bastoncitos de dulce de menta por todos lados. Le dije: «Lilly, ¡te ves preciosa!» Su rostro se iluminó, las arrugas y las manchas por la edad desaparecieron mientras se ponía las manos a los lados como una bailarina de ballet y dio una pequeña vuelta. Ya no tenía ochenta años... era eterna. Dios ha puesto eternidad en nuestros corazones. El anhelo de ser bellas también está allí.

Ahora bien, todas sabemos que el deseo de ser bellas ha provocado un dolor indecible a muchas mujeres (¿Cuántas dietas has hecho?). Innumerables lágrimas han sido derramadas y muchos corazones se han rotos en esta búsqueda. Como cantaba Janis Ian: «Descubrí la verdad a los dieciseis, que el amor estaba hecho para las reinas de belleza y para las muchachas de secundaria con sonrisas de piel clara». La belleza ha sido enaltecida y adorada, y mantenida fuera de alcance para la mayoría de nosotras. (¿Te gusta que te retraten? ¿Te gusta *ver* las fotos más tarde? ¿Cómo te sientes cuando te preguntan tu edad? Este asunto de la belleza está muy arraigado.) Para otras, la belleza ha sido avergonzada, usada y abusada. Algunas de ustedes han descubierto que poseer belleza puede ser peligroso. Y aún así —y esto es sencillamente asombroso— *a pesar* de todo el dolor y la angustia que la belleza nos ha causado como mujeres, el deseo permanece.

En medio de una charla que ofrecí sobre el corazón de la mujer el año pasado, una de las mujeres en la audiencia se inclinó a su amiga y le dijo: «No sé de qué rayos se trata todo esto... faldas con volantes volados y todo el asunto». No bien las palabras habían salido de sus labios, estalló en lágrimas y tuvo que salir del salón. Poco sabía ella lo profundo que corría aquel deseo y el mucho dolor que le había causado. Muchas de nosotras hemos endurecido nuestro corazón a este deseo; el deseo de ser la Bella. Nosotras, también, hemos sido lastimadas tan profundamente en esta área que ya no nos identificamos con ella, quizás hasta resentimos el anhelo. Pero está allí.

Y no es *solo* el deseo de belleza externa, sino más aún, un deseo de ser cautivantes en lo profundo de *quien tú eres*. Cenicienta es bella, sí, pero también es buena. Su belleza exterior sería hueca si no fuera por la belleza de su corazón. Es por eso que nos gusta. En *The Sound of Music*, la Condesa le daba una paliza a María en el departamento de la apariencia física, y ambas lo sabían. No obstante, María tenía una inusual y preciosa profundidad de espíritu. Tenía la capacidad de amar los copos de nieve sobre los gatitos y a los enérgicos chicos traviesos. Ella ve la artesanía de Dios en la música, la risa y trepándose en los árboles. Su alma está Viva. Y somos atraídas por ella.

Es posible que Rut fuera una mujer preciosa y fuerte, pero lo que atrae a Booz es su incesante valor, vulnerabilidad y fe en Dios. Ester es la mujer más bella en la tierra, pero es su valentía y su hábil y buen corazón lo que mueve al rey a tener piedad de su pueblo. Esto no se trata de vestidos y maquillaje. La belleza es tan importante que regresaremos a ella una y otra vez en este libro. Pero por ahora, ¿acaso no reconoces que una mujer ansía que la *vean* y que piensen que es fascinante? Deseamos poseer una belleza que merezca que vayan tras de ella, merecedora de que peleen por ella. Una belleza que es la médula de quienes somos *verdaderamente*. Queremos una belleza que pueda verse; una belleza que pueda sentirse; una belleza que afecte a otros; una belleza que sea toda nuestra para revelar.

El corazón de un hombre

Como describí en *Salvaje de Corazón* (ahora es John), también hay tres deseos intrínsecos en el corazón de un hombre. (Si no has leído el libro, realmente deberías hacerlo. Abrirá tus ojos al mundo de los hombres.) Pero son singularmente masculinos. Para empezar, todo hombre desea una batalla para pelear. De esto es lo que se trata el asunto de los niños y las armas. En el transcurso de los años en la crianza de nuestros hijos, nuestra casa se convirtió en un arsenal: espadas de piratas, cuchillos de indios, sables con luces, seis tiradores, pistolas de pintura, escopetas de «aire suave» (este nombre tiene que haberse inventado para las mamás). De todo. Nuestros hijos luchaban, se pegaban, se tiraban unos a otros contra las paredes y ¡así se demostraban su *cariño*!

Y mira las películas que les gustan a los hombres: *Corazón Valiente, Gladiador, Top Gun, High Noon, Saving Private Ryan*. Los hombres están hechos para la batalla. (Y damas, ¿acaso no aman ustedes a los héroes de esas películas? Tal vez no quieras pelear en una guerra, ¿pero acaso no anhelas al hombre que la peleará *por ti*? Tener a Daniel Day Lewis mirándole a los ojos y que te diga: «No importa el tiempo que tome, no importa cuán lejos... te encontraré».). Las mujeres no le temen a la fuerza del hombre si este es un buen hombre. De hecho, la *pasividad* puede que haga a un hombre «seguro», pero les ha hecho un daño indecible a las mujeres, a largo plazo. Ciertamente se lo hizo a Eva (abundaremos en esto más adelante).

Los hombres también anhelan aventura. A los niños les encanta treparse y brincar, y ver qué tan rápido pueden correr sus bicicletas (¡sin manos!) Sencillamente mira en tu garaje... todos los aditamentos, *go-carts*, motocicletas, sogas, botes y cosas. Esto no se trata de los «chicos y sus juguetes». La aventura es un anhelo espiritual profundo en el corazón de cada hombre. La aventura exige algo de nosotros. Nos pone a prueba. Y aunque es posible que le temamos a la prueba, al mismo tiempo ansiamos ser probados, para así descubrir que tenemos lo que se necesita.

Finalmente, cada hombre anhela una belleza a quien rescatar. De verdad lo quieren. ¿Dónde estaría Robin Hood sin Marian, o el Rey Arturo sin Guinevere? Hombres solitarios peleando batallas solitarias. ¿Lo ves? No es solo que un hombre necesite una batalla para pelear. Necesita alguien *por quien* pelearla. No hay nada que inspire más el valor de un hombre que la mujer que él ama. Muchas de las cosas atrevidas (está bien, algunas veces ridículas) que los jóvenes hacen son para impresionar a «la chica». Los hombres van a la guerra y llevan fotos de sus amadas en sus carteras. Esto es una metáfora de este profundo anhelo de pelear por la Bella. Esto no quiere decir que la mujer es una «indefensa criatura» que no puede vivir su vida sin un hombre. Lo que quiero decir es que los hombres ansían ofrecer su fuerza en beneficio de una mujer.

Ahora bien, ¿puedes ver cómo los deseos del corazón del hombre y los deseos del corazón de la mujer tenían al menos la *intención* de ajustarse bellamente? Una mujer en la presencia de un buen hombre, de un hombre de verdad, ama ser una mujer. La fuerza de él permite que florezca su corazón femenino. Y un hombre en la presencia de una mujer de verdad ama ser un hombre. La belleza de ella provoca que él cumpla con su papel de hombre, hace aflorar su fuerza. Ella lo inspira a ser un héroe. Así todos seríamos muy afortunados.

POR EL SENDERO DEL CORAZÓN

Los anhelos que Dios ha escrito muy en lo profundo de tu corazón te están diciendo algo esencial sobre lo que significa ser mujer, y sobre la vida que Él quiso que vivieras. Ahora lo sabemos... muchos de esos deseos no han sido satisfechos, o han sido agredidos, o simplemente han sido descuidados por tanto tiempo que la mayoría de las mujeres terminan viviendo una doble vida. En la superficie estamos ocupadas y somos eficientes, quizás hasta somos profesionales. Estamos sobreviviendo. En el interior, las mujeres se pierden en un mundo de fantasía y novelas baratas, o nos rendimos ante la comida o cualquier otra adicción para adormecer el dolor de nuestros corazones. Sin embargo, tu corazón todavía está ahí, gritando que lo liberen para encontrar la vida de la que te hablan tus anhelos.

Puede encontrar esa vida. Si está dispuesta a embarcarse
en una gran aventura.

A eso es a lo que te estamos invitando. No a que aprendas un nuevo juego de estándares que no puedes alcanzar. No hacia un nuevo juego de reglas para vivir o cosas que debes hacer. Algo mucho, mucho mejor: una travesía del corazón. Una travesía hacia la restauración y la liberación de la mujer que siempre has anhelado ser. Este libro no se trata de lo que debes hacer o quién se supone que seas. Trata sobre descubrir quién ya eres, como mujer. Una mujer que en su alma fue hecha para el romance, hecha para jugar un rol irremplazable en una aventura compartida, y que realmente posee una belleza muy suya para revelar. La mujer que Dios tenía en mente cuando hizo a Eva... cuando te hizo a *ti*. Gloriosa, poderosa y cautivante.

CAPÍTULO DOS

Lo que solo Eva puede contar

❧

Solo verla caminar a través del salón es una generosa educación.
—C.S. LEWIS

De repente me volteé y allí estaba ella parada
Con pulseras plateadas en sus muñecas y flores en su cabello
Caminó hasta mí con mucha gracia y removió mi corona de espinas
Entra, me dijo, te daré refugio de la tormenta.
—BOB DYLAN

Mis padres me llamaron Stasi en honor a Santa Anastasia, una mujer martirizada por su fe en el siglo quinto. Lo hicieron para que cada semana durante la Misa, mi nombre fuera pronunciado en voz alta en cierto momento en que se conmemora a los santos. Por esto Stasi se deletrea de una forma tan extraña. Elimina el «Ana» del principio y la «a» del final y lo que queda es «Stasi». Me encanta. Y existe una razón más profunda. Aprendí sobre Anastasia cuando estaba en la escuela elemental. No Santa Anastasia... sino una princesa. La hija menor del último zar de Rusia, y se rumoraba que había escapado de los asesinos que mataron al resto de su familia. Era una niñita cuando su familia fue ejecutada y se decía que todavía estaba viva, en algún lugar del mundo, *de incógnita*. Una princesa de verdad escondida.

Las mujeres reclamaban ser ella. Una mujer en particular fue casi convincente. A pesar de esto, Anastasia siguió siendo un misterio: una princesa perdida en este mundo, escondida pero real. Estaba intrigada y enamorada de la princesa Anastasia. Comencé a leer todo lo que encontraba sobre la historia de Rusia. Por una razón que no puedo explicar, sentía una afinidad con esta misteriosa princesa, una conexión con ella. No pretendía ser ella, pero aún así... algo en lo profundo de mi corazón me susurraba que yo también era más de lo que podía verse. Quizás yo también era parte de una realeza, pero mi posición se había perdido. Tal vez yo, también, estaba escondida. Mi corazón se aceleraba ante el pensamiento de ser una mujer que en algún momento fue una verdadera princesa.

No creo que esté sola en esto. ¿Alguna vez te has preguntado por qué la historia de la Cenicienta sigue cautivándonos? No solo es una de las historias clásicas favoritas de las niñas, a las mujeres también les encanta. Piensa en todas las películas que se han hecho alrededor de estos temas. Películas como *Pretty Woman* y *Ever After* y *A Cinderella Story* y *Maid in Manhattan*. ¿Por qué es esta noción de una princesa escondida (y un príncipe que la encuentra) tan perdurable? ¿Hay algo en nuestros corazones que está tratando de hablarnos? ¿Es solo fantasía, escapismo? ¿O hay algo más?

El deseo del corazón de una mujer y las realidades en la vida de esta parecen estar separadas por un océano. ¡Ah! Anhelamos romance y un rol irremplazable en una gran historia. Anhelamos belleza. Pero esa no es la vida que *tenemos*. El resultado es una sensación de vergüenza. Luego de haber escuchado el corazón de mujeres por muchos, muchos años, tanto en el contexto de amistad como en la oficina de consejería, nos asombra con cuánta profundidad y universalidad la mujer lucha con su autoestima. «Me siento como un artefacto electrodoméstico», nos confesó una mujer. Ahora bien, esto no quiere decir que los hombres no luchan también con su autoestima. Pero hay algo mucho más profundo en esta lucha para la mujer, y mucho más universal.

Y existen razones para esto; razones únicas para Eva y sus hijas.

La metáfora de Pascal nos recuerda que nuestros anhelos insatisfechos y nuestros deseos no correspondidos son en verdad «las miserias de un monarca destronado». La humanidad es como un rey o una reina en exilio que no puede ser feliz hasta que haya recuperado su estado verdadero. ¿Qué esperas que sienta la Reina de una monarquía o la Bella de un reino cuando se despierta para descubrir que es una lavandera en una tierra extraña? La lucha de una mujer con su sentido de valía señala hacia algo glorioso que ella *fue* diseñada para ser. El gran vacío que sentimos apunta hacia un gran lugar para el que *fuimos* creadas. Es cierto. Todas esas leyendas y cuentos de hadas sobre la Princesa sin descubrir y la Bella escondida detrás de una sirvienta son más acertadas de lo que pensábamos. Hay una *razón* por la que las niñas le hacen tanto eco.

En lugar de preguntar: «¿Qué debe hacer una mujer? ¿Cuál es su rol?», sería mucho más útil preguntar: «¿Qué *es* una Mujer? ¿Cuál es su diseño?» Y, «¿por qué Dios colocó a la Mujer en nuestros medios?» Debemos regresar al inicio, a la historia de Eva. Aunque es probable que hayamos escuchado la historia antes (la hemos contado muchas veces), es digna de repetirse. Es evidente que no hemos aprendido sus lecciones, porque si lo hubiéramos hecho, los hombres tratarían a las mujeres muy diferente, y las mujeres se verían a ellas mismas bajo una luz mucho más brillante. Así que empecemos ahí: con luz. Con el amanecer del mundo.

LA CORONA DE LA CREACIÓN

Para entender el relato de la creación debes pensar en una obra de arte. Piensa en la Capilla Sixtina, o en la Venus de Milo, o en la Quinta Sinfonía de Bethoven, o en Sarah Brightman y Andrea Bocelli cantando *Time to Say Goodbye*. La creación en sí misma es una gran obra de arte, y todas las obras después de ella son ecos del original. Cómo se desarrolla y dónde alcanza su clímax son misterios que merecen ser revelados. Nunca entenderemos verdaderamente a las mujeres hasta que entendamos esto. La escena comienza en oscuridad:

«Y las tinieblas estaban sobre la faz del abismo, y el Espíritu de Dios se movía sobre la faz de las aguas» (Génesis 1.2).

Es el momento sin aliento en la oscuridad antes de las primeras notas de una gran sinfonía o concierto, u obra teatral, o una película épica. Todo en una oscuridad vacía y sin forma. Entonces se escucha una voz:

«Sea la luz».

Y de repente, hay luz; una luz pura, una luz majestuosa. Su resplandor nos permitirá ver ahora lo que se está desarrollando. La voz habla otra vez, y otra vez.

«Haya expansión en medio de las aguas, y separe las aguas de las aguas...

Júntense las aguas que están debajo de los cielos en un lugar, y descúbrase lo seco».

La creación, en sus etapas iniciales, comienza como cualquier gran obra de arte: con una piedra en bruto o una masa de barro, un diseño preliminar, o un pentagrama en blanco. «Desordenada y vacía» como lo presenta Génesis 1.2. Entonces Dios comienza a dar forma a los materiales en bruto que Él ha creado, como un artista que trabaja con la piedra, o el dibujo inicial o la página delante de él. Luz y oscuridad, cielo y tierra, tierra y mar... está comenzando a cobrar forma. Con pasión y sabiduría, el Creador trabaja en grandes y rápidos movimientos a gran escala. Enormes dominios son distinguidos uno del otro, y son establecidos. Entonces, regresa a ellos para dar una segunda mano, y ahora comienza a añadir color, detalles y líneas más finas.

«Produzca la tierra hierba verde, hierba que dé semilla...

Haya lumbreras en la expansión de los cielos...

Produzcan las aguas seres vivientes, y aves que vuelen sobre la tierra».

Surgieron los bosques y las praderas. Tulipanes, pinos y piedras cubiertas de musgo. Y nótese... la obra maestra se está volviendo más y más elaborada. Él llena el cielo nocturno con mil millones de estrellas y les pone *nombre*, y las divide en constelaciones. Dios abre su mano en el mundo y surgen los animales. Miríadas de aves levantan el vuelo en todas las formas y tamaños: halcones, garzas, pelícanos. Todas las criaturas marinas se lanzan al océano: ballenas, delfines, peces en miles de colores y diseños. Retumbando a través de los valles, corren como el viento los caballos, gacelas y búfalos. Es más asombroso de lo que podríamos imaginar.

Del agua y a la piedra, de la granada a la rosa, del leopardo al ruiseñor, la creación *asciende* en belleza. La trama se está complicando, la sinfonía va ascendiendo cada vez más hasta llegar a un *crescendo*. No es de extrañar entonces que «Alababan todas las estrellas del alba, y se regocijaban todos los hijos de Dios» (Job 38.7). Un gran ¡hurra! se eleva a los cielos. Está aflorando la más maravillosa de todas las obras maestras. Lo que antes estaba desordenado y vacío ahora está rebosando de vida, y color, y sonido y movimiento en miles de variaciones. Más importante aún, nótese que cada criatura es *más* compleja y noble y misteriosa que la anterior. Un grillo es maravilloso, pero no puede compararse a un caballo salvaje.

Entonces ocurre algo realmente asombroso.

Dios establece su propia imagen en la tierra. Crea un ser como él. Crea a un hijo.

«Jehová Dios formó al hombre del polvo de la tierra, y sopló en su nariz aliento de vida, y fue el hombre un ser viviente» (Génesis 2.7).

Fue cerca del final del sexto día, al final de la gran labor del Creador, cuando surge Adán, la imagen de Dios, el triunfo de su obra. Solo él es llamado el hijo de Dios. Nada en la creación siquiera se le acerca. Piensa en el *David* de Miguel Ángel. Él es... grandioso.

A decir verdad, la obra de arte parece estar terminada. Sin embargo, el Maestro dice que algo no está bien. Falta algo... y ese algo es Eva.

> Entonces Jehová Dios hizo caer sueño profundo sobre Adán, y mientras éste dormía, tomó una de sus costillas, y cerró la carne en su lugar.? Y de la costilla que Jehová Dios tomó del hombre, hizo una mujer, y la trajo al hombre.

Ella es el *crescendo*, la final y majestuosa obra de Dios. La mujer. En un último brochazo, la creación no culmina con Adán, sino con Eva. Ella es el toque final del Maestro. Nos encantaría que esto fuera un libro ilustrado y pudiéramos mostrarte en este momento alguna pintura o escultura que capturara esto. Algo así como la bellísima escultura griega de la diosa Victoria de Samotracia, la beldad con alas, simplemente descendiendo sobre la proa de un gran barco y su bella forma revelada a través de los transparente velos que se mueven con gracia alrededor de ella. Eva es... sobrecogedora.

Si tenemos en cuenta la manera en que se desarrolla la creación, cómo asciende más y más en sus obras de arte, ¿puede quedar alguna duda de que Eva sea la corona de la creación? No fue una idea de último momento. No fue una linda añadidura como un adorno en un árbol. Eva es el toque final de Dios, su pieza de resistencia. Ella llena un lugar en el mundo que nada ni nadie puede llenar. Damas, acérquense a una ventana, si pueden. Mejor aún, busca un lugar con una linda vista. Mira la tierra de un lado a otro y pronuncia estas palabras: «El vasto y enorme mundo está incompleto sin mí. La creación alcanzó conmigo su cenit».

¿QUÉ NOS DICE EVA?

La historia de Eva esconde ricos tesoros para que los descubramos. La esencia y el propósito de una mujer se revelan aquí en la historia de su creación. Estos temas profundos, eternos y míticos no solo están escritos aquí en la llegada de Eva, sino también en el corazón de cada mujer después de ella. La mujer es la corona de la creación; la más compleja y deslumbrante criatura sobre la tierra.

Ella tiene un papel crucial que desempeñar, un destino en sí misma.

Y, ella también tiene la imagen de Dios. Pero en una manera que solo el género femenino puede expresar. ¿Qué podemos aprender de ella? Dios quiso revelar algo sobre sí mismo, así que nos dio a Eva. Cuando estés con una mujer, pregúntate: *¿Qué me dice ella sobre Dios?* Esto abrirá maravillas para ti.

Primero, descubrirás que Dios es relacional en su esencia, que tiene un corazón para el romance. Segundo, que Él anhela compartir aventuras con nosotras; aventuras que no puedes realizar sin Él. Y por último, que Dios tiene una belleza que revelar. Una belleza que es fascinante y poderosamente redentora.

ROMANCE Y RELACIONES:
LA RESPUESTA A LA SOLEDAD

*El amor en la vida de un hombre es algo aparte;
para la mujer es toda su existencia.*
—BYRON

Eva fue creada porque las cosas no estaban bien sin ella. Algo no estaba bien. «No es bueno que el hombre esté solo» (Génesis 2.18). Esto sencillamente nos deja estupefactos. Piénsalo bien. El mundo es joven y completamente sin manchas. Todavía Adán es inocente y está lleno de gloria. Camina con Dios. Nada se interpone entre ellos. Comparten algo que ninguno de nosotros nunca ha conocido, solo anhelado: una amistad intacta, que no ha sido tocada por el pecado. ¿Y aún así algo no está bien? ¿Algo falta? ¿Qué pudiera ser? Eva. La mujer. Feminidad. ¡Ah! ¿Alguien quiere hablar de importancia?

Para ser más específico, lo que «no estaba bien» era que el hombre estaba «solo». «No es bueno que el hombre esté solo; le haré ayuda idónea para él» (Génesis 2.18). Qué cierto es esto. Sin importar qué más sepamos sobre las mujeres, no cabe duda que son criaturas relacionales en su esencia. Mientras que los niños están matándose unos a otros en batallas ficticias en el área de juego, las niñas están negociando relaciones. Si quieres saber cómo está la gente, qué está pasando en nuestro mundo, no me preguntes a mí... pregúntale a Stasi. Yo no llamo a mis amigos y hablo con ellos por horas en el teléfono. No puedo decirte quién está saliendo con quién, qué sentimientos han sido lastimados... pregúntale a Stasi.

Esta es su segunda naturaleza, pero las mujeres la dan tanto por sentada que no pueden notarla. Les importan más las relaciones que casi cualquier otra cosa. El presentador de radio Dennis Prager comenta que cuando el tópico del día en su programa radial es un «macro asunto» como política o economía, los radioescuchas que lo llamarán son Edwin, Tomás, Gabriel y David. Sin embargo, cuando el tópico es un «micro asunto» que envuelve las relaciones humanas, tales como las citas románticas, la fidelidad o los hijos, lo llamarán Julia, Joanna, Susan y Karen.

El pasado diciembre estuvimos en la fiesta de Navidad del vecindario. Es algo que hacemos todos los años. Es la única vez que se reúnen los vecinos de nuestra calle. Los hombres rápidamente nos juntamos en la cocina (cerca de las papitas fritas), y nos envolvimos en un apasionado debate sobre... cemento. No estoy bromeando. Ese fue nuestro tema de la noche. Entrada a los garajes en cemento. Mientras tanto, las mujeres estaban en la sala hablando sobre el sexo después de la menopausia.

La mayoría de las mujeres se *definen* a sí mismas en términos de sus relaciones, y la calidad que estiman que tienen esas relaciones. Soy una madre, una hermana, una hija, una amiga. O, estoy sola. No estoy saliendo con nadie en este momento, o mis hijos no me llaman, o mis amigas están distanciadas. Esto no es una debilidad en las mujeres... es una virtud. Una virtud que refleja el corazón de Dios.

El corazón de Dios por las relaciones

El gran deseo y la capacidad que tiene una mujer por las relaciones de intimidad nos habla del gran deseo y la capacidad de Dios por la intimidad. De hecho, quizás esto sea *lo* más importante que jamás descubramos sobre Dios: que Él anhela tener una relación con nosotros. «Y esta es la vida eterna: que te conozcan a ti, el único Dios verdadero...» (Juan 17.3). Toda la historia de la Biblia es un relato de amor entre Dios y su pueblo. Él nos anhela. *Le importamos.* Dios tiene un corazón tierno.

—Pero Sion dijo: Me dejó Jehová, y el Señor se olvidó de mí.? ¿Se olvidará la mujer de lo que dio a luz, para dejar de compadecerse del hijo de su vientre? Aunque olvide ella, yo nunca me olvidaré de ti. (Isaías 49.14-15)

Y les daré corazón para que me conozcan que yo soy Jehová; y me serán por pueblo, y yo les seré a ellos por Dios; porque se volverán a mí de todo su corazón. (Jeremías 24.7)

—¡Jerusalén, Jerusalén, que matas a los profetas, y apedreas a los que te son enviados! ¡Cuántas veces quise juntar a tus hijos, como la gallina junta sus polluelos debajo de las alas, y no quisiste! (Mateo 23.37)

Qué consuelo saber que este universo en el que vivimos es relacional en su esencia, que nuestro Dios es un Dios de corazón tierno que anhela tener una relación con nosotros. Si tienes cualquier duda sobre esto, sencillamente mira el mensaje que nos envió en la mujer. Asombroso. No solo Dios *nos* anhela, sino que anhela ser amado *por* nosotros. ¡Ah, cuánto hemos ignorado esto! ¿Cuántas de ustedes ven a un Dios que anhela que lo ames? Lo vemos como fuerte y poderoso, pero no como vulnerable hacia nosotros, que nos necesita, que anhela ser deseado. Pero como escribí en *Salvaje de Corazón*:

Después de años de oír el grito del corazón de las mujeres, no me queda duda alguna de esto: Dios quiere ser amado. Él quiere ser una prioridad para alguien. ¿Cómo pudimos haber pasado esto por alto? De cubierta a cubierta, de principio a fin, este es el grito en el corazón del Creador: «¿Por qué no me prefieres?» Me asombra cuán humilde, cuán *vulnerable* es Dios en este punto. Dice el Señor: «Me buscaréis y me hallaréis, porque me buscaréis de todo vuestro corazón» (Jeremías 29.13). En otras palabras, «búscame, sígueme... anhelo que vayas tras de mí». Asombroso. Tozer dijo: «Dios espera ser deseado».

¿Puede quedar alguna duda de que Dios quiere que vayan tras él? El primer y más grande mandamiento es que lo amemos (Marcos 12.30). Él *quiere* que lo amemos. Que lo busquemos con todo nuestro corazón. La mujer también anhela que vayan tras ella, con todo el corazón de que la busca. Dios quiere ser *deseado*. De la misma forma en que la mujer quiere ser deseada. El anhelo de ser deseada no es inseguridad en la mujer. Allison Kraus canta: «Deséame o déjame atrás». Dios siente de la misma forma. ¿Recuerdas la historia de Marta y María? María escogió a Dios y Jesús dijo que *eso* era lo que Él quería. «María ha escogido la buena parte» (Lucas 10.42). Me escogió a Mí.

La vida cambia dramáticamente cuando el romance hace su entrada. El cristianismo cambia dramáticamente cuando descubrimos que es también un gran romance. Que Dios anhela compartir con nosotros una vida de belleza, intimidad y aventura. «Con amor eterno te he amado...» (Jeremías 31.3). Todo este mundo fue creado para el romance: los ríos y los valles, las praderas y las playas. Flores, música, un beso. Pero tenemos una forma curiosa de olvidar todo esto: perdiéndonos en el trabajo y la preocupación. Eva —el mensaje de Dios al mundo en forma femenina— nos invita al romance. A través de ella, Dios hace del romance una prioridad en el universo.

De esta manera, el Señor dota a la mujer con ciertas cualidades que son esenciales para las relaciones; cualidades que hablan de Dios. Ella invita. Es vulnerable. Es tierna. Representa la misericordia. Ella también es feroz y ferozmente devota. Como dice el viejo refrán: «El infierno no posee una furia como una mujer despreciada». Esta es simplemente la forma en que Dios actúa cuando no es escogido. «Porque yo soy Jehová tu Dios, fuerte, celoso...» (Éxodo 20.5). Los celos justos de una mujer hablan de los celos de Dios por nosotros.

Tierno y que invita, íntimo y encantador, ferozmente devoto. Seguro que sí, nuestro Dios tiene un corazón apasionado y romántico. Solo mira a Eva.

UNA AVENTURA PARA COMPARTIR

Aunque Eva tiene una virtud para la relación, *no* es solo esto para lo que es esencial. Si volvemos a Génesis, cuando Dios coloca a los seres que llevan su imagen en la tierra, Él les da una misión:

> Entonces dijo Dios: Hagamos al hombre a nuestra imagen, conforme a nuestra semejanza; y señoree en los peces del mar, en las aves de los cielos, en las bestias, en toda la tierra, y en todo animal que se arrastra sobre la tierra. Y creó Dios al hombre a su imagen, a imagen de Dios lo creó; varón y hembra los creó. Y los bendijo Dios, y les dijo: Fructificad y multiplicaos; llenad la tierra, y sojuzgadla, y señoread en los peces del mar, en las aves de los cielos, y en todas las bestias que se mueven sobre la tierra. (Génesis 1.26-28)

Llámala la Misión Humana: ser y hacer todo lo que Dios nos envió a hacer aquí. Y nótese algo, la misión de ser fructíferos y conquistar y señorear es dada a *ambos*: Adán y Eva. «Y los bendijo Dios, y *les* dijo». Eva está parada justo allí cuando Dios nos entrega el mundo. Ella tiene un papel vital que desempeñar; es una compañera en esta gran aventura. Todo lo que los seres humanos fueron creados para hacer aquí en la tierra —toda la creatividad y la exploración, todas las batallas y rescates, cuidados y protección— fuimos creados para hacerlo *juntos*. De hecho, no es solo que se necesite a Eva, se la necesita *desesperadamente*.

Cuando Dios crea a Eva, la llama *ezer kenegdo*. «No es bueno que el hombre esté solo; le haré [*ezer kenegdo*]» (Génesis 2.18). El erudito en hebreo, Robert Alter, quien ha dedicado años a la traducción del libro de Génesis, dice que esta frase es «particularmente difícil de traducir». Los varios intentos que tenemos en español son «ayudadora» o «compañera» o la conocida «ayuda idónea». ¿Por qué son estas traducciones tan increíblemente débiles, aburridas... decepcionantes? ¿Qué es ayuda idónea, después de todo? ¿Qué niña va cantando por la casa: «Algún día seré ayuda idónea? ¿Compañera? Un perro puede ser un compañero. ¿Ayudante? Suena a *Hamburger Helper*.[1] Alter se acerca bastante cuando lo traduce «sustentadora al lado de él».

La palabra *ezer* se usa solo en otras veinte ocasiones en todo el Antiguo Testamento. Y en todos los otros casos, la persona descrita es Dios mismo, cuando necesitas que haga algo por ti *desesperadamente*.

No hay como el Dios de Jesurún, quien cabalga sobre los cielos para tu *ayuda*... Bienaventurado tú, oh Israel. ¿Quién como tú, pueblo salvo por Jehová, escudo de tu *socorro*, y espada de tu triunfo...? (Deuteronomio 33.26, 29)

Alzaré mis ojos a los montes; ¿de dónde vendrá mi *socorro*? Mi *socorro* viene de Jehová, que hizo los cielos y la tierra. (Salmo 121.1-2)

Jehová te oiga en el día de conflicto; el nombre del Dios de Jacob te defienda. Te envíe *ayuda* desde el santuario. (Salmo 20.1-2)

Nuestra alma espera en Jehová; nuestra *ayuda* y nuestro escudo es él. (Salmo 33.20)

Oh Israel, confía en Jehová; él es tu *ayuda* y tu escudo. Casa de Aarón, confiad en Jehová; él es vuestra *ayuda* y vuestro escudo. Los que teméis a Jehová, confiad en Jehová; él es vuestra *ayuda* y vuestro escudo. (Salmo 115.9-11)

A propósito, en la mayoría de los contextos es vida o muerte, y Dios es tu única esperanza. Es tu *ezer*. Si Él no está allí a tu lado... ¡estás muerto! Por lo tanto, una mejor traducción de *ezer* sería «salvavidas». *Kenego* significa «al lado», o opuesto a, una contra partida. ¿Te das cuenta? La vida a la que Dios nos llama no es una vida segura. Pregúntale a José, a Abraham, a Moisés, a Débora, a Ester... a cualquiera de los amigos de Dios del Antiguo Testamento. Pregúntale a María y a Lázaro; pregúntale a Pedro, Santiago y Juan; pregúntale a Priscila y Aquila... a cualquiera de los amigos de Dios en el Nuevo Testamento. Dios nos llama a una vida que envuelve frecuentes riesgos y muchos peligros. ¿Por qué otra razón necesitaríamos que Él fuera nuestro *ezer*? No necesitas un salvavidas si tu misión es ser un adicto al televisor. Necesitas un *ezer* cuando tu vida está en constante peligro.

Visualiza el personaje de Arwen en la trilogía mítica *El Señor de los Anillos*. Arwen es una princesa; una preciosa y valiente doncella *elf*. Ella aparece en la historia en un momento crítico para rescatar al pequeño *hobbit* Frodo justo en el momento en que la herida envenenada que se mueve hacia su corazón está a punto de reclamar su vida.

ARWEN: «Se está yendo. No va a durar mucho. Tenemos que llevarlo donde mi padre. He estado buscándote por dos días. Hay cinco fantasmas detrás de ti. Dónde están los otros cuatros, no lo sé.

ARAGORN: «Quédate con los *hobbits*. Enviaré caballos por ti».

ARWEN: «Soy el jinete más veloz. Yo lo llevaré».

ARAGORN: «El camino es demasiado peligroso».

ARWEN: «No les tengo miedo».

ARAGORN: «Arwen, corre vigorosamente. No mires atrás».

Es ella, no el guerrero Aragorn, quien corre con gloria y velocidad. Ella es la única esperanza de Frodo. Es a ella a quien le confían la vida de él y con él, el futuro de toda la Tierra Media. Ella es su *ezer kenegdo*.

Ese anhelo en el corazón de una mujer de compartir la vida como una gran aventura viene directo del corazón de Dios, quien también anhela esto. Él no quiere ser una opción en nuestra vida. Él no quiere ser un apéndice o una añadidura. Tampoco ninguna mujer. Dios es esencial. Él quiere que lo necesitemos... desesperadamente. Eva es esencial. Ella tiene un rol irreemplazable que desempeñar. Y por esto verás que las mujeres son dotadas con una devoción fiera, una habilidad para sufrir grandes adversidades, una visión para hacer del mundo un lugar mejor.

BELLEZA PARA REVELAR

Belleza.

Acabo de dar un gran suspiro (John). El que siquiera tengamos que explicar cómo la belleza es tan *absolutamente esencial* para Dios solo demuestra lo insípidos que nos hemos vuelto hacia Él, hacia el mundo en el que vivimos, y hacia Eva. Demasiados años de nuestras vidas espirituales son vividos con apenas una inclinación de cabeza hacia la belleza, hacia el papel principal que la belleza juega en la vida de Dios y en nuestras vidas. Creemos en la importancia de la verdad, de la bondad. De habernos insinuado la belleza, tal vez habríamos hecho alguna inclinación con la cabeza, pero realmente no hubiéramos entendido. ¿Cómo pudimos haber pasado esto por alto?

La belleza es esencial para Dios. No, decirlo así no es lo suficientemente contundente. La belleza es la esencia de Dios.

La primera manera en que estamos conscientes de esto es a través de la naturaleza; el mundo que Dios nos ha dado. La Biblia dice que el mundo creado está lleno de la presencia de Dios (Isaías 6.3). ¿De qué manera? Principalmente a través de su *belleza*. Tuvimos una primavera bastante lluviosa aquí en Colorado y las flores silvestres están germinando por todos lados: lupinos, margaritas, lirios silvestres y otra docena de especies. Los álamos tienen otra vez sus hojas en forma de corazón, que tiemblan con la brisa más suave. Las enormes nubes de tormenta se van acercando, trayendo los majestuosos atardeceres que ellas enaltecen. La tierra en el verano rebosa de belleza; una belleza con gran majestuosidad y variedad, e impúdica extravagancia, belleza en su punto, belleza exuberante, belleza dada a nosotros con tanta generosidad y abundancia que es casi escandalosa.

La naturaleza no es primordialmente funcional. Es primordialmente *bella*. Detente por un momento y analiza lo que acabas de leer. Estamos tan acostumbrados a evaluar todo (y a todos) por su utilidad, que nos tomará uno o dos minutos entender este pensamiento. La naturaleza no es primordialmente funcional. Es primordialmente *bella*. Lo que quiere decir es que la belleza es en y por sí misma un gran y magnífico bien, algo que necesitamos en dosis diarias y enormes (y nuestro Dios ha hecho los arreglos apropiados para esto). La naturaleza, en la cúspide de su gloria, grita *¡La belleza es esencial!*, revelando así que la belleza es la esencia de Dios. Todo el mundo está lleno de su gloria.

Luego, están las visiones dadas a Juan, quien fue llevado en el Espíritu para contemplar a Dios. Como solo podemos imaginar, a él se le hace muy difícil explicar con palabras lo que vio (usa mucho la palabra «como» en un esfuerzo por encontrar cualquier comparación que pueda ayudarnos a apreciar lo que contempló).

> Y el aspecto del que estaba sentado era semejante a piedra de jaspe y de cornalina; y había alrededor del trono un arco iris, semejante en aspecto a la esmeralda. Y delante del trono había como un mar de vidrio semejante al cristal… (Apocalipsis 4.3, 6)

¿Existe alguna duda de que el Dios que Juan contempló era bello *más allá* de toda descripción? Seguro que sí. Dios debe ser más glorioso que su gloriosa creación porque ella «revela» o «hace gala» de la gloria que es de Dios. Juan describe a este Dios tan radiante como las piedras preciosas, adornado ricamente en oros y rojos, y verdes y azules; resplandeciente como el cristal. ¿Acaso no es esto lo mismo que le obsequian a la Cenicienta? Las mismas cosas que las mujeres todavía prefieren para ataviarse cuando quieren verse mejor que nunca. Hmmm. ¿Y acaso no es eso lo que una mujer anhela escuchar? «Te ves radiante esta noche. Absolutamente impresionante».

Por generaciones pasadas, los santos hablarían del mayor placer en el cielo al sencillamente contemplar la belleza de Dios, la «visión beatífica».

La razón para que una mujer quiera una belleza para develar, la razón para que pregunte: *¿Te deleitas en mí?*, es sencillamente que el Señor también quiere eso. Dios es belleza cautivante. Como ora David: «Una cosa he demandado a Jehová, ésta buscaré … contemplar la hermosura de Jehová…» (Salmo 27.4). ¿Puede haber alguna duda de que Dios quiera ser *adorado*? ¿De que quiera ser visto, y que seamos cautivados por lo que vemos? (*Salvaje de Corazón*)

Pero para poder hacer el asunto perfectamente claro, Dios nos ha dado a Eva. El toque culminante de la creación. La belleza es la esencia de una mujer. Queremos establecer claramente que hablamos de *ambas* bellezas: la física y la del alma, la espiritual. La una depende de y fluye de la otra. Sí, el mundo ha rebajado y prostituido la belleza, convirtiéndola en solo una figura perfecta que solo unas pocas mujeres pueden alcanzar. Pero los cristianos también la minimizan o la espiritualizan demasiado, haciendo que parezca solo una cuestión de «carácter». Debemos recuperar el galardón de la Belleza. La Iglesia debe retomarla. La belleza es demasiado vital para que se pierda.

Dios le dio a Eva una forma hermosa *y* un espíritu hermoso. Ella expresa belleza en ambos aspectos. Mejor aún, expresa belleza sencillamente en quien ella es. Al igual que Dios, es su *esencia*.

Stasi y yo acabamos de pasar un fin de semana juntos en Santa Fe, Nuevo México; ciudad que ostenta el tercer lugar de reunión mundial en galerías de arte. Nos encanta deambular por horas por esas galerías y jardines buscando aquellas obras de arte que captan particularmente nuestra atención. Cerca de la tarde de nuestro segundo día Stasi me preguntó: «¿Has visto alguna pintura de un hombre desnudo?» El punto era fabuloso. Luego de días mirando quizás unas mil piezas de arte, no habíamos visto ni una sola pintura dedicada a la belleza de la figura masculina desnuda. Ni siquiera una. (Seguro, hay unos pocos ejemplos a lo largo de la historia... pero solo unos pocos.) Sin embargo, la belleza de la mujer era celebraba por doquier, cientos de veces en pinturas y esculturas. Hay una razón para esto.

Por un lado, los hombres se ven ridículos recostados desnudos en una cama, cubiertos a medias por una sábana. Esto no encaja con la esencia de la masculinidad. Algo en tu interior quiere gritar: «Levántate y busca algo que hacer. Corta el césped. Empieza a trabajar». ¿Por qué? Porque Adán es plasmado mejor en acción, *haciendo* algo. Su esencia es la *fuerza en acción*. Eso es lo que él le dice al mundo. Adán lleva la imagen de un Dios que es guerrero. En nombre de Dios Adán dice: «Dios cumplirá. Él se está moviendo». Por esto perturba tanto la imagen de un hombre pasivo. Eso desafía su esencia. Viola lo esencial de la forma en que lleva la imagen de Dios. Un hombre pasivo dice: «Dios no cumplirá. Él no está actuando en tu favor».

Por otro lado, y mantente con nosotros por un momento, tampoco Eva se ve bien en una escena de combate brutal o cortando un árbol. Desde tiempos inmemorables, cuando los artistas han tratado de capturar la esencia de Eva, la han pintado (o fotografiado o han hecho esculturas de ella) *descansando*. Aquí no hay una agenda escondida ni estigma social ni presión cultural. Esto es cierto a través de todas las culturas y en todas las épocas. ¿Qué han visto los artistas que no hemos visto nosotros? Eva le dice al mundo algo diferente de lo que dice Adán. A través de su belleza.

¿POR QUÉ ES IMPORTANTE LA BELLEZA?

Toda experiencia de belleza señala a la [eternidad].
—HANS URS VON BALTASAR

La belleza es poderosa. Es tal vez la cosa más poderosa en la tierra. Es peligrosa. Porque *importa*. Permítenos intentar explicar por qué.

Primero, la belleza *habla*. El obispo de Oxford, Richard Harries, escribió: «Es la belleza del orden creado lo que da una respuesta a nuestros cuestionamientos sobre Dios». Y sí tenemos preguntas, ¿no es cierto? Preguntas nacidas de nuestras desilusiones, nuestros sufrimientos, nuestros temores. Agustín dijo que encontró respuestas a sus preguntas en la belleza del mundo.

Le dije a todas estas cosas: «Díganme de mi Dios quién no son ustedes, díganme algo sobre él». Y a una gran voz exclamaron: «Él nos hizo» (Salmo 100.3). Mi pregunta fue la atención que les di y su respuesta fue su belleza.

¿Y qué nos dice la belleza? Piensa en lo que se siente cuando estás atrapado en una congestión de tráfico por más de una hora. Las bocinas sonando, la gente gritando obscenidades. El humo de los tubos de escape que choca en la ventanilla te sofoca. Ahora recuerda lo que es llegar a un lugar hermoso, a un jardín o a una pradera o a una quieta playa. Hay espacio para tu alma. Se expande. Puedes respirar otra vez. Puedes descansar. Es bueno. Todo está bien. Me siento afuera en una noche de verano y sencillamente escucho, contemplo y absorbo todo, y mi corazón comienza a descansar y la paz comienza a llegar a mi alma. Mi corazón me dice que «todo va a estar bien», como concluyó Julián de Norwich. «Y todo tipo de cosas estará bien».

Esto es lo que dice la belleza: *Todo va a estar bien.*

Y esto es lo que se siente al estar con una mujer en descanso, una mujer segura en su belleza femenina. Es agradable estar con ella. Es encantadora. En su presencia nuestros corazones se detienen, conteniendo la respiración. Nos relajamos y creemos una vez más que todo va a estar bien. Y esta es también la razón por la que una mujer que se afana demasiado nos incomoda, pues una mujer que no está en descanso en su corazón le dice al mundo: «Todo está mal. Las cosas no van a resultar bien». «Como una fuente turbulenta», como dijo Shakespeare, «enlodada, que parece enferma, densa, despojada de belleza». *Necesitamos* lo que dice la belleza. Lo que dice es difícil de expresar con palabras. Pero parte de su mensaje es: todo está bien. Todo va a estar bien.

La belleza también *invita*. Recuerda lo que sientes al escuchar una pieza musical verdaderamente bella. Te captura. Quieres sentarte y sencillamente sorberla. Compramos el disco compacto, y la oímos una y otra vez. (Esto no es visual, lo que nos demuestra que la belleza es más profunda que la apariencia.) Una música como esta domina tu atención, te invita a adentrarte más en ella. Lo mismo es cierto para un jardín hermoso o un paisaje de la naturaleza. Quieres entrar en él, explorarlo, ser parte de él. Festejarlo. También describimos un buen libro como «cautivante». Te atrae, capta tu atención. No puedes esperar para regresar a él, pasar tiempo con él. Todas las respuestas que Dios quiere de nosotros. Todas las respuestas que también una mujer quiere. La belleza invita.

La belleza *alimenta*. Es el tipo de alimento que anhela nuestra alma. El pecho de la mujer es una de las más hermosas obras de Dios, y es con su pecho que alimenta al bebé; un sorprendente cuadro de la forma en que la belleza misma nos alimenta. De hecho, el cuerpo de la mujer es una de las más bellas de todas las creaciones divinas. «Demasiada eternidad», como dijo Blake, «para el ojo del hombre». Ella alimenta, ofrece vida. Esta es una profunda metáfora para la belleza misma. Como dijo Lewis:

> Sin embargo, no queremos meramente ver la belleza, Dios lo sabe, a pesar de que es suficiente recompensa. Queremos algo más que difícilmente se puede expresar con palabras... estar unidos con la belleza que vemos, entrar en ella, recibirla dentro de nosotros.
> (*The Weight of Glory* [El peso de la gloria])

La belleza *consuela*. Hay algo profundamente sanador en ella. ¿Alguna vez te has preguntado por qué enviamos flores a esa persona afligida por la pérdida de un ser querido? En medio de su sufrimiento y pérdida solo un regalo de belleza dice lo suficiente, o lo dice bien. Después que perdí a mi queridísimo amigo Brent, hubo meses en los que solo la belleza me ayudó. No podía escuchar palabras de consejo. No podía leer, ni siquiera orar. Solo la belleza fue mi ayuda. Se cuenta una historia muy conmovedora sobre un hospital de la Segunda Guerra Mundial, donde un joven y gravemente herido soldado fue llevado luego de una infernal semana de batalla. Luego de hacer todo lo que podía por él, la enfermera preguntó si había algo más que pudiera hacer. «Sí», contestó. «¿Podría ponerse un poco de lápiz labial mientras la observo?» La belleza consuela. Sosiega el alma.

La belleza *inspira*. Luego de contemplar todas las espléndidas maravillas de la creación de Narnia (como se narra en *The Magician's Nephew* [El sobrino del mago] por C.S. Lewis), el taxista dice: «¡Gloria sea! ¡Habría sido un mejor hombre toda mi vida si hubiera sabido que existían cosas como estas!» O como Jack Nicholson le dice a Helen Hunt al final de *As Good as It Gets*: «Tú haces que quiera ser un mejor hombre». ¿No es cierto? Piensa en cómo habría sido estar en la presencia de una mujer como la Madre Teresa. Su vida fue muy hermosa y nos llama a algo más alto. Una maestra de un barrio pobre nos explicó por qué insistió en poner una fuente y flores en el patio del edificio. «Porque estos niños necesitan ser inspirados. Necesitan saber que la vida puede ser mejor». La belleza inspira.

La belleza es *trascendente*. Es nuestra experiencia más inmediata de lo eterno. Piensa en lo que sientes al contemplar un bellísimo atardecer o el océano al amanecer. Recuerda el final de una gran historia. Anhelamos que perdure. Queremos experimentarlo todos nuestros días. A veces la belleza es tan profunda que nos atraviesa de anhelo. ¿Por qué? Porque así es como se supone que hubiera sido la vida. La belleza nos recuerda un Edén que nunca hemos conocido, pero de alguna manera sabemos que nuestros corazones fueron creados para él. La belleza habla del cielo que vendrá, cuando todo será bello. Nos persigue con la eternidad. La belleza dice: *Existe una gloria que te está llamando*. Y si existe una gloria, entonces hay una fuente de gloria. ¿Qué inmensa bondad podría posiblemente haber creado esto? ¿Qué magnanimidad nos dio esto para contemplar? La belleza nos acerca a Dios.

Todo esto es cierto para cualquier experiencia de belleza. Pero es *especialmente* cierto cuando experimentamos la belleza de una mujer... sus ojos, su forma, su voz, su corazón, su espíritu, su vida. Ella expresa todo esto mucho más profundamente que cualquier otra cosa en toda la creación, porque es *encarnada*, es personal. Fluye a nosotros de un ser inmortal. Es bella de pies a cabeza. «¿Por qué donde hay cualquier autor en el mundo que nos enseñe tal belleza como el ojo de una mujer?» (Shakespeare)

La belleza es, sin lugar a dudas, lo más *esencial* y lo más *malentendido* de todas las cualidades de Dios, y también de todas las cualidades femeninas. Sabemos que esto ha provocado un dolor indecible en la vida de las mujeres. Pero aún allí, algo está hablando. ¿Por qué tanta angustia sobre la belleza? Nosotros no nos angustiamos por ser genios o fabulosos jugadores de fútbol. Las mujeres se angustian sobre el asunto de la belleza: anhelan ser bellas, creer que son bellas y se preocupan por mantener esa belleza si es que alguna vez pueden encontrarla. Hace poco estaba en un Starbucks y alcancé a oír una conversación entre dos mujeres, de unos sesenta años, que estaban sentadas en la mesa al lado de la mía. ¿El tema? El peso y las dietas. Su lucha con el asunto de la belleza.

Una mujer sabe, en lo profundo de su alma, que anhela traer belleza al mundo. Quizás esté equivocada en cómo hacerlo (algo con lo que lucha toda mujer), pero anhela una belleza para revelar. Esto no es simplemente cultura o la necesidad de «conseguir a un hombre». Esto está en su corazón, es parte de su diseño.

PERO, ¿POR QUÉ UNA BELLEZA PARA *REVELAR*?

Una de las maneras más profundas en que una mujer lleva la imagen de Dios es en su misterio. Por misterio no queremos decir «siempre estará más allá de tu conocimiento», sino «algo para ser explorado». El libro de Proverbios dice: «Gloria de Dios es encubrir un asunto; pero honra del rey es escudriñarlo» (25.2). Dios anhela ser conocido. Pero quiere *ser buscado* por aquellos que lo conocerán. Él dice: «Y me buscaréis y me hallaréis, porque me buscaréis de todo vuestro corazón» (Jeremías 29.13). En esto hay dignidad. Dios no se lanza a cualquier transeúnte. Él no es una ramera. Si lo quieres conocer tienes que amarlo; tienes que buscarlo con todo tu corazón. Esto es crucial para el alma de toda mujer, para no mencionar su sexualidad. «No puedes sencillamente tenerme. Tienes que buscarme, ir tras de mí. No te dejaré entrar a menos que sepa que me amas».

¿Acaso la Trinidad no es un gran misterio? No es algo para ser resuelto, sino conocido con un placer y temor cada vez más profundo; algo para disfrutarse. Igual que Dios, una mujer no es un problema para ser resuelto, si no una enorme maravilla para ser disfrutada. Esto también es cierto en lo que respecta a su sexualidad. Muy pocas mujeres pueden o siquiera quieren «simplemente hacerlo». El estímulo antes de la relación sexual es crucial para su corazón; el susurro, los cariños y la exploración mutua que culmina en la relación íntima. Ese es el cuadro de lo que significa amar su *alma*. Ella anhela ser conocida y eso requiere tiempo e intimidad.

Exige un descubrimiento. Al ir tras ella, la mujer revela más de su belleza. Y al revelar su belleza, te acerca para que la conozcas más profundamente.

Cualquier otra cosa que signifique ser femenina, es profundidad y misterio y complejidad, con la belleza como su esencia misma. Ahora, para que no llegue la desesperanza, permítenos decirlo lo más claramente posible:

Toda mujer tiene una belleza para revelar.

Toda mujer.

Porque ella lleva la imagen de Dios. No necesita invocarla, ni ir a buscarla en un salón de belleza, ni hacerse cirugía plástica ni ponerse implantes en los senos. ¡No! La belleza es una *esencia* que es dada a cada mujer en su creación.

EN RESUMEN

Es muy importante que hagas una pausa y te preguntes: *¿Qué es esto que acaban de decirme?*

No dijimos que una mujer es valorada solo por su buena apariencia. No dijimos que una mujer está aquí solo para completar a un hombre, y por lo tanto, las solteras están de alguna forma perdiendo su destino. Lo que dijimos fue, primero, que Eva es la corona de la creación. Hay algo excepcionalmente grandioso y poderoso en una mujer. Tratamos de revelar la inmensurable dignidad, la santidad de tu corazón femenino mostrando que es *Dios* quien anhela el romance, es *Dios* quien anhela ser nuestro *ezer*, es *Dios* quien revela la belleza como esencial para la vida. Tú llevas la imagen de este Dios. Y esa es la razón por la que anhelas también esas cosas.

Hay un esplendor escondido en tu corazón que el mundo necesita desesperadamente.

CAPÍTULO TRES

Obsesionada por una pregunta

❦

Ella conocía la traición, el saqueo, el engaño, la lujuria,
y los males suficientes para ser una mujer.
—JOHN DONNE

¡Oh la mujer más perniciosa!
—HAMLET

Estaba parada en la fila del supermercado comprando varios artículos de último minuto cuando la oí. «*Esta* es la fila de quince artículos o menos, señora», dijo con desagrado. Miré alrededor preguntándome a quién le estaba hablando. Mi carro de compras tenía los quince artículos requeridos. Lo sabía. Los había contado dos veces para estar segura. Cuando hizo un movimiento con la mano para que su esposo mirara a la malvada infiel, me di cuenta que sus comentarios ¡iban dirigidos a mí! La miré ligeramente y le dije que solo tenía los quince artículos permitidos. Se fue con un arranque de furia.

Pronto estaba de regreso en la fila al lado de la mía con su esposo siguiéndola. Habló entre dientes, de forma acusatoria, con su voz llena de sarcasmo: «Ella *dice* que solo tiene quince artículos». A este punto decir que estaba a la defensiva es un gran eufemismo. La furia bullía dentro de mí. Me sentía caliente. Me sorprendió la intensidad de mi reacción. Me recosté en el anaquel donde estaban los dulces y le dije airadamente: «Solo tengo quince artículos, señora. ¿Quiere acercarse y *contarlos*?» Su esposo levantó la mano indicándome que me retirara, que me olvidara.

Avergonzada, me tranquilicé y luego pagué por mi compra, reivindicada porque ciertamente solo había quince artículos en mi carro. ¡Ah! Cuánto ansiaba enseñarle a la señora mi recibo. Mientras guiaba a la casa, todavía enojada, tuve que detenerme a la orilla de la carretera. Digo, estaba temblando. Acababa de «pelear» con una extraña en el supermercado por la fila de quince artículos o menos. ¿Qué estaba pasando? ¿Qué había sido *aquello*?

EVA... ¿QUÉ PASÓ?

Eva fue dada al mundo como la encarnación de un Dios cautivante y precioso; una ofrenda de vida, una amante salvavidas, una especialista en relaciones, llena de tierna misericordia y esperanza.

¿Es así como percibes a las mujeres que conoces? ¿Es así como la gente te percibe a ti?

¿Por qué tan pocas mujeres tienen algo que al menos se acerque a una vida de romance? La soledad y el vacío son temas mucho más comunes; tan y tan comunes que la mayoría de las mujeres hace mucho tiempo enterraron sus anhelos de romance y están viviendo ahora meramente para sobrevivir, para terminar la semana. Y no solo es una asunto de romance, ¿por qué la mayoría de las relaciones de mujeres están cargadas de adversidades? Sus amistades, sus familias, sus mejores amigas todas parecen haberse enfermado con un tipo de virus que las hace fundamentalmente inaccesibles, dejando a una mujer sola al final del día. Aun cuando las relaciones son buenas, nunca es suficiente. ¿De dónde viene este pozo sin fondo en nosotras?

Y las mujeres están cansadas. Estamos agotadas. Pero no es de una vida de aventuras compartidas. No, el cansancio de las mujeres viene de vidas que están atestadas de rutina, tareas, con cientos de demandas. De alguna manera, en algún punto entre nuestra juventud y ayer, la *eficiencia* ha tomado el lugar de la aventura. La mayoría de las mujeres no sienten que están jugando un papel irremplazable en una gran Historia. ¡Ah no! Luchamos por descubrir si importamos en modo alguno. Si estamos en la casa, nos sentimos avergonzadas por no tener una «vida real» en el mundo exterior. La cesta de ropa sucia nos traga. Si tenemos una carrera, sentimos que nos estamos perdiendo asuntos más importantes como el matrimonio y los hijos. Las reuniones nos tragan.

LA PREGUNTA MÁS PROFUNDA DE UNA MUJER

Finalmente, la mayoría de las mujeres dudan mucho que tengan alguna belleza genuina que revelar. Es, de hecho, nuestra duda más profunda. Cuando se trata de los asuntos que rodean a la belleza, vacilamos entre esforzarnos o rendirnos. Dietas nuevas, ropa nueva, nuevo color de pelo. Hacer ejercicios, trabajar en tu vida, probar esa disciplina o ese nuevo programa de autosuperación. ¡Ah! Olvídalo. ¿A quién le importa de todas maneras? Ponte un escudo y sigue con tu vida. Escóndete. Escóndete estando muy ocupada, escóndete en las actividades de la Iglesia, escóndete en la depresión. No hay nada cautivante en mí. Ciertamente no *dentro* de mí. Con suerte voy a poder lograrlo en el exterior.

Cuando voy a una fiesta o reunión, o simplemente a una cena en casa de una amiga; realmente, dondequiera que me encuentro con otras personas, me siento nerviosa. Con frecuencia no estoy consciente de qué es lo que realmente estoy sintiendo, pero me sorprendo poniéndome lápiz labial una y otra vez mientras voy de camino. Mientras más nerviosa me siento, más lápiz labial me pongo. Mientras me acerco al destino, más lápiz labial me pongo. Un poco más cerca, más lápiz labial. Cuando estoy llegando a destino ahí va otra capa de color Rosa Atardecer o el que sea. Me percaté de este «hábito» hace algún tiempo cuando me sorprendí poniéndome otra capa innecesaria de lápiz labial. ¿Qué estaba haciendo? *Tenía miedo.* Si al menos mi maquillaje se viera bien, en algún lugar en lo profundo de mí razonaba, tal vez no voy a ser expuesta. Descubierta. Vista.

Toda mujer en el centro de su ser se siente perseguida por Eva. Ella sabe, al menos cuando pasa un espejo, que no es lo que se supone que sea. Estamos mucho más conscientes de nuestros fracasos que cualquier otra persona. Recordar la gloria que una vez fue nuestra despierta mi corazón a un dolor que ha estado sin llenar por mucho tiempo. Es casi demasiado por anhelar, demasiado lo que se ha perdido.

Ves, toda niñita —y todo niñito— se está haciendo una pregunta fundamental. Pero son preguntas muy distintas, dependiendo si eres niño o niña. Los niños pequeños quieren saber *¿tengo lo que se necesita?* Todos esos juegos rudos y caídas, todos esos riesgos y vestimentas de súper héroe, todo eso es un niño que busca probar que sí tiene lo que se necesita. Fue hecho a la imagen de un Dios guerrero. Casi todo lo que un hombre hace se alimenta de su búsqueda de validación, ese anhelo que todavía lleva dentro suyo esperando la respuesta a su Pregunta.

La niñitas quieren saber *¿soy bonita?* Las faldas con volantes, las ropitas de princesa, el anhelo de ser bonitas y que las vean... de eso se trata. Estamos buscando una respuesta a nuestra Pregunta. Cuando era una niña de más o menos cinco años, me acuerdo estar parada en la mesa de tomar café en la sala de la casa de mis abuelos cantando con todas mis fuerzas. Quería llamar la atención. Especialmente la atención de mi papá. Quería ser cautivante. Todas lo hicimos. Pero para la mayoría de nosotras la respuesta a nuestra Pregunta cuando éramos jóvenes fue «no». «No hay nada cautivante en ti». ¡Bájate de la mesita de café! Casi todo lo que una mujer hace ahora se incita por su anhelo de ser deleitada, nuestro anhelo de ser bellas, ser irremplazables, que respondan «¡sí!» a nuestra pregunta.

¿Por qué la pregunta permanece todavía? ¿Por qué no hemos podido encontrar y descansar en una respuesta personal y maravillosa para nuestros propios corazones?

La caída de Eva

Cuando el mundo era joven y nosotros éramos inocentes —tanto hombres como mujeres— estábamos «desnudos y no nos avergonzábamos» (Génesis 2.25). Nada que esconder. Simplemente... glorioso. Y mientras aquel mundo era joven y nosotros, también, éramos jóvenes y bellos y llenos de vida, se dio vuelta en una esquina. Algo ocurrió de lo cual habíamos oído pero que nunca habíamos entendido completamente, o lo veríamos desarrollarse todos los días de nuestras vidas, y, más importante aún, *también* veríamos la oportunidad dada a nosotros cada día para dar marcha atrás a lo ocurrido.

Pero la serpiente era astuta, más que todos los animales del campo que Jehová Dios había hecho; la cual dijo a la mujer: ¿Conque Dios os ha dicho: No comáis de todo árbol del huerto? Y la mujer respondió a la serpiente: Del fruto de los árboles del huerto podemos comer; pero del fruto del árbol que está en medio del huerto dijo Dios: No comeréis de él, ni le tocaréis, para que no muráis. Entonces la serpiente dijo a la mujer: No moriréis; sino que sabe Dios que el día que comáis de él, serán abiertos vuestros ojos, y seréis como Dios, sabiendo el bien y el mal. Y vio la mujer que el árbol era bueno para comer, y que era agradable a los ojos, y árbol codiciable para alcanzar la sabiduría; y tomó de su fruto, y comió; y dio también a su marido, el cual comió así como ella. (Génesis 3.1-6)

¡Ay!
No hay palabras.
Gime, golpea tu pecho, cae de rodillas, deja salir un largo y triste lamento de amargo remordimiento.

La mujer fue convencida. ¿Fue así? ¿Simplemente así? ¿En cuestión de un momento? ¿Convencida de qué? Mira en tu propio corazón... lo verás. Convencida de que Dios le estaba ocultando algo. Convencida de que no podía confiarle a Dios su corazón. Convencida de que para poder tener la mejor vida posible tenía que tomar las riendas en sus propias manos. Y así lo hizo. Ella es la primera en caer. Al desobedecer a Dios también violó su esencia misma. Eva está supuesta a ser el *ezer kenegdo* de Adán, como alguien que viene a *salvar*. Debe traerle vida, invitarlo a vivir. En lugar de esto, lo invitó a su muerte.

Ahora bien, para ser justos, Adán tampoco hizo mucho para ir en rescate de ella.

> Permíteme preguntarte: ¿Dónde estaba Adán cuando la serpiente tentaba a Eva? Estaba parado al lado de ella: «Dio también a su marido que estaba con ella, y él comió» (Génesis 3.6, LBLA). La palabra hebrea para «con ella» significa exactamente allí, codo a codo. Adán no está en otra parte del bosque; no tiene excusa. Está exactamente allí, viendo cómo se desarrollaba todo el asunto. ¿Qué hace? Nada. Absolutamente nada. No dice una palabra, no levanta un dedo.[1] No se arriesgará, no peleará, y no rescatará a Eva. Nuestro primer padre —el primer hombre de carne y hueso— cedió a la parálisis. Negó su naturaleza y fue pasivo. Así que todos los hombres después de él, todo hijo de Adán, carga ahora en su corazón el mismo fracaso. Todos repetimos a diario el pecado de Adán. No nos arriesgaremos, no lucharemos y no rescataremos a Eva. En verdad somos de tal palo tal astilla.
>
> (*Salvaje de Corazón*)

Puedes ver como ocurre esto todos los días. Justo cuando necesitamos que hagan algo por nosotras... se van. Desaparecen, se van en silencio y pasivamente. «No me dice nada», es la queja de la mujer. No lucharán por nosotras.

¿Y las mujeres? Tendemos a ser asfixiantes, atrayentes, controladoras. Con frecuencia somos encantadas, como Eva, y nos convertimos en presas fáciles de nuestro Enemigo. Luego de haber renunciado a nuestra confianza en Dios, creemos que para poder tener la vida que queremos, debemos tomar las riendas en nuestras manos. Y sufrimos por el vacío que nada parece poder llenar.

LA MALDICIÓN

A la mujer dijo: Multiplicaré en gran manera los dolores en tus
preñeces; con dolor darás a luz los hijos; y tu deseo será para tu
marido, y él se enseñoreará de ti. Y al hombre dijo: Por cuanto
obedeciste a la voz de tu mujer, y comiste del árbol de que te
mandé diciendo: No comerás de él; maldita será la tierra por tu
causa; con dolor comerás de ella todos los días de tu vida. Espinos
y cardos te producirá… (Génesis 3.16-18)

Ahora bien, sería bueno para nosotros que prestemos especial
atención a todo lo que se ha revelado aquí —especialmente las
maldiciones que Dios pronunció— pues la historia explica nuestra
vida hoy día, al este del Edén. Por un lado, la maldición sobre
Adán no puede limitarse *solo* a los espinos y cardos reales. Si ese
fuera el caso, entonces todos los hombres que escogen no ser gran-
jeros logran escaparse de la maldición. Acepta un trabajo de «cuello blanco» y ya no tienes que pagar ni recibir castigo. No, el significado es más profundo y las implicaciones son para cada hijo de
Adán. El hombre es maldito con *inutilidad* y *fracaso*. Ahora la vida
va a ser difícil para el hombre en el lugar donde más lo siente. El
fracaso es el peor miedo de un hombre.

Y justo de la misma manera, la maldición sobre Eva y todas sus
hijas no puede limitarse *solamente* a los bebés y matrimonio, pues
si esto fuera cierto entonces cada mujer soltera y sin hijos escapa la
maldición. No es así. El significado es más profundo y las implicaciones son para *cada* hija de Eva. La mujer es maldita con *soledad*
(angustia relacional), con la urgencia de controlar (especialmente a
su hombre), y con el dominio de los hombres (lo que no es la
forma en que supone hubieran sido las cosas, y no estamos diciendo que sea algo bueno, es el fruto de la Caída y un hecho triste de
la historia).[2]

¿No es esto cierto? ¿Acaso tus dolores y angustias más profundas no son relaciones, no están conectadas con *alguien*? Aun cuando todo está bien, ¿tu enorme capacidad para la intimidad está
satisfecha alguna vez de una forma duradera? *Hay* un vacío en

nosotras que estamos tratando de alimentar continuamente. ¿Te das cuenta de lo mucho que necesitas tener las cosas bajo tu control, ya sea un proyecto o un ministerio o un matrimonio? ¿Te sientes segura confiándole tu bienestar a otra persona? ¿Y acaso no has pensado «este mundo es para los hombres»? ¿No has pensado que tu vulnerabilidad como mujer es una desventaja? La mayoría de las mujeres destestan su vulnerabilidad. No invitamos, estamos *a la defensiva*. La mayor parte de nuestra energía se malgasta tratando de ocultar nuestro verdadero yo y tratando de controlar nuestros mundos para tener algún sentido de seguridad.

Cuando a un hombre le sale algo mal, como le ha ocurrido a todos los hombres en alguna manera después de la Caída, lo que más se arruina es su fuerza. O se convierte en un hombre pasivo y débil: entregó su fuerza. O se vuelve un hombre impulsado por la violencia: perdió el control de su fuerza. Cuando una mujer cae de la gracia, lo que se echa a perder más profundamente es su tierna vulnerabilidad; la belleza que invita a la vida. Se vuelve una mujer dominante y controladora; o una callada mujer afligida y necesitada. O alguna rara combinación de ambas, dependiendo de sus circunstancias.

MUJERES DOMINANTES

Piensa por un momento en el carácter de las mujeres que te desagradan —y hasta detestas— en las películas. (Este parece un punto de partida más generoso, pues son, después de todo, personajes ficticios.) En *The Horse Whisperer*, Annie MacLean (representado por Kristin Scott Thomas), es una brillante y sofisticada profesional de Nueva York, editora de una importante revista para mujeres. Además es una mujer increíblemente controladora. Su hija es hospitalizada en condición crítica luego del accidente que cegó la vida de su mejor amiga, provocó que le amputaran una pierna y causó terribles heridas a su caballo. Comprensiblemente, Annie ha sido conmocionada hasta lo más profundo de su ser. Cómo maneja su crisis es dominando a todos: los doctores, las enfermeras, su esposo y hasta a su hija mutilada. En cierto momento se percata que el suero de su hija se está terminando.

«No puedes confiarte en estas personas».

(Sale al pasillo y atrapa a la primera enfermera que ve en el pasillo.)

«Discúlpeme. Mi hija necesita un suero nuevo».

«Sí, lo sé. La tenemos en turno...»

«Bueno, me gustaría que resolviera eso ahora, por favor».

(«Por favor» es una amenaza levemente disimulada, más bien un «o si no...». Annie regresa al cuarto y le explica a su avergonzado esposo.)

«Tienes que estar encima de esta gente constantemente».

Ella no necesita a nadie. Está a cargo de todo, «constantemente resolviendo las cosas». Es una mujer que sabe cómo obtener lo que quiere. (¡Algunas de nosotras quizás hasta admiremos eso!) Pero considera esto, no hay nada bondadoso en ella, nada tierno, ciertamente nada vulnerable. Ha abandonado aspectos esenciales de su feminidad.

Tenemos a la despreciable Sra. John Dashwood en *Sense and Sensibility*. El padre de John Dashwood muere al comienzo de la historia, dejando a su esposa y a sus tres hijas bajo el cuidado de su único hijo, a quien legó en herencia toda su fortuna. No obstante, en su último respiro antes de morir también ordenó que las mujeres fueran sostenidas financieramente por la buena voluntad de su hijo. De camino a la casa y en el carruaje luego del funeral, la señora Dashwood —la confabuladora y avara cuñada— teje una telaraña de manipulación alrededor de su esposo John y para el momento en que termina el recorrido, tanto la madre como las hermanas no tienen ni un solo centavo.

Piensa en la prometida de Tom Cruise al principio de *Jerry Maguire* (la que lo tira al suelo de un golpe). «No te voy a permitir que me hagas esto, Jerry». O la madre de Rose en el *Titanic*. «Tenemos que sobrevivir». Esta línea también la dice la odiosa madre en *Strictly Ballroom*. Y todas esas villanas como Cruela de Ville y Esmeralda («espejo, espejo en la pared»). Nótese también que la mayoría de las brujas malvadas son mujeres. O madrastras. ¿Alguna vez te has preguntado por qué por muchos años —hasta el movimiento feminista, debe resaltarse con ironía— que a los huracanes les ponían nombres de mujeres? Ahora bien, claro está un hombre calculador y sin corazón desempeña muy bien a un temible villano. Pero de alguna manera es mucho peor cuando es una mujer.

La Eva caída controla sus relaciones. Se *niega* a ser vulnerable. Y si no puede asegurar sus relaciones, entonces mata el anhelo de intimidad que lleva en su corazón para así sentirse segura y en control. Se convierte en una mujer «que no necesita a nadie... especialmente a un hombre». Qué efectos tiene esto en el transcurso de su vida y cómo las heridas de su infancia le dan forma a las convicciones de su corazón es una historia compleja, una que bien merece la pena descubrir. Sin embargo, debajo de todo y detrás de todo, hay una verdad sencilla: las mujeres dominan y controlan porque le temen a su vulnerabilidad. Lejos de Dios y lejos del Edén, parece una manera perfectamente razonable de vivir. Pero considera también esto: «todo lo que no proviene de fe, es pecado» (Romanos 14.23). Esa forma autoprotectora de relacionarse con los demás no tiene nada que ver con amar de verdad ni tampoco con confiar profundamente en Dios. Es nuestra respuesta instintiva ante un mundo peligroso.

Ahora bien, esto no quiere decir que una mujer no puede ser fuerte. Lo que estamos diciendo es que demasiadas mujeres sacrifican su feminidad para sentirse seguras y en control. Su fuerza se siente más masculina que femenina. No hay nada que invite o cautive, nada tierno ni bondadoso con respecto a ellas. El prototipo sería la infame señora Macbeth, quien le pide a los dioses que «neutralicen su sexualidad», que remuevan su feminidad, para que así ella pueda controlar el destino del hombre en su vida, y de esta manera asegurar su propio destino.

Las mujeres controladoras son aquellas de nosotras que no confiamos en nadie para que maneje nuestro auto. O ayude en nuestra cocina. O hable en nuestro retiro o reunión. O cargue algo por nosotros. Toman decisiones que «nosotras» debemos tomar. Sugieren un traje, agenda, restaurante o ruta diferente. Nos quedamos en cuartos separados cuando viajamos. Planificamos fiestas de cumpleaños perfectas para nuestros hijos. Podría parecer que estamos simplemente «tratando de ser una buena mamá» o una buena amiga, pero lo que hacemos con frecuencia es ordenar la vida de los demás. Las mujeres controladoras son el «tipo de mujer» como dijo C.S. Lewis: «Que "viven para otros" y puedes decir quiénes son los otros por su expresión de perseguidos».

Las mujeres controladoras suelen ser muy bien recompensadas en este mundo caído que vivimos. Somos nosotras las que recibimos los ascensos corporativos. Somos nosotras a las que colocan al frente de nuestros ministerios de mujeres. Tipos de mujeres al estilo «puedo hacerlo, en conclusión, asunto resuelto». Mujeres que ni siquiera han considerado que nuestro perfeccionismo a la Martha Stewart podría no ser una virtud. Nunca hemos considerado que al vivir una vida controladora y dominante estamos realmente negándonos a confiar en nuestro Dios. Y tampoco nunca nos hemos percatado que algo precioso en nosotras se perdió. Algo que el mundo necesita mucho de nosotras.

Mujeres afligidas

Si en un extremo de la escala encontramos que la Eva caída se convierte en una mujer dura, rígida y controladora, entonces en el otro extremo encuentras a mujeres afligidas, necesitadas, *demasiado* vulnerables. Mujeres como el personaje de Kathy Bates al comienzo de *Green Fried Tomatoes*. Es ingenua, está perdida, carece de todo sentido del yo. Es abusada por un hombre malvado y no tiene la voluntad para salir de esto. Elimina las situaciones abusivas y tienes una mujer como Marianne en *Sense and Sensibility*, que está demasiado dispuesta a entregarse a un hombre que no merece su confianza. Está desesperada por que la amen. Y termina con el corazón hecho trizas.

Las mujeres afligidas son gobernadas por el abismo doloroso que llevan adentro. Estas son las mujeres que compran libros como: *Men Who Hate Women and the Women Who Love Them* [Hombres que odian a las mujeres y las mujeres que los aman] y *Women Who Love Too Much* [Mujeres que aman demasiado] y *Co-dependent No More* [Dependiente nunca más]. Son consumidas por el hambre de una relación. Un amigo nuestro, un hombre en sus veinte, se lamentaba por lo mucho que su madre lo llamaba. «¿Con cuánta frecuencia te llama?», pregunté, pensando que podría estar exagerando. «Todos los días». ¡Jo! Que una madre llame todos los días a su hijo adulto que se ha ido de la casa es demasiado.

Tristemente, las mujeres afligidas también tienden a esconder su verdadero yo. Estamos seguras que si los demás realmente nos conocieran, no les agradaríamos y no podemos darnos el lujo de perder una relación. Quizás sean mujeres como Tula en *My Big Fat Greek Wedding* que literalmente se esconden detrás del mostrador cuando un hombre atractivo entra en su restaurante. Esconde su belleza detrás de unos espejuelos enormes (¿en la era de los lentes de contacto?), ropa holgada, cabello desaliñado... todo meticulosamente seleccionado para *no* llamar la atención. Porque no cree merecer que le presten atención. Las mujeres afligidas pudieran ser mujeres ocupadas que se esconden detrás de «hay demasiado trabajo que hacer». Así fue como las mujeres en mi familia (la de Stasi) aprendieron a manejar la vida.

Mi madre se crió en los campos de Dakota del Norte. Sus padres vivieron los largos años de sus vidas en la misma casa donde ella nació. Su padre era un hombre frío y distante. Él nunca dijo las palabras que las niñas pequeñas anhelan —no, *necesitan*— escuchar. Nunca oyó de su padre que era preciosa o linda. Ni siquiera le dijo nunca que la amaba. Ni una sola vez. Después de un día terrible en la escuela, ella corrió a la casa con las lágrimas bañando su rostro. Profundamente herida, sollozando, con el corazoncito de una niñita hecho trizas, se atrevió a correr adonde su padre. Él le dijo que se fuera.

Ella sabía que su madre la quería. Sin embargo, tampoco era expresiva. Pero era limpia... e increíblemente controladora. A mi madre no le permitían traer amigas a la casa a jugar porque harían regueros. La sala de estar no era para «estar», era para mirar. Todos los objetos en la casa pertenecían a su mamá y no estaba permitido tocarlos o, ni Dios lo quiera, moverlos. Puedes imaginarlo, en aquella casa no había juegos. No se construían fuertes, ni había niños corriendo por todos lados. Estaba nítida, en orden... y mataba el alma.

Un día, mientras su madre estaba atendiendo a unos invitados, mi mamá estaba en el segundo piso usando el baño. Como una niña buena, se lavó las manos en el lavamanos luego de haber cerrado el drenaje, como le habían enseñado. Entonces algo terrible ocurrió. No podía hacer que el agua se detuviera o quitarle el tapón al drenaje. Ambas cosas estaban atascadas. Según las rígidas normas de la casa, nadie podía interrumpir al padre o a la madre mientras estos hablaban con otros adultos. Mi mamá no sabía qué hacer. El agua seguía corriendo. Algo estaba roto. Mi mamá era la responsable. Se iba a meter en problemas. El nivel del agua seguía subiendo. Así que mi madre hizo lo que todos hacemos cuando tememos haber fracasado y alguien está a punto de descubrirlo. Se escondió.

Salió del baño, se fue a su cuarto, se metió debajo de la cama y allí se quedó; escondida, temblando, con miedo. El agua en el lavamanos finalmente se desbordó, cayó al suelo, mojó el techo y comenzó a gotear hasta que uno de los invitados de su madre se dio cuenta y se lo dijo. ¡Ay! El haberse escondido, al igual que cuando nosotras nos escondemos, solo empeoró las cosas.

Tuve miedo, porque estaba desnudo; y me escondí. (Génesis 3.10)

Una de mis compañeras de cuarto en la universidad era una joven muy linda pero ella no lo sabía. Era buena y graciosa, inteligente y brillante. También era tímida y temerosa. Pasaba sus noches frente a su televisor personal. Rechazaba invitaciones para salir, se quedaba en la habitación, noche tras noche. Las semanas se convirtieron en meses. Herida, lastimada en maneras que solo puedo suponer, encontraba solaz en las comedias y las comidas rápidas. Demasiado insegura para entrar en el mundo, prefería esconderse de él, y salía solo para asistir a clases y reabastecer su alacena.

Las mujeres que se esconden son aquellas de nosotras que nunca hablan en el estudio bíblico ni en la reunión escolar ni en ningún otro tipo de reunión. Cuando pasamos frente a un lindo vestido en una vitrina nos decimos: *Nunca podría ponerme eso*. Nos mantenemos ocupadas en las reuniones familiares y fiestas que no podemos evitar. Mejor vamos al cine que salir a comer con una amiga. Nunca tomamos la iniciativa sexual con nuestros esposos. Desechamos todos los elogios. Nos resignamos a que otros tomen las decisiones importantes.

Como Eva después que comió de la fruta prohibida, nosotras las mujeres nos escondemos. Nos escondemos detrás del maquillaje. Nos escondemos detrás de nuestro humor. Nos escondemos con silencios airados y retiradas que lastiman. Escondemos lo que de verdad somos y ofrecemos solo lo que creemos que los demás quieren, lo que es seguro. Actuamos en formas autoprotectoras y nos negamos a ofrecer lo que verdaderamente vemos, creemos y sabemos. No nos arriesgamos a que nos rechacen ni a parecer tontas. Hemos hablado en el pasado y nos han respondido con miradas vacías o estruendosas risotadas. No lo haremos otra vez. Nos escondemos porque tenemos miedo. Hemos sido heridas y heridas muy profundamente. La gente ha pecado contra nosotras y nosotras también hemos pecado. Esconderse significa permanecer seguras, sufrir menos. Por lo menos eso es lo que pensamos. Y así, escondiéndonos, tomamos las cosas en nuestras propias manos. No nos volvemos a Dios con nuestros corazones destrozados y desesperados. Y nunca se nos ha ocurrido que al escondernos algo precioso también se ha perdido. Algo que el mundo necesita demasiado de nosotras.

MIMOS

Sea que tendamos a dominar o a controlar, o retirarnos en nuestra desolación y escondernos, aún así... el dolor permanece. Los anhelos profundos de nuestro corazón de mujer sencillamente no desaparecerán. Así que nos mimamos.

Nos compramos algo lindo cuando no nos sentimos apreciadas. Nos «permitimos» un segundo vaso de helado o pedimos una orden más grande de algo cuando nos sentimos solas. Escapamos a un mundo de fantasía para encontrar algo de agua para nuestro sediento corazón. Novelas románticas (una industria de un billón de dólares), novelas en la televisión, programas de entrevistas, chismes, las miles de revistas de mujeres. Todo esto alimenta una vida interior de sueños relacionales y fantasías que sustituyen, por algún tiempo, la realidad. Pero nada de esto realmente satisface, así que seguimos tratando de llenar el vacío persistente con nuestros pequeños mimos (podemos llamarlos «malos hábitos»). Brent Curtis las llama nuestras «aventuritas del corazón». A estas cosas entregamos nuestro corazón en lugar de entregarlo a Dios.

Soñamos despiertas mientras vamos manejando en el auto. Imaginamos conversaciones importantes o difíciles en las que hablamos de forma brillante. Malgastamos nuestra imaginación en novelas baratas pensando que somos la bella heroína; atractiva, perseguida, bella. Somos infinitamente creativas en nuestros mimos, nuestros adulterios del corazón. Ciertamente no nos limitamos a uno solo.

Detente un momento y considera los tuyos. ¿Adónde vas, en lugar de ir a Dios, cuando el dolor de tu corazón empieza a hacerse evidente? Gastar demasiado dinero, apostar, limpiar, comprar, tomar, trabajar, hacer ejercicios, ver demasiadas películas, comedias, programas de entrevistas y hasta nuestros sentimientos negativos pueden convertirse en mimos. Cuando permitimos que nuestros corazones acampen en la falta de confianza en sí mismos, condenando los pensamientos o hasta la vergüenza porque esas emociones se han vuelto muy familiares y cómodas, estamos mimándonos infielmente en lugar de permitir que nuestro profundo dolor nos acerque a Dios.

Lamentablemente, nuestros mimos nos hacen sentir mejor... por algún tiempo. Parecen «funcionar», pero realmente solo incrementan nuestra necesidad de mimarnos otra vez. Esta es la pesadilla de la adicción. Se enredan en nuestra alma como un cáncer y una vez arraigadas se vuelven adicciones que son tanto crueles como implacables. Aunque las usamos para un poco de alivio a nuestras penas en la vida, las adicciones se apoderan de nosotras y nos aprisionan con cadenas que nos separan del corazón de Dios y de los demás. Es una solitaria prisión hecha por nosotras mismas; cada cadena labrada en el fuego de nuestra indulgente decisión. Sin embargo, «nuestros amantes se han entrelazado ellos mismos con nuestra identidad que descartarlos se siente como una muerte personal... Nos preguntamos si es posible vivir sin ellos» (*El Sagrado Romance*).

Necesitamos no sentirnos avergonzadas de que nos duela el corazón; de que necesitamos, tenemos sed y hambre de mucho más. Todos nuestros corazones duelen. Todos nuestros corazones están en algún nivel insatisfechos y anhelantes. Es nuestra insaciable necesidad de algo más lo que nos acerca a nuestro Dios. Lo que necesitamos entender es que todo nuestro control, el escondernos o mimarnos realmente sirve para separarnos de nuestros corazones. Perdemos el contacto con esos anhelos que nos hacen mujer. Y esto nunca, nunca resuelve el asunto profundo de nuestras almas.

EL PERSISTENTE MIEDO DE EVA

Toda mujer ya sabe que no es lo que se supone que hubiera sido. Y teme que pronto eso sea descubierto —si no es que ya ha ocurrido— y que la abandonen. Abandonada para morir una muerte del corazón. Ese es el mayor temor de una mujer: el abandono. (¿No es cierto?) En lugar de volvernos a Dios, revirtiendo la postura que nos llevó a la crisis en primer lugar (la que Eva comenzó y que nosotras hemos repetido hasta el cansancio), continuamos por ese camino haciendo lo que podemos para sentirnos seguras en un mundo peligroso e impredecible.

Y muy en lo profundo de nuestros corazones, nuestra pregunta persiste. Sin respuesta. O mejor dicho, sigue respondida en la equivocada manera en que fue respondida en nuestra juventud. «¿Soy bonita?» «¿Puedes verme?» «¿Quieres verme?» «¿Te sientes cautivado por lo que encuentras en mí?» Vivimos perseguidas por esa pregunta; sin embargo, no estamos conscientes de que todavía necesita una respuesta.

Cuando éramos jóvenes, no sabíamos nada de Eva y lo que ella hizo, ni de cómo eso nos afectó a todas. No hacemos a Dios la pregunta de nuestro corazón y con demasiada frecuencia, antes que podamos, recibimos las respuestas de formas muy dolorosas. Nos lastiman hasta que creemos cosas horribles sobre nosotras mismas. Y así cada mujer lleva al mundo configurada para una terrible angustia.

CAPÍTULO CUATRO

Herida

❧

Estas palabras son navajas a mi herido corazón.
—SHAKESPEARE

¡Ah! Mujeres, ustedes deberían moverse aquí,
entre nosotros, llenas de pena,
no más protegidas que nosotros.
—RILKE

Carrie se levantó el día de su sexto cumpleaños con el sonido de una canción.

Supo instantáneamente que era su cumpleaños, *su día*. Abrió los ojos para descubrir que habían atado globos de muchos colores alrededor de su cama. La celebración había comenzado. Su mamá estaba parada al lado de su cama, sujetando un bizcochito con una vela encendida en él, y su papá también estaba allí. Y ambos estaban cantando: «Cuuummpleaaaaños feeeliiiiz». ¡Ah, felicidad sin estorbos! Chillidos de placer, besos, abrazos y ¡hurras! le dieron la bienvenida a este día; de la misma forma en que fue recibida en este mundo seis años antes. Su padre le susurró a su «princesita» que la amaba. Su madre le recordó una vez más lo feliz que era al tener una hija tan maravillosa.

No cabía la menor duda: esta niñita se *deleitó* en todo.

La vida de Carrie se acercaba a la vida que Dios quiso para cada niñita. Ella *sabía* que su padre la amaba. Era su princesa. Él era su caballero en resplandeciente armadura. Él quería pasar tiempo con ella. Carrie *sabía* que su madre la amaba y la deseaba. El suyo era un mundo en el que el padre la protegía, su madre la cuidaba y ella era disfrutada. Este es el terreno en el que se suponía creciera el alma de una niña; este era el jardín donde se suponía que su joven corazón floreciera. Toda niñita debería ser así de amada, así de bienvenida... vista, reconocida, atesorada. Desde este lugar ella se transformaría en una mujer fuerte, hermosa y segura.

Si solo hubiera sido así para cada una de nosotras.

MADRES, PADRES Y SUS HIJAS

Por muchos siglos las mujeres vivieron en gran cercanía con otras mujeres. Se reunían en el pozo, en el río, preparaban comidas... muchas ocasiones para que la feminidad sencillamente pasara de forma natural de las mujeres adultas a las más jóvenes. Nuestra intuición, nuestro agudo ojo para las relaciones, nuestra habilidad para captar los asuntos del corazón hizo innecesario cualquier tipo de «ceremonia» formal a la feminidad. En nuestros días esas oportunidades casi han desaparecido. Cuando conocemos a otras mujeres regularmente es en situaciones de mucho estrés: reuniones corporativas con fechas límites, reuniones ministeriales con agendas, reuniones escolares de padres con preocupaciones. El hogar es el único lugar que queda para esta transmisión vital de la identidad femenina.

La manera en que te ves a ti misma ahora, como mujer adulta, tomó forma muy temprano en tu vida, en los años en que eras una niñita. Aprendimos lo que es ser femeninas —y *si* fuimos femeninas— cuando éramos muy pequeñas. Las mujeres aprenden de sus madres lo que significa ser mujer, y de sus padres el valor que tiene una mujer... el valor que *ellas* tienen como mujer. Si una mujer se siente cómoda con su propia feminidad, su belleza, su fuerza, entonces hay buenas posibilidades de que su hija también lo estará.

De nuestras madres recibimos muchas, muchas cosas, pero primero y por encima de todas ellas están la compasión y la ternura. Cuando mis hijos eran pequeños y se lastimaban, su padre diría algo alentador como «ese es un golpe *coob*». Yo los acunaría en mis brazos y curaría su herida. Nuestras madres nos muestran el misericordioso rostro de Dios. Somos nutridas en sus pechos y acunadas en sus brazos. Ellas nos mecen hasta dormirnos y nos cantan canciones de cuna. Nuestros primeros años los vivimos en las inmediaciones de los cordones de sus delantales y ellas cuidan de nosotros en todos los sentidos de la palabra. Cuando nos lastimamos, mamá nos besa y nos mejoramos.

Las mamás tienen algo de misterio para las niñitas, pero también pertenecen a un club al que algún día ellas se unirán. Así que niñitas miren y aprendan. Las niñas pequeñas aprenden a vivir como mujer observando a sus madres, sus abuelas y absorbiendo innumerables lecciones de todas las mujeres adultas en sus vidas.

Y en lo que respecta a nuestra pregunta, es principalmente respondida por nuestros padres.

El padre de Carrie estaba presente para ella. Él la *veía* e hizo claro que disfrutaba lo que veía. Prodigaba afecto en ella con su presencia, su protección, su fascinación. Él tenía nombres para ella; nombres secretos que solo ellos conocían. La llamaba su «Gatita», y «Princesa» y «Querida chiquita». Las niñas pequeñas necesitan la tierna fortaleza de sus padres. Necesitan saber que sus papitos son fuertes y las protegerán; necesitan saber que sus padres están allí *para* ellas. Sobre todo, una niñita aprende de su padre la respuesta a su pregunta.

¿Recuerdas las faldas de volantes volados? Las movíamos enfrente de nuestros papás. Queríamos saber: «¿Papá, soy bonita? ¿Soy cautivante?» De ellos aprendemos que se deleitan en nosotras, que somos especiales... o que no lo somos. Cómo un padre se relaciona con su hija tiene un enorme impacto en el alma de ella; para bien o para mal. Muchos estudios han revelado que las mujeres que reportan tener una relación cercana y cariñosa con sus padres, que recibieron seguridad, deleite y aprobación de ellos durante la niñez sufren menos de desórdenes alimentarios o depresión y «desarrollaron un fuerte sentido de identidad personal y autoestima positiva» (Margo Maine, *Father Hunger* [Hambre de Padres]).

Pero Adán cayó, al igual que Eva, y los padres y las madres de la mayoría de nosotras continuaron la triste historia. No nos proveyeron lo que nuestros corazones necesitaban para transformarnos en mujeres cariñosas, vulnerables, fuertes y aventureras. No, la mayoría de nuestras historias comparten un tema diferente.

CORAZONES HERIDOS

Mi amiga Sandy creció en un hogar con un padre abusivo y una madre débil. Si su papá le pegaba a su mamá, la madre sentía que debía haber hecho algo para merecerlo. Cuando los golpes se tornaron en palizas, Sandy se interponía entre su padre y su madre. Trataba de parar la crueldad de su padre y proteger a su madre recibiendo ella los golpes. Y cuando su padre comenzó a abusar sexualmente de Sandy y de su hermana, su mamá no hizo nada por protegerlas. Sencillamente se distanció. El papá de Sandy comenzó a llevar a la casa a sus amigos borrachones para que ellos también pudieran abusar sexualmente a sus hijas. Una y otra vez su madre no hacía nada. ¿Qué supones que aprendió Sandy sobre la masculinidad, la feminidad, sobre ella misma?

Tracey era la segunda hija de sus padres y no compartía la sencilla intimidad que veía que existía entre su padre y su hermana mayor. Tenía dudas sobre sí misma y sobre los sentimientos de él por ella. En un viaje a un parque acuático, ella quería jugar con su papá. Le pidió que se tirara con ella por una chorrera en el área de juego para niños. Él no quería. Tracey le *imploró* que fuera con ella. Tenía miedo de ir sola. Quería que él la atrapara al final. Quería que lo hicieran juntos. El padre accedió. Ella caminó alegremente de la mano de él y él se tiró primero tal como habían planificado. Pero era una chorrera para niños, no estaba hecha para un hombre adulto y cuando llegó al final, el agua era muy poco profunda para él. La fuerza de la caída rompió su pie. Tenía dolor *y todo era culpa de ella*. Eso fue lo que creyó su tierno corazón. ¿Qué le enseña esto a una niña sobre sus deseos, y sobre el efecto de su vida en otras personas?

Una mujer a la que llamaremos Melissa nos dijo: «Mi herida fue infligida en mi nacimiento. Mis padres tenían una niñita de tres años y anhelaban desesperadamente un varoncito». Ya sabes lo que viene. «Cuando me llevaron donde mi padre por primera vez él no me tomó en sus brazos porque estaba muy decepcionado de que fuera niña. Pasé mi niñez tratando de ser un buen hijo y oraba todas las noches antes de irme a la cama por que me creciera un pene y me transformara en un niño. Cada mañana me levantaba y chequeaba y lloraba porque todavía era una niña». ¡Cuánto nos gustaría decir que las historias como estas son raras! La naturaleza del asalto tal vez sea distinto, pero la razón por la que existen tantas mujeres que enfrentan dificultades es porque hubo *demasiadas* niñas heridas.

Raquel tenía un padre verbalmente abusivo. «Supongo que oí todo lo que una niña puede oír: "Eres tan estúpida. No vales nada. Desearía nunca haberte tenido. Me enfermas". Crecí creyendo que era repulsiva para mi padre e hice todo lo posible para tratar y hacer que me quisiera». Los padres abusivos son un horror demasiado común. Cómplices, las madres quebrantadas son una dolorosa realidad. Con frecuencia ambos vienen de hogares abusivos donde el círculo de dolor es repetido cruelmente y pasado a la siguiente generación.

No puedes estar viva por mucho tiempo sin ser lastimada. El sol se levanta, las estrellas siguen su curso, las olas rompen en los peñascos, y somos heridas. Los corazones quebrantados no pueden evitarse por mucho tiempo en este mundo hermoso y al mismo tiempo peligroso en el que vivimos. Este no es el Edén. Ni siquiera se acerca. No estamos viviendo en el mundo para el que fueron hechas nuestras almas. Algo está podrido en el estado de Dinamarca y en nuestro propio patio mientras peregrinamos por el terreno desconocido de momentos y meses que conforman nuestras vidas.

Mira profundamente en los ojos de cualquiera y detrás de la sonrisa o el miedo... encontrarás dolor. Y la mayoría de la gente está más dolida de lo que siquiera se percata. La pena no es desconocida para ninguna de nosotras; sin embargo, solo unas pocas hemos descubierto que tampoco es una enemiga. Porque somos las amadas de Dios, el Rey de reyes, Jesús mismo, quien vino para sanar a los quebrantados y liberar a los cautivos, podemos mirar hacia atrás. Podemos tomar su mano divina y recordar. Debemos recordar si no queremos permanecer prisioneras de las heridas y los mensajes que recibimos mientras crecíamos.

El horror que los padres abusivos infligen en sus hijas hiere el centro mismo de sus almas. Rompe sus corazones, lleva a la vergüenza y la ambivalencia y es el anfitrión de las estrategias defensivas que bloquean nuestros corazones femeninos. Pero por lo menos el asalto es obvio. El dolor que infligen los padres ausentes en sus hijas es también dañino pero mucho más difícil de ver.

PADRES PASIVOS

Como dije antes, los hombres caídos tienden a pecar en una de dos maneras. O se transforman en hombres impulsados por la violencia: su fuerza se volvió dañina. O se convierten en hombres pasivos y silenciosos (como Adán): su fuerza desapareció. El papá de Lori estaba presente físicamente pero ausente en todos los demás aspectos. Una niña pequeña anhela ser deleitada por su padre, pero el papá de Lori no quería tener que ver nada con ella. Cuando celebraron en la escuela elemental una cena para padres e hijas, Lori quiso ir *desesperadamente*. Invitó a su padre para que fuera; le rogó que la acompañara, pero él ignoró la súplica. Lori asumió que no quiso asistir porque se avergonzaba de que lo vieran con ella.

Como hacen muchas niñitas, Lori tomó lecciones de ballet. Se sentía tan linda en su leotardo rosado y sus medias que le pidió a su padre que por favor la fuera a ver bailar. Él le contestó que cuando ella estuviera en un escenario real entonces iría a verla. Como debes saber, las lecciones de ballet terminan en recitales, así que, el día llegó para que la pequeña Lori bailara en un escenario real. Preciosa en su vestuario resplandeciente, buscó y esperó con ansiedad la llegada de su padre. Nunca llegó. Más tarde aquella noche los amigos de su padre tuvieron que cargarlo hasta la casa porque estaba demasiado borracho para caminar por él mismo. El corazoncito de niña de Lori creyó que su padre había hecho un gran esfuerzo para *no* tener que verla bailar.

El padre de Debbie tuvo una aventura cuando ella era pequeña. No era un hombre violento. No había nada abusivo en él. De hecho, era tierno con su madre, tal como era con Debbie y su hermana. Compartían las cenas dominicales, iban a la iglesia juntos. Solo que había escogido a otra mujer. «Supongo que ella no era suficiente para retenerlo», Debbie decía sobre su madre. «Supongo que no *éramos* suficiente para retenerlo». Las aventuras y los divorcios tocan el peor miedo de una mujer: el abandono. Hieren, no solo a las madres, sino también a las hijas. A veces la herida es difícil de identificar porque la transgresión parece ser contra la madre. ¿Pero qué aprende la hija?

El padre de Laurie se divorció de su mamá cuando ella tenía seis años. En su corazón se había divorciado de ella también. «Ellos trataron de hablar de esto con nosotras, hacerlo sonar muy maduro y que todo iba a estar bien. Pero él se estaba marchando». Su padre sí venía de visita y la llevaba a pasear. Pero Laurie aprendió a ocultar su corazón de él. «Aprendí a llorar debajo del agua. Cuando íbamos a la piscina. No quería que me viera llorar». Demasiadas niñas aprenden algo como esto. Esconde tu vulnerabilidad. Esconde tu corazón. No estás segura.

Mi padre (el de Stasi) estuvo ausente la mayor parte de mi juventud. Fue un hombre criado para ser fuerte y bueno. En su época, la forma principal para que un hombre mostrara su fuerza era proveyendo para su familia. Pero como demasiados hombres, mi papá trabajaba largas horas para proveer para nosotros económicamente, y sin embargo, nos privó de lo que más necesitábamos: de él. Mi padre era un vendedor viajero. A veces se iba por dos semanas consecutivas y luego estaba en casa por un fin de semana antes de irse otra vez. Como era alcohólico, con frecuencia se detenía en la barra local o en casa de algún vecino para darse unos tragos antes de llegar a nuestra puerta. Cuando estaba presente físicamente, estaba ausente emocionalmente. Prefería la compañía de la televisión y de un vaso de whisky antes que a su familia. No me conocía. Supongo que no quería hacerlo.

HERIDAS DE MADRES

Mi madre era una mujer solitaria y ocupada. Cuando era pequeña tenía que pretender estar enferma para recibir un poquito de su atención. Recuerdo de pequeña haber estado sentada en la mesa de la cocina, viéndola preparar la cena, cuando me dijo por primera vez —aunque no la última— cuán devastada se sintió cuando se enteró que estaba embarazada de mí. Era la última de cuatro hijos, demasiados cercanos en edad, y ella lloró cuando se enteró que yo, la hija de una madre agobiada y un padre ausente, venía en camino. Puedes imaginar el efecto que eso tiene en el corazón de una niñita.

El papá de Chris no estaba ausente. De hecho, estaba plenamente involucrado en la vida de ella. Chris amaba los caballos y tenía un don natural con ellos. Su padre se sentía muy orgulloso del don de su hija. Se deleitaba en sus habilidades para montar y la animó a que las desarrollara. Estaba presente, la disfrutaba muchísimo y ella lo sabía. Y su madre estaba celosa. Le dijo a Chris que su padre estaba simplemente «usándola». Ella vertió veneno diciendo que su padre era cruel, egoísta y que la atención que le brindaba era incorrecta. La mamá de Chris minimizó el amor de la niña por los caballos, nunca fue a ninguna clase o competencia, y le dijo a Chris que la vestimenta de cabalgar la hacía verse masculina y poco atractiva.

La madre de Dana la encerraba a ella, a su hermano y hermanas en el clóset por largas horas, día tras días mientras crecían. Su madre no confiaba en ellos ni en ninguna niñera, así que los metía en el clóset mientras ella «salía». No eran una familia pobre, pero su madre compraba la comida más barata posible; pan con hongo, frutas demasiado maduras. Su madre le daba muy poca comida y luego la despertaba a la medianoche y la obligaba a comerse un pedazo de fruta podrida. Tenía veintiún años la primera vez que probó una pera perfectamente madura y descubrió su sabor.

Las historias de estas mujeres y las heridas que recibieron siendo niñas pequeñas son todas diferentes, pero los efectos de ellas y los efectos de las nuestras son dolorosamente similares. Algunas de estas historias son extremas. Los sentimientos de incertidumbre y de falta de valor que engendraron no lo son. ¿Cómo fue tu niñez? ¿Qué lecciones aprendiste cuando eras una niña pequeña? ¿Qué querían tus padres de ti? ¿Se deleitaban contigo? ¿Sabes en lo profundo de tu ser que eras amada, especial, digna de proteger y desear? Es mi oración que así haya sido. Pero sé que para muchas de ustedes la niñez que se supone que hubieras tenido, la niñez que quisieron tener es un lejano lamento de la niñez que *tuvieron*.

EL MENSAJE DE NUESTRAS HERIDAS Y CÓMO NOS MOLDEARON

Las heridas que recibimos de niñas no llegaron solas. Trajeron mensajes con ellas, mensajes que sacudieron lo profundo de nuestros corazones, justo en el lugar de nuestra pregunta. Nuestras heridas golpearon el centro de nuestra *feminidad*. El daño que produjeron en nuestros corazones femeninos las heridas que recibimos empeoró mucho más debido a las cosas horribles que creímos sobre nosotras como resultado. Como niñas, no teníamos las facultades para procesar lo que nos estaba ocurriendo. Nuestros padres eran como dioses. Creíamos que estaban en lo correcto. Si nos sentíamos abrumadas, o empequeñecidas o lastimadas o abusadas, creíamos que de alguna forma era debido a *nosotras*; el problema estaba en *nosotras*.

El papá de Lori no fue a su recital. Hizo todo lo posible para no llegar. Esa fue la herida. El *mensaje* fue que ella no merecía su tiempo. Ella no merecía su amor. Lori sintió que había algo terriblemente mal en ella. El padre de Tracey se rompió el pie. Ella lo invitó a que entrara al deseo de su corazón y el resultado fue un desastre. ¿El mensaje? «Tu deseo de relación provoca dolor. Eres sencillamente "demasiado"». Y ella ha pasado los últimos veinte años tratando de no ser demasiado, tratando de minimizar sus deseos, tratando de encontrar alguna manera de que la amen sin ser demasiado. Como resultado, le fueron eliminadas formidables características de su maravillosa personalidad.

El padre de Debbie tuvo una aventura. Lo que lo hizo confuso fue que en muchas maneras, él fue un buen hombre. El mensaje que se arraigó en su corazón de adolescente fue: *Te conviene que hagas más que ella o no retendrás a ningún hombre.* Luego de esto llegó un joven a la vida de Debbie que luego se fue sin ninguna razón aparente. Hemos conocido a esta linda joven por algunos años y hay algo que siempre nos ha intrigado: ¿Por qué siempre está trabajando en su vida? ¿Por qué siempre está tratando de «mejorarse» a sí misma? Debbie siempre está buscando algo en lo que pueda seguir trabajando. Oración, ejercicio, responsabilidad financiera, un nuevo color de cabello, más disciplina. ¿Por qué está tratando con tanto ahínco? ¿Acaso no sabe lo maravillosa que es? Lo que hace su búsqueda tan frustrante es que no sabe qué es lo que puede estar mal en ella. Solo el miedo de que no es suficiente.

Por cierto, muchas mujeres se sienten así. No podemos explicarlo con palabras, pero muy en lo profundo tememos que hay algo terriblemente mal en nosotras. Si fuéramos la princesa, entonces nuestro príncipe habría venido. Si fuéramos la hija del Rey, él habría peleado por nosotras. No podemos evitar pensar que si fuéramos diferentes, si fuéramos *mejores*, entonces hubiéramos sido amadas como tanto anhelamos serlo. Tiene que ser algo en nosotras.

El padre de Sandy abusó de ella y su madre le dio la espalda. Esto vertió una gran maldad sobre su alma. En todo lo que aprendió, Sandy descubrió dos cosas básicas sobre la feminidad: ser mujer es ser impotente; no hay nada bueno en la vulnerabilidad, es sencillamente «debilidad». Y, ser femenina es atraer hacia ti intimidad indeseada. ¿Te sorprende que no quiera ser femenina? Como tantas otras mujeres abusadas, Sandy se encuentra en un horrible aprieto de anhelo de intimidad (fue creada para eso), pero temiendo parecer en lo más mínimo atractiva para un hombre. Se ha conformado con una «competente y eficiente mujer profesional», afectuosa pero vigilante, nunca demasiado atractiva y nunca, nunca en necesidad, nunca «débil».

Algunas mujeres que fueron abusadas sexualmente toman otro camino. O, quizás más honestamente, se dirigen compulsivamente hacia otra dirección. Nunca recibieron amor, pero sí experimentaron algún tipo de intimidad por medio del abuso sexual y ahora se entregan a un hombre tras otro, esperando de alguna manera sanar los encuentros sexuales ilegítimos con sexo que tenga algo de amor.

La madre de Melissa fue una mujer malvada que le pegaba a sus hijos con un cuartón de cerca de quince pulgadas de largo (38 cm). «Me sentía absolutamente aterrorizada de mi madre», nos confesó. «Parecía psicópata y jugaba malévolos juegos mentales. La mayor parte del tiempo realmente no sabíamos por qué nos estaba pegando. Mi padre no hizo nada. Algo que sí sabía era que con cada golpe se profundizaba más mi odio por ella. Transformó a mi hermana en una frágil masa humana y yo prometí que nunca me haría eso a mí. Prometí que me volvería dura; resistente, como una roca». Y en esto se transformó, ya bien entrada en la adultez.

Las promesas que hacemos de niñas son muy comprensibles... y muy, muy dañinas. Apagan nuestros corazones. En esencia, son acuerdos profundamente arraigados con los mensajes de nuestras heridas. Actúan como un pacto con el veredicto sobre nosotras. «Perfecto. Si así es la cosa, entonces así va a ser. Viviré toda mi vida de la siguiente manera...».

Me ha tomado muchos años reconocer todas las heridas y mensajes que dieron forma a mi vida. Ha sido una travesía para crecer en entendimiento y sanidad. Justo anoche, mientras John y yo hablábamos sobre este capítulo, comencé a darme cuenta más claramente de cuál ha sido el mensaje de mis heridas. Mi mamá se sintió abrumada con la perspectiva de tener otro hijo: yo. El mensaje que se asentó en mi corazón fue que yo era una agonía; que solo mi presencia causaba tristeza y dolor. De un padre que nunca pareció querer conocerme o estar conmigo, recibí el mensaje de que «no tienes una belleza que me cautive. Eres una desilusión».

Cuando era una niñita me escondía en el clóset. Nadie me estaba buscando, sencillamente me sentía más segura allí. Comencé a esconderme así cuando tenía diez años; el mismo año en que mi familia se desintegró. Habíamos estado viviendo en Kansas, en un vecindario que tenía todo lo que cualquiera podría pedir de un lugar para vivir. Mis hermanas, mi hermano y yo jugábamos con los niños del vecindario. En aquel tiempo nadie tenía cercas, todo era un campo abierto. Y la escuela era un lugar en el que alcanzamos éxito. Me eligieron «Ciudadana del Año». Mi hermana mayor fue seleccionada para un viaje de intercambio al extranjero y se suponía que iba a ir a Francia. Mi otra hermana era la estrella de una obra teatral de la escuela. Mi hermano era un chico popular y ganó premios por su rendimiento. Ya tienes el cuadro. Era bueno.

Y entonces, nos mudamos (el resultado de un ascenso de mi padre) y fue como si hubiera caído una bomba atómica en mi familia. Teníamos un enorme sistema de apoyo en Kansas, mucho más grande y fuerte de lo que nos habíamos percatado. Amigos, vecinos, maestros... todos nos estaban manteniendo unidos. Cuando nos mudamos, ya no teníamos ese apoyo y mi familia no era lo suficientemente fuerte por sí sola. Nos fuimos al piso como una casa de naipes. Aunque mi padre ya no viaja con tanta regularidad, sí trabajaba largas horas, con frecuencia se iba antes de que nosotros nos levantáramos y regresaba mucho después de habernos ido a dormir. Pensaría que estaba en un viaje de negocios lejos de la casa cuando en realidad estaba a una hora de distancia. Papá era alcohólico y también le diagnosticaron una personalidad bipolar, así que cuando estaba en la casa nunca sabía cuál padre ibas a enfrentar. ¿Sería el papá contento o el enfurecido?

Nuestro hogar ya no era un refugio. Se convirtió en un campo de batalla. Las cenas de familia con frecuencia terminaban en palabras airadas y lágrimas de coraje. Mi padre comenzó a beber más y esto se combinó solo con el aumento de dolor y resentimiento de mi madre. Cuando estaban juntos, los comentarios mordaces volaban por los aires como dardos envenenados. En un esfuerzo por escapar, mi hermano robó un auto y trató de manejar de vuelta a Kansas donde la vida había sido buena. Mi madre se fue a casa de sus padres por un tiempo y una de mis hermanas se marchó de la casa. Una noche salí a comer con mi padre y había bebido tanto que comenzó a propasarse con la mesera. Ya era demasiado para mi solitario y joven corazón. Cuando regresamos a casa, fui al gabinete de los medicamentos y me tomé todas las pastillas que creí necesarias para terminar con mi vida y mi dolor. Me levanté a la mañana siguiente, agradecida de no haber muerto pero muy consciente de que mi mundo ya no era seguro.

Y de esta forma, hice una promesa. En algún lugar de mi joven corazón, sin tan siquiera saber que lo estaba haciendo o poniendo palabras a aquello, prometí protegerme nunca causando dolor, nunca exigiendo atención. Mi tarea en la familia era ser invisible. No causar ninguna ola. Si alteraba cualquier cosa, ciertamente este barco naufragaría. Así que comencé a esconder. Escondí mis necesidades, mis deseos, mi corazón mismo. Escondí mi verdadero ser. Y cuando ya fue demasiado, me escondí en el clóset.

Avanza la cinta catorce años. Ahora estoy recién casada. Soy la esposa de un hombre fuerte y franco que no le teme a la confrontación, e incluso la acoge. Estábamos sentados en la mesa de la cocina y si la conversación se volvía tensa, me iba de allí. John iba a buscarme. «Stasi, ¿dónde estás?» ¿Dónde estaba? Estaba escondida en el clóset. Literalmente.

Me sentía avergonzada por mi conducta inmadura. Me sentía tonta ante mi aparente incapacidad de hablar con madurez sobre un desacuerdo. Pero nunca había visto cómo se hacía y no sabía cómo hacerlo. La más leve desilusión de John por algo que yo hubiera hecho, desencadenaba las profundidades de mi corazón lastimado. Se necesitaron muchos, muchos meses antes de que el amor y la seguridad de John comenzaran a penetrar mi aterrado corazón. Todavía recuerdo la primera vez que estábamos en medio de un «desacuerdo» y fui capaz de quedarme con él en el cuarto. Exigió toda mi voluntad mantener un pie en el cuarto, mientras el otro aguantaba la puerta del baño, listo para retirarse a una planificada seguridad. Fue un momento decisivo. Nunca más me he vuelto a esconder *de esa manera*.

Sin embargo, lo que sí hice fue engordar de la forma más rápida que puedas imaginarte. Inconscientemente, había encontrado una nueva forma de esconderme. Temí desde el comienzo de mi matrimonio que en lo profundo era, y siempre sería, una desilusión para John; que era solo cuestión de tiempo antes de que se diera cuenta. (El mensaje de mi herida.) La niñita herida dentro de mí pensó que era mejor esconderse. Y esconderme, así como cuando tú te escondes, empeoró mucho más la situación. John y yo hemos vivido muchos años de dolor. Como dijo Jesús, toda mujer que quiera salvar su vida la perderá (Mateo 16.25). *Las promesas y cosas que hacemos como resultado de nuestras heridas solo empeoran la situación.*

FEMINIDAD HERIDA

El resultado de las heridas que recibimos fue hacernos creer que algunas partes en nosotras, o quizás todas las partes, están dañadas. La vergüenza entra y comienza a hacer su mutilador hogar en lo profundo de nuestros corazones. La vergüenza es lo que nos hace voltear la mirada, de esta manera evitamos el contacto visual con desconocidos y con amigos. La vergüenza es esa sensación que nos persigue; el sentimiento de que si alguien nos conoce realmente, moverá la cabeza en desaprobación mientras huye. La vergüenza nos hace sentir, no, *creer*, que no damos la talla; por lo menos no ante los estándares del mundo, de la Iglesia o los nuestros.

Otras parecen dominar con maestría sus vidas, pero la vergüenza se aferra a nuestros corazones y los agujerea, siempre lista para señalar nuestros fracasos y juzgar nuestra valía. Nos falta algo, sabemos que no somos todo lo que anhelamos ser, todo lo que Dios anhela que seamos, pero en lugar de respirar un aire repleto de gracia y preguntarle a Dios lo que él piensa de nosotras, la vergüenza nos mantiene atrapadas y nos sofoca, haciéndonos pensar que merecemos asfixiarnos. Si no nos creímos dignos de amor cuando niñas, es increíblemente difícil que creamos que merecemos amor como adultas. La vergüenza dice que somos indignas; que estamos quebrantadas más allá de toda posibilidad de restauración.

La vergüenza provoca que nos escondamos.

Tememos que nos vean en realidad, así que escondemos lo más profundo de lo que verdaderamente somos y ofrecemos solo lo que creemos que los demás quieren. Si somos el tipo de mujer dominante, ofrecemos nuestra «pericia». Si somos el tipo de mujer afligida, ofrecemos nuestro «servicio». Somos silenciosas, y no decimos lo que vemos o sabemos cuando es distinto de lo que otros están diciendo porque pensamos que debemos estar equivocadas. Nos rehusamos a hacer ver la importancia de nuestra vida —quien Dios nos ha creado para ser— a cambio de tolerar a otros por miedo a ser rechazadas.

La vergüenza nos hace sentir incómodas con nuestra belleza. Las mujeres son bellas; cada una de nosotras. Es una de las gloriosas maneras en las que llevamos la imagen de Dios. Pero pocas de nosotras creemos que somos bellas y muchas menos se sienten cómodas con ella. O pensamos que no tenemos ninguna belleza o si lo hacemos, creemos que es peligrosa y mala. Así que escondemos nuestra belleza detrás del sobrepeso y capas innecesarias de maquillaje. O la neutralizamos levantando paredes protectoras y defensivas para advertir a los demás que deben mantener distancia.

UNA ALIANZA PERVERSA

Con el paso de los años hemos visto que lo único *más* trágico de las cosas que nos han ocurrido es lo que hemos hecho con ellas.

Se han dicho palabras; palabras dolorosas. Se han hecho cosas; cosas horribles. Y todo eso nos ha moldeado. Algo dentro de nosotras ha cambiado. Aceptamos los mensajes de nuestras heridas. Aceptamos una versión torcida de nosotras. Y desde allí escogimos una forma de relacionarnos con nuestro mundo. Hicimos una promesa de nunca volver a aquel lugar. Adoptamos estrategias para protegernos y no ser lastimadas otra vez. La mujer que vive con un corazón herido y quebrantado es una mujer que vive una vida de autoprotección. Tal vez no se percate, pero es cierto. Es nuestra forma de tratar de «salvarnos a nosotras mismas».

Y también desarrollamos maneras de tratar de obtener algo del amor por el que gritaba nuestro corazón. El dolor está allí. Nuestra desesperada necesidad de amor y afirmación, nuestra sed por probar el romance, la aventura y la belleza está allí. Así que nos tornamos a los chicos o a la comida o las novelas románticas. Nos perdemos en nuestro trabajo o en la iglesia o en algún tipo de servicio. Todo esto resulta en la mujer que somos hoy. Mucho de lo que llamamos nuestras «personalidades» es realmente el mosaico de nuestras decisiones de autoprotección sumado a nuestro plan de recibir algo del amor para el que fuimos creadas.

El problema es que nuestro plan no tiene nada que ver con Dios.

Las heridas que recibimos y los mensajes que estas trajeron formaron un tipo de alianza perversa con nuestra naturaleza caída como mujeres. De Eva recibimos una profunda desconfianza en el corazón de Dios hacia nosotras. Claramente, él nos está ocultando algo. Sencillamente tenemos que planificar para la vida que deseamos. Controlaremos nuestro mundo. Pero también hay un profundo dolor interno; un dolor por intimidad y por la vida. Tenemos que encontrar una manera de llenarlo. Una forma que no requiera que confiemos en nadie, especialmente en Dios. Una forma que no exija vulnerabilidad.

En cierta manera, esta es la historia de toda niña pequeña, aquí en este mundo al este del Edén.

Pero las heridas no se detienen cuando somos adultas. Algunas de las heridas más mutiladoras y destructivas que recibimos llegan mucho más tarde en nuestras vidas. Las heridas que recibimos en el transcurso de nuestras vidas no han llegado en un vacío. De hecho, hay un *tema* en ella; un patrón. Las heridas que has recibido te han llegado con un propósito de parte de alguien que sabe todo lo que se supone que seas y teme de ti.

CAPÍTULO CINCO

Un odio especial

❦

Reunidos murmuran contra mí todos los que me aborrecen;
contra mí piensan mal.
—SALMO 41.7

Llévate este odio asesino, y danos Tu amor eternal.
—SEAN O'CASEY

Ya pasó la tormenta. Y Stasi está sollozando. A lo largo de los años, se ha dedicado con mucho amor y cuidado a su jardín. Muchas, muchas horas entregadas amorosamente a crear un lugar de extraordinaria belleza. Tomó decisiones especiales; retoños transplantados con cuidado, fertilizados, cubiertos con *mulch*, desyerbados. Los podaría, les echaría agua y los rociaría para matar los piojuelos. Stasi movería las plantas o las reemplazaría buscando que todo se viera perfecto. El resultado fue asombroso. Todo el que entraba, se detenía y sencillamente lo contemplaba... era adorable. Rosas silvestres, lavandas y delfinios, hierbas en forma de fuente, margaritas. Mucho más color y textura de la que podría describir.

Un lugar de solaz y descanso, un refugio lejos del mundo. Un hálito del Edén.

Hasta esa noche.

El granizo comenzó cerca de las seis de la tarde. Al principio no parecía nada amenazante. Cada año, el verano trae algunas lluvias de granizo en las Rocosas, bolitas del tamaño de un guisante que duran aproximadamente diez minutos. En esta ocasión el granizo comenzó del tamaño de una canina, después de quince minutos ya eran del tamaño de una bola de golf, cayendo como si el diluvio de Noé se hubiera transformado en hielo. Cayó por cuarenta minutos, implacablemente, derribando ramas de árboles, dejando destrucción sobre todo ser viviente, como si fuera una plaga del Antiguo Testamento. Y cuando finalmente pasó sobre la montaña, el jardín de Stasi estaba destruido.

Miré hacia fuera por la ventana conmocionado y triste. El verano es tan corto aquí; a penas unos meses para disfrutar de las flores y del verdor. Pero esto... esto fue una *agresión*. La belleza destrozado con estragos indescriptibles. Mientras hablábamos de la devastación, ambos volvimos nuestros pensamientos... a Eva. La ruina de este jardín, una metáfora terriblemente apropiada de lo que le ha ocurrido a la Corona de la creación. ¡Cuánta más aflicción, cuan mayor es la pena cuando se trata de la vida y el corazón de una mujer!

Sí, las mujeres han caído de la gracia. Sí, han sido heridas. Pero para poder entender las persistentes dudas de tu corazón con respecto a tu feminidad, para poder entender por qué es tan raro encontrar a una mujer verdaderamente llena de vida, tienes que oír el resto de la historia.

Más agresiones

Para cuando era una adolescente —una niña transformándose en una joven mujer— se puede decir que ya me había divorciado de mi familia. Mi hermana mayor se había mudado a Europa. (Se fue para tomarse unas «vacaciones» de tres meses. Se quedó siete años. Eso te dice algo sobre cómo era la vida en casa.) Mi hermano se había mudado y también mi otra hermana. Me dejaron en casa para terminar la escuela secundaria. Mis padres comenzaron a darme algo de la atención que había deseado cuando era niña, pero ya era demasiado tarde. Mi corazón ya se había retirado. Ya estaba muy escondida. Ante ellos vivía la vida de una «buena y astuta estudiante». Fuera de su vista, vivía una vida bastante distinta.

Usé alcohol y drogas para adormecer el dolor de mis heridas. Y, como hacen muchas otras jóvenes cuyos corazones han sido malamente ignorados o intencionalmente heridos por sus padres, me volví a los chicos, y luego a los hombres, buscando amor. Por lo menos, me convencí a mí misma, era deseada para *algo*, aunque fuera por una noche.

Me fui a Europa el último verano de la universidad. Me enamoré de la belleza antigua que veía, así como de mi libertad sin límites. Pero una joven rebelde y poco sabia dejada en libertad con un Pase Eurail y un corazón sangrante atrajeron una cruel atención. Mientras estaba en Italia fui agredida sexualmente y aunque estaba furiosa con el hombre, muy en lo profundo de mi corazón sentía que de alguna forma merecía el ataque; que lo había provocado. Coincidí con el enemigo de mi alma que era una persona repulsiva, que merecía solo dolor. Después, en el sur de Francia, inconscientemente me coloqué en una posición peligrosa. Luego de disfrutar demasiados tragos en una barra local, mi amiga y yo aceptamos que los hombres con los que habíamos estado bebiendo nos llevaran de vuelta al hotel. Seguramente estás moviendo la cabeza mientras lees esto y ya sabes lo que sigue. Yo lo estoy haciendo. La transportación ofrecida no nos llevó de vuelta al hotel, sino a un lugar desconocido donde mi amiga fue agredida y yo fui violada.

En los días que siguieron a la agresión estuve en estado de *shock*. Recuerdo mi incredulidad al descubrir cada nueva magulladura y rasguño. Pero no estaba furiosa, estaba aterrorizada. Sentí indignación hacia mis violadores, pero en lo más profundo era una sensación de vergüenza y odio a mí misma. Quería ser una buena mujer. Quería ser una mujer valiente. Pero no me sentía nada de eso. Compré y usé un collar que amaba. Era un símbolo para la mujer, con un puño en el centro. Llevé el collar como una orgullosa feminista, para mostrar mi independencia y fuerza... y me escondí en mi cuarto de hotel. Estaba aterrada de los hombres y aterrada de mi belleza. La belleza era peligrosa. Creía que había provocado la agresión; me había causado un dolor indecible y con él, como demasiadas mujeres saben, una vergüenza implacable.

Cuando regresé a la escuela le conté a mi novio lo que me había ocurrido. Él me dijo: «Probablemente lo merecías». Teníamos, como puedes ver, una relación abusiva. Él era verbalmente abusador y siempre tenía coraje. No recibí ningún tipo de compasión de su parte, ninguna palabra de aliento. Ni siquiera sintió coraje hacia mis agresores. Los mensajes de las heridas de mi niñez fueron reforzados dolorosamente. Esconde tu corazón. Eres un fiasco. No vales nada. No le importas a nadie. Nadie quiere preocuparse por ti. Estás sola.

Si escuchas cuidadosamente a la historia de cualquier mujer, oirás el mismo tema: la agresión a su corazón. Podría ser obvio, como en las historias de abuso físico, verbal o sexual. O podría ser más sutil, la indiferencia de un mundo que no se preocupa por ella, pero que la *usa* hasta drenarla. También, mi amiga, cuarenta años de descuido dañan el corazón de una mujer. De cualquier manera, las heridas siguen llegando mucho después de haber «crecido», pero todas parecen repetir el mismo mensaje. Nuestra pregunta es contestada una y otra vez a lo largo de nuestra vida; el mensaje clavado en nuestro corazón como una estaca.

Melissa era la joven de la que te contamos que su madre le pegaba con un cuartón de madera. Eventualmente, a los diecinueve años, se fue de la casa. «Me casé con un joven que iba a ser pastor de jóvenes. Pensé que tenía que casarme con este hombre pues como yo era tan repulsiva nunca iba a tener otra oportunidad. Nadie más me querría. Era virgen cuando me casé y guardé el entregarme a mi esposo como un gran honor. La mañana después de mi boda, me acerqué a mi esposo y comencé a besarlo. Él se alejó y me dijo que no tenía ánimo para eso. Después de nuestra noche de bodas no tuvimos relaciones sexuales por más de una semana. No me tocó y no parecía tener ni siquiera un poco de interés en mí. ¡Me sentí devastada! Y otra vez mi pregunta fue contestada exactamente de la misma manera».

Como mujeres tendemos a sentir que «tengo que ser yo». Ese es el efecto de nuestras heridas tempranas. «Algo está fundamentalmente mal conmigo». Demasiadas mujeres se sienten así. (¿Por qué estamos trabajando con tanto ahínco para ser mejor cada día? O, ¿por qué nos mantenemos tan ocupadas de modo que los asuntos de nuestro corazón nunca tengan que salir a la superficie?) También sentimos que estamos esencialmente solas. Y que de alguna manera ambas cosas están relacionadas. Estamos solas porque no somos la mujer que debemos ser.

No nos sentimos dignas de que vayan tras nosotras. Así que colgamos el letrero de «no molestar» en nuestra personalidad y le decimos al mundo «déjame en paz». O buscamos desesperadamente que vayan tras nosotras, perdiendo así toda autoestima en una promiscuidad física y emocional. No sentimos que somos irremplazables, así que tratamos de volvernos útiles. No creemos que somos bellas, así que trabajamos arduamente para ser lindas exteriormente *o* nos descuidamos y nos escondemos detrás de un personaje sin encanto. Tratamos con ahínco, y de muchas maneras, de proteger nuestros corazones de daños adicionales.

¿Qué está pasando aquí realmente?

«Estaba durmiendo cuando comenzó el ataque en Disa. Los atacantes me secuestraron. Todos estaban vestidos con uniforme. Se llevaron a docenas de niñas y nos hicieron caminar por tres horas. Durante el día nos golpeaban y nos decían: "Ustedes, mujeres negras, las exterminaremos. Ustedes no tienen ningún dios". Durante la noche éramos violadas repetidas veces. Los árabes nos vigilaban con armas en sus manos y por tres días no nos dieron alimento». (Mujer sudanesa, citado en el informe de Amnistía Internacional)

La historia del trato a las mujeres a lo largo de las épocas no es una historia ilustre. Tiene algunos momentos nobles, sin duda, pero si la miramos como un todo, las mujeres han soportado lo que parece ser un odio especial desde que salimos del Edén. La historia que acabamos de citar es solo una de las miles que llegan, no solo de Sudán, sino también de muchos países azotados igualmente por la guerra. La agresión sexual es un tema demasiado común en estas guerras «civiles». Ahora bien, nosotros no tenemos interés político ni personal en esto, y los días de Stasi como militante feminista terminaron hace tiempo. Dejando todo esto a un lado, ¿qué beneficio obtienes de la degradación, el abuso y la agresión abierta que han soportado las mujeres alrededor del mundo y que aún hoy día soportan?

Hasta hace cerca de setenta años, a las niñitas nacidas en China que no eran dejadas a orillas del camino para que murieran (los niños son los hijos preferidos), con frecuencia se les confinaban los pies para mantenerlos pequeños. Los pies pequeños eran un símbolo de belleza femenina y valorados por los futuros esposos. Esto también las incapacitaba, lo cual es muy posible que sea otra razón por la que los hombres pensaban que era algo bueno. Las mujeres a las que se les confinaban los pies cuando niñas cojeaban con dolor por toda la vida, incapaces de caminar libremente o con rapidez. Aunque la práctica fue derogada en la década de los treinta, continuó mucho tiempo después.

Es muy probable que sepas que a lo largo de los miles de años de historia judía registrada en el Antiguo Testamento, las mujeres judías eran consideradas una propiedad sin ningún derecho legal (como eran y aún son en muchas culturas). No se les permitía estudiar la Ley, ni tampoco educar formalmente a sus hijos. Tenían un lugar separado en la sinagoga. Era una práctica común que los hombres judíos añadieran a sus oraciones matinales: «Gracias Dios, por no haberme hecho un gentil, una mujer o un esclavo».

Un proverbio chino dice que «una mujer debe ser como el agua, no debe tener forma ni voz». Un proverbio indio dice que «educar a una mujer es como regar el jardín del vecino». Lo que quiere decir, por supuesto, es que educar a una mujer es tanto una tontería como una pérdida de tiempo. En el hinduismo la mujer tiene menos valor que una vaca. En el islamismo, una mujer necesita que tres hombres corroboren su testimonio en corte para que este tenga validez. Su testimonio, su valor, es una tercera parte de la de un hombre.

La historia va mucho más allá que la prohibición de educación y derechos legales. La clitoridoctomía es la extirpación o circuncisión del clítoris. Una práctica horrible y dolorosa, y esta mutilación genital continúa hoy día y se practica en niñas cuando llegan aproximadamente a la edad de cinco años. Practicado principalmente en África, la cirugía se lleva a cabo en la selva y se usa una piedra afilada. Las infecciones son frecuentes. Algunas veces la niña muere. La mujer es mutilada para siempre y nunca es capaz de disfrutar el placer sexual... y ese es el propósito. Se cree que es peligroso que una mujer esté consciente de su sexualidad. La feminidad tiene que ser controlada.

La violencia sexual contra la mujer es rampante en todo el mundo. También es desenfrenada contra las niñas pequeñas. Más de un millón de *niñas* son vendidas cada año en el negocio del tráfico sexual. Amado Dios, ¿quién es responsable por el asalto universal, sistemático y a veces brutal hacia la feminidad? ¿De dónde *viene* esto? No cometas el error de pensar que «los hombres son los enemigos». Ciertamente los hombres han tenido que ver algo en todo esto, y tendrán un día de ajuste de cuentas ante su Creador. Pero no entenderás esta historia — o *tu* historia— hasta que no comiences a ver las verdaderas fuerzas detrás de esto, hasta que comprendas sus motivos.

¿De dónde viene este odio hacia la mujer que ves en todo el mundo? ¿Por qué es tan *diabólico*?

Un odio especial

> Porque nuestra lucha no es contra seres humanos, sino contra poderes, contra autoridades, contra potestades que dominan este mundo de tinieblas, contra fuerzas espirituales malignas en las regiones celestiales. (Efesios 6.12 NVI)

La agresión contra la feminidad —su larga historia, su absoluta crueldad— no puede entenderse aparte de las fuerzas espirituales del mal de las que nos advierte la Biblia. Esto no quiere decir que los hombres (y las mujeres, porque ellas, también agreden a las mujeres) no tienen ninguna responsabilidad en su forma de tratar a las mujeres. Para nada. Lo que simplemente estamos diciendo es que la agresión contra Eva y sus hijas es insuficiente a menos que abra nuestros ojos al Príncipe de Oscuridad y su especial odio hacia la feminidad.

Presta atención nuevamente a los eventos que ocurrieron en el huerto del Edén. Nota esto... ¿a quién persigue el Maligno? ¿A quién escoge Satanás para su maniobra contra la raza humana? Pudo haber escogido a Adán... pero no lo hizo. Satanás fue tras Eva. Puso sus ojos en *ella*. ¿Te has preguntado alguna vez por qué? Podría haber sido que él, como cualquier otro depredador, escogió a quien creyó que era el más débil de los dos. Hay algo de verdad en eso. Él es despiadadamente cruel. Pero cree que hay más. ¿Por qué Satanás convierte a Eva en el blanco de su asalto contra la humanidad?

Tal vez sabes que el primer nombre dado a Satanás fue Lucifer, o Hijo de la Mañana. Esto sugiere una gloria, un esplendor o fulgor que le pertenecían solo a él. En sus previos días de gloria, fue nombrado ángel guardián. Muchos creen que era el capitán de las huestes de ángeles de Dios.

> Hijo de hombre, levanta endechas sobre el rey de Tiro, y dile: Así ha dicho Jehová el Señor: Tú eras el sello de la perfección, lleno de sabiduría, y acabado de hermosura. En Edén, en el huerto de Dios estuviste; de toda piedra preciosa era tu vestidura; de cornerina, topacio, jaspe, crisólito, berilo y ónice; de zafiro, carbunclo, esmeralda y oro; los primores de tus tamboriles y flautas estuvieron preparados para ti en el día de tu creación. Tú, querubín grande, protector, yo te puse en el santo monte de Dios, allí estuviste; en medio de las piedras de fuego te paseabas. Perfecto eras en todos tus caminos desde el día que fuiste creado, hasta que se halló en ti maldad. (Ezequiel 28.12-15)

Acabado de hermosura. Esa es la clave. Lucifer era bellísimo. Era impresionante. Y esta fue su ruina. El orgullo entró en el corazón de Lucifer. El ángel llegó a la conclusión que, de alguna manera, le habían jugado una mala pasada. Anheló para él la adoración que había sido dada a Dios. No quería meramente desempeñar un noble papel en la Historia; quería que la Historia fuera acerca de *él*. Quería ser la estrella. Quería la atención y la adoración para él. («Espejo, espejito mágico, ¿quién es...?»)

Se enalteció tu corazón a causa de tu hermosura, corrompiste tu sabiduría a causa de tu esplendor... (Ezequiel 28.17)

Satanás cayó *debido* a su hermosura. Ahora su deseo de venganza es agredir a la belleza. La destruye en el mundo natural de cualquier manera posible. Minas escondidas, derrames de petróleo, fuegos, desastres nucleares como el de Chernobyl. Inflige destrucción sobre la gloria de Dios en la tierra como un psicópata obsesionado con destruir hermosas obras de arte.

Pero *especialmente*, él odia a Eva.

Porque es cautivante, excepcionalmente gloriosa y él no puede serlo. Ella es la encarnación de la Belleza de Dios. Más que cualquier otra cosa en la creación, Eva encarna la gloria de Dios. Atrae el mundo hacia Dios. Satanás odia esto con unos celos que solo podemos imaginar.

Y hay todavía más. El Maligno también odia a Eva porque ella trae vida. Las mujeres son las que dan a luz, no los hombres. Las mujeres sustentan vida. Y también traen al mundo vida emocional, relacional y espiritual en todo lo que tocan. Satanás es un asesino desde el principio (**). Él trae muerte. Su reino es reino de muerte. Sacrificios rituales, genocidio, el Holocausto, el aborto... todas estas son ideas de él. Y de esta manera, Eva es su mayor amenaza humana porque ella trae vida. Ella es «dadora de vida» y «salvavidas». Eva significa «vida» o «productora de vida». «Y llamó Adán el nombre de su mujer, Eva, por cuanto ella era madre de todos los vivientes» (Génesis 3.20).

Une estas dos cosas: que Eva encarna la belleza de Dios *y* que da vida al mundo. Su amargado corazón no puede soportarlo. La agrede con un odio especial. La historia elimina cualquier duda al respecto. ¿Comienzas a captarlo?

Piensa en las grandes historias, en casi todas ellas, el villano va tras el verdadero amor del héroe. Pone su vista en la Bella. Magua va tras Cora en *El último de los Mohicanos*. Longshanks va tras Murón en *Corazón Valiente*. Cómodo va tras la esposa de Máximo en *El Gladiador*. La bruja ataca a la Bella Durmiente. Las hermanastras arremeten contra la Cenicienta. Satanás persigue a Eva.

Esto explica muchísimo. No tiene el propósito de asustarte. De hecho, derramará muchísima luz en la historia de tu vida, si así lo permites. La mayoría de ustedes pensaron que las cosas que te han ocurrido de alguna manera eran *tu culpa*; que lo merecías. Si solo hubieras sido más linda o más lista, o hubieras hecho más o hubieras sido más complaciente, de algún modo no habría ocurrido. Te habrían amado. No te habrían lastimado.

Y la mayoría de ustedes están viviendo con la culpa de que, de alguna manera, es tu culpa de que ahora no vayan tras de ti más intensamente. Que no tengas un rol esencial en una gran aventura. Que no tengas una belleza para revelar. Casi siempre el mensaje de nuestras heridas es: «Es tu culpa. Esto es lo que mereces». Cambia el panorama darse cuenta que no, es porque eres *gloriosa* que ocurrieron esas cosas. Es porque eres una enorme amenaza al reino de la oscuridad. Que llevas la gloria de Dios al mundo de una forma única.

Te odian *debido* a tu belleza y poder.

En términos humanos

Tengo que hacer una confesión (John): no quería ser el coautor de este libro.

Tenía que escribirse. Necesitaba ser escrito. Sencillamente no quería ser el que lo hiciera. Sabía que requeriría que me adentrara en el mundo de las mujeres —y en el mundo de *mi* mujer— en una forma mucho más profunda de la que me requiere la vida cotidiana. Hacer cualquier tipo de justicia a un libro para mujeres exigiría que fuera más profundo, que escuchara con mucho más atención, que estudiara, que explorara el misterio (está bien, el sangriento enredo) del alma de una mujer. Una parte de mí sencillamente no quería ir allá. Me dio lo que podría explicarse como una reacción alérgica. Aléjate. Vete.

Estaba en gran medida consciente de que esto estaba ocurriendo en mi interior y me sentí como un idiota. Pero también conocía suficiente sobre mí mismo, y sobre la batalla por el corazón de una mujer, que necesitaba explorar esta ambivalencia. ¿Qué es esto que hay en mí —y en la mayoría de los hombres— que se rehúsa a profundizar en el mundo de la mujer? *Eres demasiado. Muy difícil. Es demasiado trabajo. Los hombres son más simples. Más fáciles.* Y, ¿acaso no es ese el mensaje que, como mujer, has vivido durante toda tu vida? «Eres demasiado, y no eres suficiente. No mereces el esfuerzo». (¿Y por qué es un esfuerzo tan grande? Tiene que haber algo mal contigo.)

Ahora bien, parte de la renuncia fundamental del hombre para zambullirse verdaderamente en el mundo de la mujer viene del temor más profundo de un hombre: el fracaso. ¡Ah! Es posible que haga bromas sobre «las diferencias entre los hombres y las mujeres», Marte y Venus, y todo eso. Pero la verdad es que tiene miedo. Teme que una vez que investigue a fondo el mundo de la mujer, no tenga lo que se necesita para ayudarla. Ese es su pecado. Esa es su cobardía. Y debido a la vergüenza de ella, la mayoría de las veces el hombre logra salirse con la suya. Muchos matrimonios (y parejas que llevan saliendo por mucho tiempo) se llega a este tipo de acuerdo tácito. «No voy a acercarme más. Esto es lo más cerca que estoy dispuesto a llegar. Pero, no te dejaré y prometo hacerte feliz». Y de esta manera se da algo así como un «alto al fuego», un acuerdo cordial de vivir solo con esa cierta cercanía.

El efecto es que la mayoría de las mujeres se sienten solas.

Algo de esto es simplemente egoísmo de parte de los hombres. Dios sabe que los hombres son egoístas y egocéntricos. Cuando Eva fue agredida por primera vez, Adán no formó un revuelo. Los hombres pecan por medio de la violencia y por medio de la *pasividad.* Es tan sencillo como eso... y feo.

Pero hay algo más. Aquí está en función algo mucho más diabólico. Tuvimos una fascinante reunión hace unos meses que probó ser —al menos para mí— un descubrimiento sorpresivo de este misterio.

Stasi y yo nos reunimos con los hombres y las mujeres en nuestro ministerio que trabajan con los retiros para las damas y los caballeros. El equipo de hombres quería ofrecer nuestro consejo, apoyo y oración al equipo de las mujeres para un evento que se acercaba. Era una oportunidad para que las mujeres —y cada una de ellas es una mujer realmente maravillosa— de abrir de alguna manera sus corazones y hablar de cómo iban las cosas.

Nuestra reunión pasó bastante rápido de los problemas externos —qué tan largas deben ser las sesiones y asuntos de logística— al mundo interno de las mujeres en sí mismas. Mientras comenzamos a conversar de una manera más íntima, algo comenzó a invadirme. Sencillamente una sensación, una inexplicable pero fuerte implicación.

Retrocede.

Eso fue lo que sentí. Nadie me lo dijo; nada de lo que estaban haciendo lo implicaba; no era una voz en mi cabeza. Solo una impresión muy fuerte. No estaba seguro de dónde venía, pero esta fuerte «renuencia», esta sensación de que *quizás no debemos ir más allá en este asunto*, este sentimiento de sencillamente *retrocede* comenzó a crecer en mí, y sobre mí, cada vez que nos adentrábamos más en sus vidas. Con cada paso que dábamos *hacia* sus corazones, con más fuerza sentía la urgencia de terminar la conversación, retroceder, retirarme. Cuando me percaté de lo que estaba ocurriendo, supe que estaba ante algo realmente importante.

Sabía que, como hombre, este *no era* el verdadero deseo de mi corazón hacia estas mujeres. Las quiero mucho. Quiero luchar por ellas. Lo hago muchas veces. También supe que este no podía ser el deseo de *sus* corazones. Ellas propiciaron el encuentro. Así que interrumpí el fluir de la conversación con lo que parecía ser una pregunta sin relación hacia las mujeres: «¿Te sientes sola en esto?» Silencio. Luego lágrimas, profundas lágrimas, de algún lugar muy en lo profundo de cada una de ellas. «Sí», dijeron todas. «Así nos sentimos». Pero sabía que se trataba de algo más que los retiros.

«¿Se sienten así también en sus vidas? O sea, ¿en términos generales, como mujeres?» «Sí, absolutamente. Me siento sola la mayor parte del tiempo».

Ahora bien, debes entender que cada una de estas mujeres tiene relaciones profundas y significativas en sus vidas. Supe que si ellas se sentían solas, ¡mi Dios!, ¿qué debían estar sintiendo todas las demás mujeres? Y esta fuerte sensación de *retrocede*, si sentimos eso después de todos estos años luchando por ellas, ¿qué deben sentir todos los demás hombres allá afuera? Apuesto que nunca lo han identificado, o expresado con palabras, pero les garantizo que sí lo han sentido... y quizás sencillamente pensaron que era lo que ellos, o sus mujeres, o ambos querían.

Retrocede, o *déjala sola* o *realmente no quieres llegar hasta allí... va a ser demasiado para ti* es algo que Satanás ha establecido contra cada mujer desde el día de su nacimiento. Es el equivalente emocional y espiritual de dejar a una niñita a la orilla de la carretera para que muera. Y a cada mujer le ha susurrado *Estás sola* o *Cuando vean quién eres realmente, te quedarás sola* o *Nunca nadie vendrá realmente por ti*.

Detente un momento. Acalla tu corazón y pregúntate: «¿Es este el mensaje que he creído, temido y con el que he vivido?» No solo que la mayoría de las mujeres temen que a fin de cuentas serán abandonadas por el hombre en sus vidas, también lo temen de las mujeres. Que nuestras amigas nos abandonarán y nos dejarán solas. Es tiempo de revelar esta amenaza generalizada, este miedo que incapacita, esta terrible mentira.

Esto me recuerda una escena de *Las Dos Torres*, la segunda película de la trilogía *El Señor de los Anillos*. Ocurre en la tierra de Rohán, en el pabellón del rey, en la recámara de la bella Eowyn. Ella es la sobrina del rey, la única Dama en la corte. Su queridísimo primo Teodred, el hijo del rey, acaba de morir a causa de las heridas recibidas en batalla. Ella está lamentando su pérdida cuando Wormtongue —el supuesto consejero del rey, pero una criatura vil y traidora— entra furtivamente en sus habitaciones y comienza a urdir su hechizo alrededor de la desprotegida doncella.

WORMTONGUE: ¡Ah! Él debe haber muerto en algún momento durante la noche. Qué tragedia para el rey... perder a su único hijo y heredero. Entiendo que su muerte es difícil de aceptar. Especialmente ahora que su hermano [de la doncella] la ha abandonado. (Wormtongue arregló su desaparición).

Eowyn: ¡Déjame sola, serpiente!

Wormtongue: Ah, pero usted está sola. Quién sabe lo que le ha dicho a la oscuridad en las amargas veladas de la noche cuando toda su vida parece encogerse, las paredes de su tocador se cierran alrededor de usted. Una cosa silenciosa, atemorizada, salvaje. (Toma el rostro de ella en sus manos.) Tan pálida... y tan fría. Como una mañana de una anémica primavera, todavía aferrada al frío del invierno.

Eowyn: (Finalmente liberándose de su agarre). Sus palabras son veneno.

Ah, pero estás sola. Este es el camino del Maligno hacia ti. Juego con el peor miedo de una mujer. Abandono. Él dispone para que sea abandonada, y pone su toque en cada evento posible para hacerlo parecer abandono.

HAY ESPERANZA

No estoy dejando al hombre fuera del problema. Dios sabe cuánto más tenemos que arrepentirnos. Lo que estoy diciendo es que no comenzarás a entender el ataque permanente a la feminidad, a la mujer, hasta que lo veas como una parte de algo mucho más grande. La fuerza más diabólica que el mundo haya conocido. El Enemigo tiene un odio especial hacia Eva. Si tú crees que él tiene alguna función en la historia de este mundo, no puedes dejar de verlo de esta manera.

El Maligno ha metido su mano en todo lo que te ha ocurrido. Si no hizo los arreglos para el asalto directamente —y no cabe la menor duda de que el pecado del ser humano tiene un papel suficientemente importante que jugar— entonces se aseguró de llevar el mensaje de las heridas directamente a tu corazón. Él es el que te ha perseguido de cerca con la vergüenza, la falta de confianza en ti misma y la acusación. Él es el que te ofrece los falsos objetos de consuelo para así profundizar tu esclavitud. Él es que ha hecho estas cosas para prevenir tu restauración. Porque eso es a lo que le teme. Le teme a lo quien eres, lo que eres y a eso en lo que podrías transformarte. Le teme a tu belleza y a tu corazón que da vida.

Ahora escucha la voz de tu Rey. Este es el corazón de Dios hacia ti:

Por amor de Sion no callaré, y por amor de Jerusalén no descansaré, hasta que salga como resplandor su justicia [hasta que reluzcas], y su salvación se encienda como una antorcha. Entonces verán las gentes tu justicia, y todos los reyes tu gloria [tu belleza]; y te será puesto un nombre nuevo, que la boca de Jehová nombrará. Y serás corona de gloria en la mano de Jehová [la corona de la creación], y diadema de reino en la mano del Dios tuyo. Nunca más te llamarán Desamparada, ni tu tierra se dirá más Desolada; sino que serás llamada Hefzi-bá, y tu tierra, Beula; porque el amor de Jehová estará en ti, y tu tierra será desposada. Pues como el joven se desposa con la virgen [va tras ella, la enamora] ... y como el gozo del esposo con la esposa [eres bella], así se gozará contigo el Dios tuyo. (Isaías 62.1-5)

Pero serán consumidos todos los que te consumen; y todos tus adversarios, todos irán en cautiverio; hollados serán los que te hollaron, y a todos los que hicieron presa de ti daré en presa. Mas yo haré venir sanidad para ti, y sanaré tus heridas, dice Jehová; porque desechada te llamaron, diciendo: Esta es Sion, de la que nadie se acuerda. (Jeremías 30.16-17)

Realmente no entenderás tu vida como mujer hasta que entiendas esto:

El Dios del universo te ama apasionadamente.
Su Enemigo te odia apasionadamente.

Y por esto, querido corazón, llegó el tiempo de tu restauración. Porque hay Uno mayor que tu Enemigo; Uno que ha ido tras de ti desde el principio de los tiempos. Él ha venido a sanar tu corazón quebrantado y a restaurar tu alma femenina. Volvámonos ahora a Él.

CAPÍTULO SEIS

Sanidad de la herida

Simplemente no sabía qué estaba mal conmigo, hasta que tu amor
me ayudó a nombrarlo.
—ARETHA FRANKLIN

Hacia abajo por esas antiguas calles,
Hacia abajo por esas antiguas carreteras,
Cariño, allí juntos debemos ir,
Hasta que hallamos completado la sanidad.
—VAN MORRISON

Si no tuviéramos invierno, la primavera no sería tan placentera.
—CHARLOTTE BRONTE

*H*ace apenas una hora, un picaflor quedó atrapado en nuestro garaje.

Llegan aquí a Colorado en el verano, para aparearse, anidar y para hacer festín con las flores que llenan nuestro jardín. Nos encanta verlos moverse a toda velocidad, revolotear y hacer acrobacias en el aire. Primero van hacia arriba, arriba, arriba, hasta llegar a los treinta pies o algo así, como un helicóptero o esos molinetes con los que jugábamos cuando éramos niños. Luego bajan en picada lo más rápido que pueden, evitando estrellarse de nariz en el último instante posible, para volver a subir y hacerlo otra vez. Y otra vez. Son espíritus de travesura contenidos en cuerpos pequeñitos.

Si observas con más detalle, estas delicadas avecillas resplandecen como esmeraldas, pechos verdes y brillantes no más grandes que tu pulgar, pero que fulguran como las joyas de una corona. Otras tienen cuellos de un rojo profundo y brillante que resplandecen como rubíes en el sol. Son como arco iris vivientes, revoloteando en nuestro patio. Como algo salido de un cuento de hadas. Despreocupadas, preciosos recordatorios de Dios. Y entonces, hoy, una confundió la puerta abierta del garaje con un nuevo pasadizo y una vez que voló adentro, no encontraba cómo salir. Pobrecita. Cada vez se asustaba más. Volaba alocadamente, chocando contra una ventana, tratando desesperadamente de regresar al mundo que podía ver, pero que estaba bloqueado por algún tipo de escudo invisible.

Mi hijo Blaine entró a rescatarla. Su hermano Sam ha logrado que otros cautivos se posen sobre una larga vara, la que luego saca fuera de la puerta, la agita y el ave regresa a su vida. Pero esta se asustó muchísimo más, y se precipitó alocadamente de un lado a otro del garaje hacia otra ventana que percibía como una salida. Se estrelló contra la ventana a toda velocidad y cayó al suelo. Blaine la tomó en sus manos con un par de guantes puestos y la llevó afuera para ver si podía revivirla. Pasaron cerca de quince minutos y el pronóstico no parecía muy bueno, pero de repente volvió a la vida y levantó el vuelo.

Lo que me impresionó fue la compasión y la preocupación que todos sentimos por el rescate de esta pequeña joya. Toda la familia dejó a un lado lo que estaba haciendo y se involucró. (¿Acaso no sientes pena por ella con solo relatarte su historia?) Ahora bien, Jesús dijo: «?Mirad las aves del cielo, que no siembran, ni siegan, ni recogen en graneros; y vuestro Padre celestial las alimenta. ¿No valéis vosotros mucho más que ellas?» (Mateo 6.26). Ciertamente es así. Tú, querido corazón, eres la corona de la creación. Tú llevas su gloriosa imagen. Y Él hará todo lo necesario para rescatarte y liberar tu corazón.

LA OFERTA

Stasi y yo hemos vivido muchos años de nuestra vida cristiana en buenas iglesias. Iglesias que enseñaban sobre el lugar que debía ocupar la adoración y el sacrificio; la fe y el sufrimiento, y nos inculcaron amor por la Palabra de Dios. Pero en todos esos años nunca nadie nos explicó el ministerio central de Jesús. Entendíamos, como la mayoría de los cristianos, que Cristo vino para redimirnos del pecado y de la muerte; para pagar el precio por nuestras transgresiones a través de su sangre derramada en la cruz, para que así podamos ser perdonados y podamos regresar a casa, al Padre.

Es cierto. Es maravillosamente cierto. Solo que... hay *más*.

Los propósitos de Jesucristo no terminan cuando uno de sus preciosos hijos es perdonado. Para nada. ¿Acaso un buen padre se sentiría satisfecho cuando su hija es rescatada de un accidente automovilístico, pero es recluida en la Unidad de Cuidados Intensivos? ¿No quiere también verla sana? De esta misma manera, Dios tiene mucho más en mente para nosotros. Escucha este pasaje de Isaías (podría ayudar leerlo muy lentamente, con cuidado, en voz alta para ti).

> El Espíritu de Jehová el Señor está sobre mí, porque me ungió Jehová; me ha enviado a predicar buenas nuevas a los abatidos, a vendar a los quebrantados de corazón, a publicar libertad a los cautivos, y a los presos apertura de la cárcel; a proclamar el año de la buena voluntad de Jehová, y el día de venganza del Dios nuestro; a consolar a todos los enlutados; a ordenar que a los afligidos de Sion se les dé gloria en lugar de ceniza, óleo de gozo en lugar de luto, manto de alegría en lugar del espíritu angustiado. (Isaías 61.1-3)

Este es el pasaje que Jesús señaló cuando comenzó su ministerio aquí en la tierra. De todos los pasajes bíblicos que pudo haber escogido, este fue el que seleccionó el día en que por primera vez anunció públicamente su misión. Debe ser importante para Él. Debe ser primordial. ¿Qué significa? Se supone que son realmente buenas noticias. Eso está claro. Tiene algo que ver con sanar corazones, liberar a alguien. Permíteme tratar de expresarlo en palabras más familiares para nosotros.

Dios me ha enviado en una misión.

Tengo excelentes noticias para ti.

Dios me ha enviado para restaurar y liberar a alguien.

Y ese alguien eres *tú*.

Estoy aquí para devolverte tu corazón y liberarte.

Estoy furioso con el Enemigo que te hizo esto, y pelearé contra él.

Permíteme consolarte.

Porque yo, amada mía, impartiré belleza sobre ti

Donde solo has conocido desolación.

Alegría, en los lugares de tu profunda tristeza.

Y vestiré tu corazón en alabanza grata

A cambio de tu resignación y desesperanza.

Ahora, esta es una oferta que bien vale la pena considerar. ¿Y qué si es cierta? Digo, ¿qué si Jesús realmente *pudiera* e *hiciera* esto por tu quebrantado corazón, tu alma femenina herida? Léelo otra vez y pregúntale: *Jesús, ¿es esto cierto para mí? ¿Harías esto por mí?*

Él puede y lo hará... si se lo permites.

Eres la gloriosa portadora de la imagen del Señor Jesucristo; la corona de su creación. Has sido agredida. Has caído ante tus propios recursos. Tu Enemigo se ha aferrado a tus heridas y a tus pecados para hacer tropezar tu corazón. Ahora el Hijo de Dios ha venido para pagar tu rescate *y* para sanar tu quebrantado, herido y sangrante corazón. Esa soy yo. Esa eres tú. Él vino para *restaurar* la gloriosa creación que eres tú. Y luego libertarle... para que sea tal cual es.

Y los salvará en aquel día Jehová su Dios como rebaño de su pueblo; porque como piedras de diadema serán enaltecidos en su tierra. Porque ¡cuánta es su bondad, y cuánta su hermosura!

He aquí la razón principal por la que escribí este libro: Dejarte saber que la sanidad para tu corazón femenino está disponible, y ayudarte a encontrarla. Para ayudarte a encontrar esa restauración que tanto anhelamos y que es central en la misión de Jesús. Permite que Él te tome de la mano ahora y camine contigo a través de tu restauración y liberación.

CERCADA

¿Por qué Dios maldijo a Eva con soledad, angustia y un vacío que nada sería capaz de llenar? ¿Acaso su vida no sería lo suficientemente dura allá fuera en el mundo, desterrada del Huerto que era su verdadero hogar, su único hogar, y nunca más poder regresar? Parece injusto. Hasta cruel.

Lo hizo para *salvarla*. Porque como todas sabemos personalmente, algo en el corazón de Eva cambió en la Caída. Algo se enraizó muy en lo profundo de su corazón —y el nuestro— que desconfía del corazón de Dios. Es esa determinación de encontrar vida siguiendo nuestras propias pautas. Así que Dios tenía que poner un obstáculo. Por amor, tenía que bloquear sus intentos hasta que, herida y dolida, ella regrese a Él y solo a Él para su rescate.

Por tanto, he aquí yo rodearé de espinos su camino, y la cercaré con seto, y no hallará sus caminos. Seguirá a sus amantes, y no los alcanzará; los buscará, y no los hallará. Entonces dirá: Iré y me volveré a mi primer marido; porque mejor me iba entonces que ahora. (Oseas 2.6-7)

Jesús también tiene que frustrar nuestros intentos; frustrar nuestros planes de autorredención, nuestro control y nuestro encubrimiento; frustrar las maneras en las que estamos buscando llenar el dolor que hay en nuestro interior. De otra manera, nunca nos volveríamos a Él completamente para nuestro rescate. Bueno, tal vez nos volvamos a Él para nuestra «salvación», para un boleto al cielo cuando muramos. Quizás nos volvamos a Él en la forma del servicio cristiano, asistencia regular a la iglesia, una vida moral. Pero *en el interior*, nuestro corazón sigue roto y cautivo, y lejos de Aquel que puede ayudarnos.

Y de esta manera verás la tierna y firme mano de Dios cercando la vida de la mujer. Él hará que ahora sea miserable lo que antes era un trabajo magnífico, si era en su profesión donde encontraba refugio. Traerá adversidad a su matrimonio, casi hasta el punto de ruptura, si era en el matrimonio donde buscaba su salvación. Dondequiera que hayamos buscado vida lejos de Él, Dios desestabiliza nuestros planes, nuestra «forma de vida», que para nada es vida. Escucha la historia de Susan:

Los asuntos en los que he estado trabajando han sido difíciles. Esto provocó que asumiera mi actitud. Quería decir: «Pero es que no entiendes... no conoces mi historia. Tengo que defenderme porque nadie lo hará por mí». Crecí con un padre alcohólico y una madre que sufre trastornos emocionales extremos. A una tierna edad (ocho años más o menos), me convertí en la que se interponía para defender a mi madre cuando mi padre le pegaba; y cuando mi madre le recriminaba con furia a mi padre, yo era la que intervenía para defenderlo. Hasta que cumplí dieciséis años aguanté todo el abuso verbal que mi madre me lanzó, pero hubo un día en que decidí hacerle frente. Ahora las mesas volaban. Mi padre me dijo que tenía que entrar otra vez en el cuarto y hacerle frente. Esta flecha atravesó mi corazón tan profundamente que las paredes de mi corazón se volvieron impenetrables. No he permitido que nada toque esta herida por muchos, muchos años.

Dios me ha mostrado que debido a mi actitud defensiva he enterrado mi verdadero corazón femenino. Un corazón que anhela muy profundamente que vayan tras él y peleen por él. El anhelo de ser bella, tierna y cariñosa, de sentir profundamente. Él me ha mostrado que por traer esto a mi matrimonio no le he dado a Dave la oportunidad de pelear por mí. Y esto lo lamento mucho. Dios me pidió que me arrepintiera de esto ante Dave y me arriesgara a ser vulnerable una vez más. Ahora estoy parada en este peligroso lugar de vulnerabilidad, con una corazón sangrante que espera y ora. Cada día debo decidir dejar a un lado mi actitud defensiva y permitir que el bálsamo sanador de Jesús cuide mi herida, y permitirle a Él ser mi Dios, mi Fortaleza y mi Defensor.

El Señor me dijo que ya no necesitaba defenderme a mí misma, esa es su tarea. Él es mi Defensor y mi Abogado. ¿Le permitiría ser eso para mí? Le dije que sí. Sentí que levantaban un gran peso de mis hombros, algo que no puedo explicar a cabalidad.

CAMBIA LAS FORMAS QUE HAS PROBADO
PARA SALVARTE A TI MISMA

Cambia algunos de los detalles y tienes mi historia... y la tuya. Construimos una vida de seguridad (no voy a ser vulnerable *allí*) y encontramos algún lugar en el que podamos al menos probar lo que es ser disfrutada, o al menos, ser «necesitada». Nuestra travesía hacia la sanidad comienza cuando nos arrepentimos de esas maneras, las dejamos a un lado, las olvidamos. De todos modos, han sido un soberano desastre. Como dice Buechner:

> Hacer por ti misma lo mejor que hay dentro de ti —apretar los dientes y cerrar los puños para así sobrevivir al mundo en su peor y más dura expresión— es, en ese acto mismo, ser incapaz de permitir que algo sea hecho por ti y en ti que todavía es más maravilloso. El problema con volverte «de acero» ante la dureza de la realidad es que ese mismo acero que protege tu vida para que no seas destruida, también protege tu vida contra la posibilidad de abrirte y ser transformada. (*The Sacred Journey* [La travesía sagrada])

Dios viene a nosotras y pregunta: «¿Me dejarás venir por ti?» No solo Él nos cerca, sino que al mismo tiempo nos llama como lo hizo con nuestra amiga Susan: «Baja la guardia. Baja la guardia. Cambia de tus formas hacia mí. Quiero acudir a ti».

> Pero he aquí que yo la atraeré y la llevaré al desierto, y hablaré a su corazón. (Oseas 2.14)

Para comenzar la travesía hacia la sanidad de tu corazón femenino lo único que se requiere es un «sí, está bien». Un sencillo giro en el corazón. Como el hijo pródigo, nos levantamos un día para darnos cuenta que la vida que hemos construido no es para nada vida. Permitimos que el deseo nos hable otra vez, permitimos que nuestro corazón tenga voz y lo que esa voz usualmente dice es: *Esto no está funcionando. Mi vida es un desastre. Jesús... ¡lo siento! Perdóname. Por favor, ven por mí.*

INVITA A JESÚS

Hay un pasaje famoso en la Biblia que mucha gente ha escuchado en el contexto de una invitación para conocer a Cristo como Salvador. «He aquí, yo estoy a la puerta y llamo; si alguno oye mi voz y abre la puerta, entraré a él...» (Apocalipsis 3.20). Él no nos obliga a aceptarlo. Jesús toca y espera que nosotras le pidamos que entre. Hay un paso inicial, el primer paso de esto, el cual llamamos salvación. Oímos a Cristo tocando a la puerta y le abrimos nuestros corazones como Salvador. Es el primer cambio. Pero el principio de «tocar y esperar por el permiso para entrar» se mantiene vigente a lo largo de toda nuestra vida cristiana.

Casi todas nosotras tratamos nuestro quebrantamiento de la misma manera: lo tratamos mal. Duele demasiado ir allí. Así que cerramos la puerta de esa habitación y botamos la llave. Algo así como lo que hizo Lord Craven al cerrar el Jardín Secreto luego de la muerte de su esposa y enterrar la llave. Pero eso no trae sanidad. Para nada. Tal vez traiga algo de alivio, por algún tiempo. Pero nunca sanidad. Usualmente deja a una niñita huérfana en ese cuarto; la deja allí para que se defienda por ella misma. Lo mejor que podemos hacer es permitir que Jesús entre, abrir la puerta e invitarlo para que nos encuentre en esos lugares dolorosos.

Tal vez nos sorprenda que Cristo nos pida permiso para entrar y sanarnos, pero Él es un caballero, y la puerta está cerrada por dentro, y la sanidad nunca llega *en contra* de nuestra voluntad. Para poder experimentar su sanidad también tenemos que darle permiso para entrar en los lugares que hemos mantenido cerrados a todo el mundo y por tanto tiempo. *¿Me dejas sanarte?* Él toca por medio de nuestra soledad. Toca por medio de nuestras penas. Jesús toca por medio de eventos que se asemejan mucho a lo que nos ocurrió cuando éramos jóvenes... una traición, un rechazo, una palabra dicha, una relación perdida. Toca por medio de muchas cosas, esperando que nosotras le demos el permiso para entrar.

Dale permiso. Dale acceso a tu corazón quebrantado. Pídele que entre a *esos* lugares.

Sí, Jesús, sí. Te invito a entrar. Entra a mi corazón en esos lugares hechos añicos. (Tú sabes cuáles son. Invítale allí. ¿Es el abuso? ¿La pérdida de tu padre? ¿Los celos de tu madre? Pídele que entre). *Ven a mí, mi Salvador. Abro esta puerta de mi corazón. Te doy permiso para acercarte a mis heridas. Ven a mí aquí. Ven por mí aquí.*

RENUNCIA A LOS PACTOS QUE HAS HECHO

Tus heridas trajeron mensajes con ellas. Muchos mensajes. De alguna manera, todos usualmente llegan al mismo sitio. Tiene un tema similar. «No vales nada». «No eres una mujer». «Eres demasiado... y no eres suficiente». «Eres una desilusión». «Eres repulsiva». Y así siguen y siguen. Como fueron pronunciados con tanto dolor, *sentimos* que eran ciertos. Perforaron nuestro corazón, y se sienten muy reales. Así que aceptamos el mensaje como cierto. Lo adoptamos como el veredicto en nosotras.

Como mencionamos antes, los pactos que hacemos de niñas actúan como un acuerdo muy arraigado con el mensaje de nuestras heridas. Actúan como un acuerdo con el veredicto sobre nosotras. «Perfecto. Si así es la cosa, entonces así va a ser. Viviré toda mi vida de la siguiente manera...». Los pactos que hicimos obraron como un tipo de pacto con los mensajes que llegaron con nuestras heridas profundas. Esos acuerdos o pactos de la niñez son algo muy peligroso. Tenemos que renunciar a ellos. *Antes* de estar completamente convencidas de que no son ciertos, debemos rechazar el mensaje de nuestras heridas. Es una forma de quitar el cerrojo a la puerta para que Jesús entre. Los pactos le ponen el cerrojo a la puerta desde adentro. Renunciar a estos acuerdos le abre la puerta a Jesús.

Jesús perdóname por haber aceptado estas mentiras. Eso no es lo que tú has dicho de mí. Tú dijiste que soy tu hija, tu amada, tu tesoro. Renuncio a los pactos que hice con (nombra los mensajes específicos con los que has estado viviendo. «Soy una estúpida». «Soy fea». Tú sabes cuáles son). *Renuncio a los pactos que he estado haciendo con estos mensajes por todos estos años. Trae la verdad aquí, oh Espíritu de Verdad. Rechazo estas mentiras.*

Lloremos nuestras lágrimas

Parte de la razón por la que las mujeres estamos tan cansadas es porque estamos invirtiendo *demasiada* energía tratando de «mantener todo bajo control». Demasiada energía dedicada a suprimir el dolor y mantener una buena apariencia. «Voy a endurecer mi corazón», cantaba Rindy Ross. «Voy a tragarme mis lágrimas». Una forma muy terrible y costosa de vivir tu vida. Algo de esto es provocado por el miedo a que el dolor nos abrume. El temor a ser consumidas por nuestra angustia. Es un miedo comprensible, pero no es más cierto que el miedo que le teníamos a la oscuridad cuando éramos niñas. El quebranto, mis queridas hermanas, es bueno. El quebranto ayuda a sanar nuestro corazón. ¿Por qué? Jesús mismo fue «varón de dolores, experimentado en quebranto» (Isaías 53.3).

Permite que fluyan las lágrimas. Vete a un lugar a solas. Llega hasta tu auto o tu cuarto o la ducha y deja que lleguen las lágrimas. Deja que fluyan las lágrimas. Es lo único bueno que puedes hacer por tu condición de mujer herida. Permítete sentir otra vez. Y te aseguro que sentirás... muchas cosas. Coraje. Está bien. El coraje no es pecado. Remordimiento. Seguro que sientes remordimiento y arrepentimiento por tantos años perdidos. Miedo. Sí, eso tiene sentido. Jesús también puede tratar con tu miedo. De hecho, no hay ninguna emoción que pueda aflorar con la que Jesús no pueda tratar. (Busca en los Salmos, son un mar rugiente de emociones).

Deja que salga todo.

Como escribió San Agustín en sus *Confesiones*: «Las lágrimas ... bajaban, y les permití fluir con toda la libertad que podían hacerlo, haciendo de ellas una almohada para mi corazón. En ellas descansó». Lamentarse es una forma de validación; dice que la herida *importaba*. Importaba. Tú importabas. Así no es como se supone que hubiera sido la vida. Hay muchas lágrimas sin llorar allí adentro. Las lágrimas de una niñita que está perdida y asustada. Las lágrimas de una adolescente que ha sido rechazada y no tiene adónde ir. Nadie entiende. Las lágrimas de una mujer cuya vida ha sido dura y solitaria, y no se parece nada a sus sueños.

Llora tus lágrimas.

PERDONA

Está bien. Ahora viene un paso difícil (¡como si los otros hubieran sido fáciles!) Un verdadero paso de valor y voluntad. Tenemos que perdonar a quienes nos hicieron daño. La razón es sencilla: la amargura y la falta de perdón se asientan en lo profundo de nuestros corazones; son cadenas que nos mantienen cautivas a las heridas y los mensajes de esas heridas. Hasta que perdonas, sigues siendo su prisionera. Pablo nos advierte que la falta de perdón y la amargura pueden hundir nuestras vidas y las vidas de los demás (Efesios 4.31-32; Hebreos 12.15). Tenemos que deshacernos de todo.

...De la manera que Cristo os perdonó, así también hacedlo vosotros. (Colosenses 3.13)

Ahora bien, escucha cuidadosamente. El perdón es una *decisión*. No es un sentimiento. No trates de sentir el deseo de perdonar. Es un acto de voluntad. «No esperes para perdonar hasta que sientas el deseo de perdonar», escribió Neil Anderson. «Nunca va a pasar. Los sentimientos se toman el tiempo de sanar después que se ha tomado la decisión de perdonar». Le permitimos a Dios que saque a relucir el dolor de nuestro pasado, pues «si tu perdón no visita el centro emocional de tu vida, estará incompleto». Admitimos que duele, que importa y que escogemos extender perdón a nuestro padre, nuestra madre, a aquellos que nos lastimaron. Con esto *no* estamos diciendo: «Realmente no era importante». *No* estamos diciendo: «Después de todo, tal vez merecía algo de lo que me pasó». El perdón dice: «Estuvo mal. Muy mal. Sí importó y me lastimó profundamente. Y te libero. Te entrego a Dios».

Tal vez te ayude recordar que aquellos que te lastimaron también fueron lastimados profundamente. Eran corazones hechos trizas, quebrantados cuando eran jóvenes y terminaron como cautivos del Enemigo. De hecho, eran peones en sus manos. Esto no los exonera de las decisiones que tomaron, de las cosas que hicieron. Solo nos ayuda a dejarlos ir, a darnos cuenta que ellos mismos eran almas rotas, usadas por nuestro verdadero Enemigo en su guerra contra la feminidad.

PÍDELE A JESÚS QUE TE SANE

Nos alejamos de nuestras estrategias de autoredención. Le abrimos la puerta a Jesús de nuestro corazón herido. Renunciamos a los pactos que hicimos con los mensajes de nuestras heridas, renunciamos a cualquier acuerdo que hicimos. Perdonamos a quienes nos lastimaron. Y entonces, con un corazón abierto, sencillamente le pedimos a Jesús que nos sane. Melissa fue la joven que prometió que «sería dura; resistente, como una roca» y así lo hizo por muchos años. Pero ese no es el final de la historia. Llegó a un punto en el que Jesús le pidió sanar su corazón herido. Ella le dio permiso para entrar. Esto fue lo que pasó.

Dios regresó y tomó a la niñita temblorosa que se estaba escondiendo debajo de la mesa y la convenció de que saliera. Le abrió sus pequeños puños y tomó su mano, y la puso en la de Él y contestó su pregunta. La abrazó y le dijo que estaba bien que no fuera dura. Él la protegería. No tenía que ser fuerte. Le dijo que ella no era una roca sino una niña. Una niña inocente. Su niña. No la condenaba por nada, mas bien, la entendía, ¡y la amaba! Le dijo que era especial... como ninguna otra y que tenía dones especiales como nadie más. Ella conoció su voz y confió en Él. Podía oír en su voz el placer que Él tenía por ella y sintió su deleite en ella mientras Él hablaba. Fue tan tierno y cariñoso que no tuvo más remedio que derretirse en sus brazos.

Esto está disponible. Esta es la oferta de nuestro Salvador: sanar nuestros corazones rotos. Llegar a esos lugares jóvenes en nuestro interior y encontrarnos allí, tomarnos en sus brazos, llevarnos a casa. Ha llegado el momento de que le permitas a Jesús sanarte.

Jesús, ven a mí y sana mi corazón. Ven a los lugares hechos añicos dentro de mí. Ven por la niñita que fue herida. Ven y tómame en tus brazos, y sáname. Haz por mí lo que prometiste hacer: sanar mi quebrantado corazón y libertarme.

PÍDELE QUE DESTRUYA A TUS ENEMIGOS

En el precioso pasaje de Isaías 61, Dios promete «libertad a los cautivos, y a los presos apertura de la cárcel (v. 1). Continúa proclamando «venganza» contra nuestros enemigos. Nuestras heridas, nuestros pactos y los acuerdos que hemos hecho con los mensajes, todo esto le da espacio al Enemigo para entrar en nuestras vidas. Pablo nos advierte sobre esto en Efesios 4 cuando —escribiendo a los cristianos— dice: «ni deis lugar al diablo» (4.27). Hay cosas con las que has luchado toda tu vida: pobre autoestima, coraje, depresión, vergüenza, adicción, miedo. Quizás pensaste que esto también era simplemente tu culpa.

Pero no es así. Todo esto vino del Enemigo que quería tomar cautivo tu corazón, hacerte una prisionera de la oscuridad. Para estar seguras, accedimos. Permitimos que estas fortalezas se levantaran cuando manejamos de forma incorrecta nuestras heridas e hicimos aquellos pactos. Pero Jesús nos ha perdonado por todo eso y ahora quiere libertarnos.

Pídele que destruya a tus enemigos. A fin de cuentas, Él prometió hacerlo. Pídele a Jesús que libere tu corazón de la cautividad de estas cosas.

> *Jesús, ven y rescátame. Libérame de* [tú sabes de qué necesitas liberación... nómbralo]. *Libértame de la oscuridad. Trae venganza sobre mis enemigos. Los rechazo y te pido que los juzgues. Liberta mi corazón.*

PERMITE QUE ÉL SEA TU PADRE

Entonces fue con Sara a su habitación y allí se dijeron adiós. Sara se sentó sobre su rodilla y tomó en sus pequeñas manos la solapa de la chaqueta de él, y observó su rostro con intensidad y largamente.

«¿Me estás memorizando, pequeña Sara?», dijo moviéndole el cabello.

«No», ella contestó. «Ya te conozco de memoria. Estás dentro de mi corazón». Y se abrazaron y se besaron como si no fueran a dejarse ir nunca más. (Frances Hodgson Burnett, *A Little Princess* [Princesita])

Esta preciosa historia toca algo muy profundo en el corazón de la niñitas... y las mujeres. Toda niña fue creada para vivir en un mundo con un padre que la ame incondicionalmente. Descubre primero quién es Dios, cómo es Él y cómo siente por ella a través de su papá terrenal. Dios es el «Padrenuestro que estás en los cielos». Él quiere inicialmente revelarse a sí mismo a sus hijas e hijos por medio del amor de nuestros papás. Se supone que conozcamos el amor de padre, que nos sintamos seguras en él, ser protegidas por él y florezcamos allí.

He escuchado muchas veces que lo primero que creemos acerca de Dios, el Padre, viene directamente de lo que sabemos y hemos experimentado de nuestro padre terrenal. La primera vez que oí esto fue desde un púlpito siendo una joven cristiana y en mi forma típica y educable, pensé: *¡Qué estupidez!* No que el pastor fuera estúpido, sino que la idea en sí misma era ridícula. Por supuesto, mi papá no era Dios. Todo el mundo sabía eso. Pero más adelante, mientras oía a otra mujer hablando de Dios, el Padre, con frecuencia percibía en su voz una suavidad, ternura y hasta una actitud infantil que era desconocida para mí. Cuando comencé a escuchar a otros orar a «Papá» o «Papito», supe que estaban hablándole a «Alguien» que yo no conocía.

Nunca había llamado «papito» a mi padre. «Papá» era la forma de llamar a los padres en las películas. Muchas de nosotras crecimos en casas donde el término correcto para «papá» era «señor». Tener intimidad con o depender de un padre que raramente estaba en casa —y ausente emocionalmente cuando sí estaba— era imposible para mí. Recuerda: él no quería conocerme. Era una desilusión para él.

He llegado a comprender que lo que aquel pastor me estaba diciendo hace muchos años atrás era la verdad. Estaba mirando a mi Padre Celestial a través del lente de mis experiencias con mi padre. Y para mí eso significaba que mi Padre Celestial estaba distante, era frío, difícil de complacer, inasequible, fácil de desilusionar, rápido para la ira y con frecuencia difícil de predecir.

Cierto, quería complacerlo. Pero como para mí Dios el Padre era difícil de comprender y no tenía ningún atractivo especial, mi relación con Dios se centraba en mi relación con su Hijo. Yo le gustaba a Jesús. No estaba muy segura respecto a su Papá.

Cuando ya tenía años de ser cristiana, comencé a tener hambre de conocer a Dios como mi Padre más profundamente. Le pedí que se me revelara como mi Papá. En respuesta, Dios me invitó a emprender una travesía a lo profundo de mi corazón que dio giros sorprendentes y todavía lo hace. Primero, Dios me llevó a mirar con más detenimiento a mi propio padre. ¿Quién era él realmente? ¿Qué sentía por mí verdaderamente? ¿Qué era lo que yo recordaba? Dios me invitó a ir con Él a lugares profundos de mi corazón que estaban escondidos, heridos y todavía sangraban por la angustia y las heridas que había recibido de la mano de mi padre. Lugares a los que no quería ir. Recuerdos que no quería volver a visitar. Emociones que no quería sentir. La única razón por la que le dije que sí a Dios, que viajaría allí, fue porque sabía que Él iría conmigo. Tomada de su mano. Él tendría mi corazón en sus manos. Y ya había logrado confiar en el suyo.

Hay una parte central de nuestro corazón que fue hecha para papito. Hecha para su fuerte y tierno amor. Esa parte todavía está allí, anhelante. Ábrela a Jesús y a tu Dios Padre. Pídele que venga y te ame allí. Que te encuentre allí. Todas hemos tratado con mucho ahínco de encontrar el cumplimiento de ese amor en otras personas, y eso nunca, nunca funciona. Devolvamos ese tesoro a Aquel que puede amarnos más que nadie.

Padre, necesito tu amor. Ven al centro de mi corazón. Ven y muéstrame tu amor por mí. Ayúdame a conocerte por quien eres realmente, no como veo a mi padre. Revélate a mí. Revela tu amor por mí. Dime qué significo para ti. Ven y sé mi Padre.

PÍDELE QUE CONTESTE TU PREGUNTA

Quienes hayan leído *The Little Princess* [Princesita] saben que la vida no fue buena para Sara. En medio de su fiesta de cumpleaños número once llega la noticia a su escuela de que su querido padre ha muerto. Su fortuna ha sido confiscada y ya no tiene ni un centavo. Sin los recursos para pagar por su educación privada, Sara es degradada, obligada a trabajar y tratada con crueldad. Además, la envían a vivir a un ático desolado.

Pero el amor que el padre de Sara había vertido en su corazón ha tenido un impacto permanente. Pobre, despojada y maltratada, Sara tiene un corazón de oro. Se dice a sí misma: «No importa lo que venga, hay algo que no cambiará. Si soy una princesa vestida de harapos, puedo ser una princesa en mi interior. Sería fácil ser una princesa si estuviera vestida con una túnica de oro, pero es un triunfo mucho mayor si puedo ser una princesa todo el tiempo y cuando nadie lo sabe». (*The Little Princess*)

¿Cómo se logra tener semejante confianza? Llevas la pregunta más profunda de tu corazón ante Dios. Todavía tienes una pregunta, mi amiga. Todas la tenemos. Todavía cada una de nosotras necesita saber: *¿Puedes verme? ¿Soy cautivante? ¿Tengo una belleza que sea toda mía?*

El año pasado me di cuenta que esta pregunta todavía necesitaba una respuesta en el corazón de Stasi. Salimos a comer con motivo de nuestro aniversario. En un momento durante la noche, le dije: *Eras una niña adorable y preciosa.* Me miró como diciéndome: *No me mientas.* «¿Acaso no lo sabías?» Una larga pausa. «No». «Mi amor, ¿no lo *sabías*?» Había visto las fotos. Había echado algunos vistazos dentro del tesoro que ella era. Pero la vida escribió un mensaje diferente en su corazón. Así que le pedí con insistencia: «Tienes que preguntarle a Dios qué vio Él. Lleva esto ante Él».

Podríamos contarte muchas historias preciosas de mujeres que han recibido de parte de Dios la respuesta a su pregunta. Cuando era pequeña, nuestra amiga Kim anhelaba ser la princesa a la que rescataban en los juegos infantiles. «Pero la niña al final de la calle era más linda que yo. Era una Barbie. Así que tenía que unirme al equipo de los niños, pelear con el dragón y rescatarla. Nunca pude ser la Bella». Con la historia llegaron las lágrimas, lágrimas de niña, lágrimas que nunca antes habían sido lloradas. Fue muy bueno finalmente dejarlas salir. «Kim, quiero decirte lo que quiero que hagas. Quiero que le pidas a Jesús que te muestre tu belleza». «¿Puedo hacer algo así?», contestó. «Digo, ¿está eso bien? ¿Haría Él eso por mí?»

Regresó dos meses más tarde con una sonrisa como de alguien que tiene un gran secreto que contar. Su rostro estaba resplandeciente. Nos dijo que Jesús había venido. Él le había mostrado su belleza en muchas maneras. Más de doscientas maneras. «¡Ha sido maravilloso! Estoy comenzando a creer que soy bella».

Hace apenas unas semanas estaba hablando con nuestra amiga Debbie; la que el padre tuvo una aventura amorosa y que ha gastado demasiado tiempo y energías tratando de «arreglar» lo que estaba mal con ella. «¿Y qué si tienes una belleza genuina y cautivante que está estropeada solo por tu extenuante esfuerzo?» Se recostó en su silla y suspiró ante el pensamiento. Algo se suavizó. De repente, era una mujer tranquila y bella. El velo se había rasgado y allí estaba... una mujer preciosa. Se había ido la resignación. Se había ido la ansiedad y el dolor. Estaba, por un momento, en descanso. «¿Qué hace tu corazón ante esa posibilidad?» El tiempo se ha detenido. Ella dice: «En mí surgen dos cosas: ¡Hurra! y ¡Maldición!» Me sonreí ante su sinceridad. «Hurra que pueda ser cierto, después de todo; y maldición por ¿qué rayos he estado haciendo todos estos años?»

Comencemos con un pensamiento. ¿Qué pasaría si el mensaje expresado por tus heridas simplemente no es cierto? Reflexiona en esto. No era cierto. ¿Para qué te libera esto? ¿Para llorar? ¿Para regocijarte? ¿Para dejar ir? ¿Para revelarte tal cual eres? ¿Para retomar tu corazón? He aquí la experiencia de una mujer:

A pesar de que he tenido «éxito» en muchas áreas, siempre he sentido vergüenza por la ausencia de feminidad tal como la define el mundo. Preguntarle a Dios qué pensaba de mí como mujer fue mucho más que agonizante. Pelee con Él hasta justo el final. Sabía en mi mente que Él no sería malo, pero estaba convencida que le había fallado miserablemente en este departamento... Cuando finalmente me detuve y permití que Dios pronunciara un nuevo nombre, fue *Gracia*. Y la mentira de «demasiado varonil y poco femenina» quedó hecha añicos en un momento. Dios me corona con gracia, me corona con amor. Y estoy satisfecha (Salmo 103).

Lleva tu pregunta ante Jesús. Pídele que te muestre tu belleza.

¿Y luego? Permite que te galantee.

CAPÍTULO SIETE

Galanteada

Con amor eterno te he amado.
—DIOS

El romance es lo más profundo en la vida.
Es más profundo aun que la realidad.
—CHESTERTON

*H*a sido un día largo y muy ocupado. En la noche, dejé a los niños con John y salí para disfrutar un tiempo a solas que necesitaba urgentemente. Era una bella noche de otoño en Colorado. Caminé por un sendero hacia un parque cerca de nuestra casa. El aire estaba fresco, las estrellas centelleaban resplandecientes. Aspiré la belleza y dejé atrás las preocupaciones del día. Una fría brisa susurró a mi lado, uno de los primeros indicios del invierno que se acercaba. Mientras caminaba, me sentí deslumbrada por el esplendor de todo aquello y comencé a alabar a Dios por el excelente trabajo que había hecho. «¡Qué precioso, Señor! ¡Las estrellas se ven espectaculares!»

Me alegra que te guste, amada mía.

Me detuve de inmediato. Me sonrojé. ¿Acaso el Dios del universo acababa de llamarme «amada»? ¿Estaba bien algo así? Me sentí enternecida hasta lo más profundo de mi alma con el término cariñoso, pero también me preguntaba si lo había imaginado. ¿No era un sacrilegio creer que Dios hubiera usado un nombre afectuoso? ¿Para mí? Yo soy la que ese mismo día había perdido la paciencia con los chicos y había usado un tono de voz horrible que los lastimó y me mortificó. Soy yo la que estoy viviendo de forma tan imperfecta, desilusionando a mis amigos y fallando a la familia.

¿Yo? *¿Amada?*

Más tarde esa noche, comencé a leer algunos pasajes bíblicos antes de irme a dormir y mis manos pasaron las páginas hasta llegar a Cantar de los Cantares. Mis ojos se posaron en las palabras: «¡Cuán bella eres, amada mía!» (2.15 NVI). ¡Qué tierno es Dios! En ese momento lo supe. Siempre he sido de Él. Aquella noche, el maravilloso amor de Dios por *mí* penetró mi corazón de una forma nueva y profunda. Me había hablado. Este audaz Dios mío, que conoce cada uno de mis pensamientos e intenciones, que ve cada una de mis fallas y pecados, me ama. No de una forma religiosa, no de la forma en que usualmente interpretamos cuando oímos «Dios te ama», que por lo general suena como «porque tiene que hacerlo» o como queriendo decir «te tolera». No. Él me ama como ama un *amante*. ¡Wuau!

ANHELO DE ROMANCE

Una mujer se vuelve hermosa cuando sabe que es amada. Hemos visto esto muchas veces y es muy probable que tú también. Aislada del amor, rechazada, sin nadie que vaya tras ella, algo en la mujer se marchita como una flor a la que ya nadie echa agua. Se desvanece en la resignación, obligación y culpa. Desaparece el brillo de su semblante, como si una luz hubiera sido apagada. Pero esta misma mujer que todo el mundo pensó que era común y corriente, y poco atractiva se transforma en un ser cariñoso y atrayente cuando alguien *va tras ella*. Su corazón comienza a volver a la vida, sale a relucir y su rostro se vuelve radiante. Nos preguntamos: «¿Dónde ha estado escondida todos estos años? Realmente es cautivante».

Piensa en Fran en *Strictly Ballroom* o en Tulah en *My Big Fat Greek Wedding*. Recuerda a Lottie en *Enchanted April*, Adriana en *Rocky* o Danielle en *Ever After*. Su belleza siempre estuvo allí. Lo que ocurrió fue sencillamente que el poder del romance *liberó* su verdadera belleza, despertó sus corazones. Volvieron a la vida. Como mujeres, anhelamos ser amadas de cierta manera, una forma única a nuestra feminidad. Anhelamos el romance. Estamos programadas para eso. Es lo que hace que nuestros corazones revivan. Ya lo sabes. En algún lugar, muy dentro de ti, sabes esto. Pero lo que quizás nunca has sabido es que...

No necesitas esperar por un hombre para esto.

Dios mismo anhela traer esto a tu vida. Quiere que vayas más allá del infantil «Cristo me ama, la Biblia dice así». Él quiere sanarnos por medio de su amor para convertirnos en mujeres maduras que de verdad lo *conocemos*. Quiere que *experimentemos* versículos como «he aquí que yo la atraeré y la llevaré al desierto, y hablaré a su corazón (Oseas 2.14)». Y «prendiste mi corazón, hermana, esposa mía...» (Cantares 4.9). Nuestros corazones ansían esto. ¿Qué tal sería experimentar por ti misma que lo más profundo en el corazón de Dios hacia ti no es desilusión ni rechazo, sino un amor intenso, profundo y apasionado? Esto es, después de todo, para lo que fue hecha la mujer.

La obediencia fiel a Dios es vital, pero no es solo a esto a lo que Dios nos lleva. No es suficiente para nuestra sanidad, así como lavar la ropa no es suficiente para un matrimonio. Y a largo plazo, no será suficiente para seguir adelante. Hoy día hay mucha persecución contra la Iglesia. Más cristianos han sido martirizados en nuestros días que en *cualquier* otra época en la historia de la Iglesia. No es la obediencia la que está llevando a la muerte a nuestros hermanos y hermanas de una manera inquebrantable e inconmovible. Es una *pasión* santa y feroz. Corazones en llamas.

Porque la raíz de toda santidad es el Romance.

DIOS COMO AMANTE

Regresemos por un momento a las películas que nos encantan. Piensa en una de las escenas más románticas que puedas recordar, una que te hizo suspirar. Jack y Rose en la proa del Titanic, sus brazos alrededor de la cintura de ella, su primer beso. Wallace hablando a Murón en francés y luego en italiano: «No tan bella como tú». Aragorn parado con Arwen bajo la luz de la luna en el puente en Rivendell declarando su mutuo amor. Edward regresando a Eleanor en *Sense and Sensibility*, y el profesor Behr regresando a buscar a Jo al final de *Little Women*.

Ahora, colócate en la escena como la Bella y a Jesús como el Enamorado.

¿Qué hace tu corazón con eso? ¿Hay algo de vacilación? *¿Está bien eso?* ¿Hay un poco de anhelo? *Me encantaría que eso ocurriera.* Tal vez podría haber para algunas de ustedes un vestigio de miedo, el estremecimiento de tu herido corazón. *No quiero exponer esa parte de mí.* Luego entonces puedes ver que hay sanidad para tu corazón al ir en pos de algo así. Está bien. Es completamente bíblico. Jesús se llama a sí mismo el Novio (Mateo 9.15, Mateo 25.1-10, Juan 3.29 NVI). Ahora bien, tienes que descorrer la cortina religiosa y la capa santurrona de todo esto. «Novio» sencillamente significa prometido. Enamorado. Esta es la más íntima de todas las metáforas que Jesús escogió para describir su amor y anhelo por nosotras, y el tipo de relación a la que nos invita.

Tal vez recuerdes que la Biblia usa muchas metáforas para describir nuestra relación con Dios. Se nos representa como barro y Él es el alfarero, o como ovejas y Él es el pastor. Cada metáfora es preciosa y habla a las distintas etapas de nuestra vida espiritual, o de los diferentes aspectos del corazón de Dios hacia nosotras. Pero, ¿has notado que *ascienden* de una manera sorprendente? Del alfarero y su barro, al pastor y sus ovejas hay una marcada diferencia en intimidad, en la forma en que se relacionan. Y todavía se pone mejor. Se torna más bello y rico cuando nos llama sus amigos. Sin embargo, lo que nos deja sin aliento es cuando Dios dice que es nuestro Novio (prometido, esposo), y que nosotras somos su novia.

Este es el pináculo, la meta de nuestra redención (usado en el último capítulo de la Biblia cuando Cristo regresa por su novia), y el más íntimo y romántico de todos.

Si abres tu corazón a la posibilidad, descubrirás que Dios te ha estado galanteando desde que eras una niña pequeña. Sí, dijimos antes que la historia de tu vida es la historia de la larga y sostenida agresión a tu corazón por parte de aquel que sabe lo que podrías ser y te teme. Pero esa es solo *parte* de la historia. Toda historia tiene un villano. Cada historia también tiene un héroe. La Gran Historia de Amor que la Biblia nos narra también revela la apasionada búsqueda por tu corazón por parte de Aquel que mejor te conoce y que más te ama.

Dios ha escrito el romance no solo en nuestros corazones sino también en todo el mundo que nos rodea. Lo que necesitamos es que Él abra nuestros ojos, que abra nuestros oídos para que podamos reconocer la voz que nos está llamando, para ver su mano galanteándonos en la belleza que acelera nuestro corazón.

> *Por más tiempo del que ha habido peces en el océano*
> *Más alto que lo que ha volado cualquier ave jamás*
> *Por más tiempo del que ha habido estrellas en los cielos*
> *He estado enamorado de ti.*
> *Más sólido que cualquier catedral en una montaña*
> *Con más certeza de la que creció cualquier árbol jamás*
> *Más profundo que cualquier bosque primitivo*
> *Estoy enamorado de ti.*
> (Dan Fogleberg, *Longer* [Por más tiempo])

¿Cuáles eran las cosas que galanteaban tu corazón cuando eras niña? ¿Eran los caballos en el campo? ¿Era la fragancia en el aire luego de la lluvia en verano? ¿Era un libro preferido como *El jardín secreto*? ¿La primera nevada del invierno? Todos eran susurros de tu Enamorado, notas enviadas para despertar los anhelos de tu corazón. Y mientras nos adentramos en una verdadera intimidad con Dios como mujeres, Él con frecuencia trae estas cosas a nuestras vidas para recordarnos que Él *estaba* allí, para sanar y restaurar lo que estuvo perdido o fue robado.

ABRAMOS EL CORAZÓN A NUESTRO ENAMORADO

Cada canción que te gusta, cada recuerdo compartido, cada momento que te ha llevado a las lágrimas santas te ha sido dado por Aquel que ha ido tras de ti desde el momento de tu primer respiro para lograr ganar tu corazón. La versión divina de las flores y los chocolates, y las cenas a la luz de las velas viene en forma de atardeceres y estrellas fugaces, la luna reflejada en los lagos y conciertos de grillos; brisa suave, árboles moviéndose de un lado para otro, exuberantes jardines y una intensa devoción.

Esto es inmensamente personal. Será como si hubiera sido escrito para *tu* corazón. Él sabe lo que te deja sin aliento, sabe lo que hace que tu corazón palpite más aprisa. Nos hemos perdido muchas de sus notas simplemente porque hemos cerrado nuestros corazones para así poder soportar el dolor de la vida. Ahora, en nuestra travesía de sanidad como mujeres, debemos abrir otra vez nuestros corazones y mantenerlos abiertos. No de una manera tonta, no a todo el mundo o al cualquier cosa. Pero sí, debemos decidir abrir de nuevo nuestros corazones para así poder oír sus susurros, recibir sus besos.

Tal vez no llegue de la forma en que pensamos, o quizás ni siquiera sospechamos que lo deseábamos. Hace algunos años, John estaba en un viaje de negocios en Oregón. Se escabulló por algún tiempo para disfrutar un rato a solas con Dios. Bajó hasta la playa y allí caminó y oró, y finalmente se sentó en la arena para mirar las olas en el mar. (Su idea de esparcimiento es «mientras más salvaje mejor»). Entonces la vio. Una enorme columna de agua subió hacia el cielo y una inmensa ballena jorobada apareció justo delante de sus ojos, demasiado cerca de la orilla. No había nadie más en la playa. El período de inmigración anual de la ballena había pasado hacía mucho. John supo inmediatamente que este era un regalo de Dios solo para su corazón; un regalo de parte del Enamorado de su corazón.

John me contó esta historia y aunque estaba muy feliz por él, estaba más hambrienta de un beso como aquel para mí. También quería una ballena. Quería experimentar el amor de Dios por mí, personalmente. No fue mucho después de esto que John y yo fuimos al norte de California para hablar en un retiro para parejas. También me escapé una mañana para tener un necesario tiempo con Dios en la playa. Me senté en la arena, miré hacia el mar y le pedí a Dios una ballena. «Sé que amas a John, Jesús, pero, ¿me amas a mí también? ¿Mucho igual? Si es así, ¿puedo ver también una ballena?»

Me sentí un poco tonta al preguntar porque ya sabía la verdad: Dios me había probado su amor. Había enviado a su único Hijo, Jesús murió por mí (Juan 3.16). Me había rescatado. Había pagado por mí el más alto precio imaginable. Me había dado toda la creación para hablarme de su inmensa gloria y amor, y me había dado su Palabra con toda su profundidad y belleza, y allí estaba yo... pidiéndole más. Y a Dios le encantó. El Señor se deleita en revelarse a quienes lo buscan con todo el corazón. Es un Enamorado extravagante y espléndido, y le encanta revelarnos su corazón una y otra vez.

Después de un rato, sin ninguna ballena a la vista, me levanté de la arena y seguí caminando. Recién comenzaba la primavera, las olas rompían y las gaviotas revoloteaban. La costa norte de California es rocosa, y mientras me iba moviendo con mucho cuidado, di vuelta en una esquina y me encontré con una estrella de mar, una preciosa estrella de mar color naranja. Y supe de pronto que era el regalo de Dios para mí, su beso. No me dio una ballena, no, eso era solo para John. A mí, y solo para mí, me dio una bellísima estrella de mar. Él contestó mi pregunta. Sí. Me amaba. Le di gracias y luego di vuelta en la siguiente curva y me encontré con un paisaje que nunca voy a olvidar. Allí delante de mí, detrás de mí, alrededor de mí había cientos de estrellas de mar. Miles de ellas. Unas eran violeta, otras naranja, azules, de todos tamaños. Solté una alegre risotada, mi corazón reventaba en mi interior. Dios no solo me amaba. ¡Él me AMMAAAABA! Íntimamente, personalmente, completamente.

Dios le dio a John una ballena. Había sido enorme y contundente. Dios me dio una estrella de mar. Eran delicadas, pequeñas, íntimas. Podía tocarlas. Al estar rodeada por ellas, sentí mi corazón latir al compás de su generoso y extravagante amor. Aquellas bellísimas estrellas de mar fueron un regalo íntimo de un Dios íntimo. Él tiene muchos para ti también. Quizás sería buena idea preguntar:

Jesús, ¿cómo me galanteas?

No siempre lo vemos. En el capítulo uno te contamos de la romántica gala a la que asistimos hace algunos años. Leslie, una querida amiga nuestra, también estaba invitada. Pero por poco pierde la invitación. La historia es asombrosa. Varias semanas antes de recibir su invitación le había dicho a Dios: «Estoy cansada de vivir en el sótano. Quiero salir. Quiero ir al baile». No sabía nada de lo que le tenían reservado. No sabía nada del baile planificado. Sencillamente estaba permitiendo que su corazón le expresara a Dios su vulnerabilidad. Se sentía como la Cenicienta en el sótano. Y quería *salir*. (Él ama tu vulnerabilidad, como lo hace cualquier Enamorado. Le encanta cuando compartes con Él el verdadero deseo de tu corazón). Pues bien, cuando recibió la invitación, ni siquiera la abrió. Estuvo varias semanas entre las facturas por pagar.

Y cuando finalmente la abrió —una hermosa invitación repujada para una verdadera gala— no pensó que fuera para ella. Ah, Cenicienta. ¿Qué hace falta? Pocos días después Dios le abrió los ojos y corrió de vuelta al correo, sacó la invitación y contuvo la respiración. *¿De verdad, Dios? ¿Esto es realmente cierto?* No quiso hacer ningún preparativo. Esperaba que su esposo le preguntara si quería ir. Él lo hizo. La noche fue para ella un evento de profunda sanidad, de examinar y tratar con viejas heridas. Estuvo resplandeciente toda la noche y, desde entonces, algo se ha mantenido encendido en ella.

Esto no quiere decir que la vida es un gran momento romántico con Jesús. Vivo una vida muy parecida a la tuya: llena de exigencias, presiones y desilusiones. Ahora mismo estoy lavando ropa, los platos están sucios, no hay tiempo para almorzar y los chicos están aburridos de sus vacaciones de verano. Al igual que tú, hay momentos en mi vida cuando Jesús parece muy cercano y otros cuando no puedo encontrarlo por ninguna parte. A veces me parece que estamos jugando «Escondidas», pero Él encontró los mejores escondites. Todas las relaciones tienen fluctuaciones.

Los momentos de «baja» son para que nuestros corazones anhelen más profundamente. En tiempos de vacío, un corazón abierto *se percata*. ¿Qué estás sintiendo? ¿Es el corazón de una niñita sola que extraña a su papá? ¿Son las lágrimas de una adolescente que se siente completamente invisible, que pasa inadvertida? Con frecuencia Dios permite que surjan estos sentimientos para ayudarnos a revivir momentos en los que nos hemos sentido igual. También te percatas de otras cosas. ¿Qué quieres hacer? ¿Cómo manejas tu corazón? ¿Te bloquea la ira? ¿Estás buscando refugio en la comida? ¿En otras personas?

Lo que es esencial es que en *este* momento tratemos nuestro corazón de una forma diferente.

Le pedimos a nuestro enamorado que venga por nosotras y mantenemos nuestros corazones abiertos para su llegada. Decidimos no escondernos. Permitimos que las lágrimas fluyan. Permitimos que el dolor se convierta en una oración anhelante por nuestro Dios. Y Él viene, querido corazón. Él sí viene. Los momentos de intimidad —las corrientes de agua de amor— esos momentos entonces traen sanidad a los lugares de nuestro corazón que todavía necesitan su toque.

¿QUÉ QUIERE DIOS DE *TI*?

Estoy buscando a través del desfiladero
Es tu nombre el que estoy llamando.
Y aunque estás tan lejos
Sé que oyes mi súplica.
¿Por qué no me respondes?
Estoy aquí.
Estoy aquí.
(Emmylou Harris, Here I Am [Estoy aquí])

El otro día estaba caminando en una tienda de música, solo mirando entre los álbumes, sin buscar nada en específico y sentí que el Espíritu me dijo *compra ese CD*. Fue como un ligero codazo, no un grito, pero lo compré y comencé a escucharlo de camino a casa. Realmente el CD no me conmovió. Se lo di a Stasi, quien luego regresó para decirme lo magnífico que era. Me puso un tema y fue como que lo «escuché» por primera vez. El Enamorado llamando otra vez. Él ha hecho esto por nosotros muchas más veces de las que podríamos contar —canciones, películas, tarjetas postales, palabras de amistades, momentos a solas— hay Romance *en todas partes*. Es tu nombre el que está llamando.

¿Qué quiere Dios de ti?

Quiere lo mismo que tú. Quiere que lo ames. Quiere que lo conozcas de la misma manera que solo los enamorados pueden llegar a conocerse. Quiere intimidad contigo. Sí, sí, quiere tu obediencia pero solo cuando fluye de un corazón lleno de amor por Él. «Los que me aman, guardan mis mandamientos». Obedecer a Jesús es la respuesta natural del corazón cuando ha sido cautivado y está profundamente enamorado de Él.

Estaba leyendo un libro de George MacDonald hace unos años y me tropecé con un asombroso pensamiento. Probablemente has oído antes que en el corazón de cada ser humano hay una espacio que solo Dios puede llenar. (El Señor sabe que hemos intentado llenarlo con todo lo demás, hasta casi desfallecer). Pero lo que el viejo poeta estaba diciendo era que *también* en el corazón de Dios hay un espacio que solo tú puedes llenar. «Se deduce que también hay un espacio en el corazón de Dios mismo, en el que nadie más puede entrar, sino ese ser, el individuo». Tú. Fuiste hecha para llenar un espacio en el corazón de Dios que nada ni nadie más puede llenar. ¡Guau! *Él te anhela.*

Eres tú quien cautivas su corazón con solo una mirada de tus ojos (Cantares 4.9b). Sobre ti se regocija con cánticos y anhela bailar contigo sobre la cima de montañas y salones de baile (Sofonías 3.17). Eres tú quien lo deja sin aliento con tu bello corazón, el que a pesar de todas las desventajas, aun tiene esperanza en Él. Permite que esto sea cierto por un momento. Permite que sea cierto para *ti*.

Dios quiere vivir esta vida junto a ti; ser parte de tus días y tus decisiones, tus deseos y tus desilusiones. Quiere intimidad contigo en medio de la locura y lo trivial, las reuniones y los memos, la ropa sucia y las listas; en medio del lleva y trae de los chicos y las conversaciones, los proyectos y el dolor. Él quiere derramar su amor en tu corazón y anhela que viertas el tuyo en el de Él. Quiere lo profundo de tu corazón; ese centro en el que está tu *genuino* ser. Dios no está interesado en tener intimidad con la mujer que piensas que debes ser. Quiere intimidad con la mujer que realmente eres.

He aquí cómo el fluir ocurre en Oseas. Primero, Dios dice que entorpecerá nuestros esfuerzos de encontrar vida separados de Él (citamos antes este pasaje).

> Por tanto, he aquí yo rodearé de espinos su camino, y la cercaré con seto, y no hallará sus caminos. Seguirá a sus amantes, y no los alcanzará; los buscará, y no los hallará. Entonces dirá: Iré y me volveré a mi primer marido; porque mejor me iba entonces que ahora. (Oseas 2.6-7)

Él hace esto —como dijimos antes— para agotarnos, para obligarnos a regresar a Él con una sed anhelante. Luego entonces, comienza a galantearnos. Con frecuencia nos aleja de cualquier otra fuente de bienestar para que así solo Él pueda captar toda la atención de nuestro corazón.

> —Pero he aquí que yo la atraeré y la llevaré al desierto, y hablaré a su corazón. (Oseas 2.14)

Y es aquí donde comenzamos a experimentarlo no como un Dios-allá-arriba, ni como el Dios-del-domingo-en-la-mañana, sino como el Dios que va tras nuestro corazón. Como Enamorado.

> En aquel día afirma el SEÑOR,
> ya no me llamarás: «mi señor»,
> sino que me dirás: «esposo mío».

Yo te haré mi esposa para siempre,
y te daré como dote el derecho y la justicia,
el amor y la compasión. (Oseas 2.16, 19 NVI)

En el amplio amor de Dios nuestras almas pueden recostarse y descansar. Este amor por Él no es algo por lo que tenemos que luchar, ganar, o tener miedo de perder. Es obsequiado. Él nos lo ha conferido. Nos ha escogido. Y nada puede separarnos de su amor. Ni siquiera nosotras mismas. Fuimos hechas para un amor así. Nuestros corazones anhelan ser amadas íntima, personal y sí, románticamente. Somos creadas para ser el objeto de deseo y afecto de uno que está total y completamente enamorado de nosotras.

Y lo estamos.

Una relación íntima con Jesús no es solo para otras mujeres; para mujeres que parecen tener todo bajo control, que parecen piadosa y que tienen las uñas muy bien limadas. Es para todas y cada una de nosotras. Dios quiere intimidad *contigo*. Para tenerla, tú, también, tienes que ofrecérsela.

CORAZONES ADORADORES

—Aconteció que yendo de camino, entró en una aldea; y una mujer llamada Marta le recibió en su casa. Esta tenía una hermana que se llamaba María, la cual, sentándose a los pies de Jesús, oía su palabra? Pero Marta se preocupaba con muchos quehaceres, y acercándose, dijo: Señor, ¿no te da cuidado que mi hermana me deje servir sola? Dile, pues, que me ayude. Respondiendo Jesús, le dijo: Marta, Marta, afanada y turbada estás con muchas cosas? Pero sólo una cosa es necesaria; y María ha escogido la buena parte, la cual no le será quitada. (Lucas 10.38-42)

Está bien, todas hemos oído la historia. Marta y María. No seas como Marta. Lo entendemos. Pero con frecuencia nos hemos preguntado qué era esa «una cosa» que se necesitaba. Tal vez hayas escuchado a alguien enseñar que era un simple estofado; que Marta estaba ocupada preparando una cena elaborada cuando solo hacía falta una comida sencilla. No. Eso no es lo que Jesús está diciendo. Otra vez Jesús ha hablado directo al meollo del asunto. Esa «cosa» necesaria es un corazón cautivado y adorador; un corazón que *responda* con adoración al extravagante amor de Dios.

Nuestros corazones fueron hechos para adorar. Es lo que hacemos. No podemos evitarlo. Ahora bien, adoración es una de esas palabras que la religión ha hecho enfermiza. Oímos «adoración» y pensamos: *Está hablando de ir a la iglesia. Cantar himnos.* No. Adorar es mucho más apasionado, mucho más fervoroso. Adoración es a lo que entregamos nuestros corazones a cambio de una promesa de Vida. Algunas adoran a la moda, otras a un novio o esposo. Realmente no tenemos límites en las cosas a las que entregaríamos nuestro corazón. Películas, comida, ir de compras, chismes... ponle cualquier nombre y lo he hecho.

Pero Jesús es el único que merece la devoción de nuestro corazón. María reconoció quién era Jesús: la fuente de toda Vida. El amor encarnado. Ella hizo lo que tú y yo desearíamos haber hecho. Dejó todo a un lado y se sentó a sus pies, fijando sobre Él la mirada de sus ojos y la de su corazón.

Marta aquí se parece mucho más a una iglesia ocupada, a una novia distraída. El otro día estaba almorzando con una vieja amiga. Mientras me hablaba de la iglesia en la que estaba involucrada, me dijo que estaba enfocada en la Gran Comisión y en obedecer el primer mandamiento: ama a tu prójimo como a ti mismo. Me quedé sin habla. Ese no es el primer mandamiento. Jesús dice que el primer y más grande mandamiento es: «Amarás al Señor tu Dios con todo tu corazón, y con toda tu alma, y con toda tu mente» (Mateo 22.37). Jesús quiere que nos amemos los unos a los otros, sí. Quiere que nos sirvamos los unos a los otros, sí. Pero primero y más importante que cualquier otra cosa, quiere nuestra absoluta devoción y total amor hacia Él. Es de los corazones llenos de amor por Él que fluyen todas las buenas obras y actos de amor.

Ahora, prepárate para uno de los más hermosos misterios del corazón femenino: las mujeres ministran algo al corazón de Dios que los hombres son incapaces de dar.

Mira al récord. Hay un evento que ocurrió en la vida de Jesús que Él dice que debería contarse dondequiera que el Evangelio es proclamado alrededor del mundo. Fue cuando María de Betania se acercó y lo ungió con el perfume que costaba el salario de un año. Fue un acto de adoración expiatoria y su aroma llenó la habitación. Jesús es profundamente conmovido por esto. Los hombres allí reunidos estaban indignados. Fue una mujer la que hizo esto por Cristo. Así como también fue una mujer la que corrió a la casa del fariseo, sin ser invitada, lavó los pies de Jesús con sus lágrimas, los secó con su cabello y los besó en un acto de íntima adoración de arrepentimiento.

Fueron mujeres las que siguieron a Jesús desde Galilea para suplir sus necesidades. Fueron mujeres las que permanecieron a los pies de la cruz, ofreciéndole el consuelo de su presencia hasta que Jesús respiró por última vez (solo Juan se quedó con ellas). Fueron mujeres a quienes Jesús se reveló por primera vez luego de haber resucitado de entre los muertos y fueron mujeres las primeras en «abrazar sus pies y adorarle» como el resucitado y victorioso Señor.

Las mujeres tienen un lugar especial en el corazón de Dios. La adoración de una mujer le trae a Jesús un inmenso placer y una profunda ministración. Tú puedes ministrar al corazón de Dios. Lo impactas. Tú importas. Jesús desea que desbordes tu amor en Él en una adoración extravagante que ministre a su corazón. Esto no es solo para mujeres que tengan el tiempo, mujeres que son realmente espirituales. Fuiste hecha para el romance y el único que puede ofrecértelo consistente y profundamente es Jesús.

Ofrécele a Él tu corazón.

CÓMO CULTIVAR LA INTIMIDAD

Cuando comencé por primera vez a adorar a Jesús en la privacidad de mi habitación, había una canción que oía una y otra vez. Es una canción sencilla compuesta principalmente de las palabras:

Ayúdanos, Dios nuestro.
Venimos ante ti desesperadamente necesitadas.

Sí. Esa soy yo. En aquel entonces (y todavía hoy) estaba desesperadamente necesitada de Dios. Mi lucha contra una adicción a la comida y mi profunda soledad eran muy reales. Necesitaba que Dios fuera más tangible, más real en mi vida. Hambrienta por su toque dentro de mi corazón, sedienta por una revelación más amplia de quien realmente Él es y desesperada por una sanidad más profunda, comencé a separar varias horas cada semana para dedicarlas a la adoración privada. Le pedí que viniera.

Hice espacio para esto en la agenda de mi vida y peleé para proteger ese tiempo. Fuera que necesitara desconectar el teléfono, hacer arreglos para que cuidaran a los niños o quedarme despierta después que todos se fueran a dormir, valió la pena. Me volví cautiva de su belleza. Fue enriquecedor. Fue bueno. Y sentí *oposición*. Si aspiras tener intimidad con Cristo vas a tener que pelear por ella. Necesitarás pelear contra una agenda cargada de compromisos (la adicción de Marta). Necesitarás pelear contra acusaciones. Necesitarás pelear contra el Ladrón que te robaría en el acto los regalos de tu Enamorado. Y no hay problema con esto. Hay una ferocidad en las mujeres que nos es dada para un propósito. Tener tiempo a solas con tu Enamorado vale el precio que tengas que pagar.

Pídele que te ayude a volverte desesperadamente hambrienta por Él.

Pídele que te ayude a crear el tiempo y el espacio que necesitas para acercarte a Él.

Pídele que venga, que se te revele con el Enamorado que Él es.

Busca alguna música de adoración que te conmueva. No música con la que harías aeróbicos, sino música que hable de una intimidad con Cristo. Música que te lleve a una intimidad con Él. (Una amiga acaba de decirme que su favorita en este momento es «Déjame amarte» de la obra ¡el Fantasma de la Ópera!) Busca un lugar privado. Déjale saber a todo el mundo que no es un tiempo para interrumpirte. Desconecta tu teléfono. Lleva tu Biblia y un cuaderno de notas para escribir lo que oyes que Dios dice en lo profundo de tu corazón. Arrodíllate, siéntate o acuéstate y pídele al Espíritu Santo que venga y te ayude a adorar a Jesús. Comienza por decirle a Jesús lo maravilloso que es. ¿Recuerdas cuando se encargó de aquella situación difícil? ¿O aquella ocasión en la que contestó tus oraciones por ayuda económica? Recuerda los momentos en los que te habló en tu soledad y necesidad. Dale gracias por ser tan fiel. Quédate. Permanece. Adora. Permite que la música conduzca tu corazón hasta Dios.

La primera vez tal vez no sea estupenda. Puede que sientas que tus palabras y lamentos rebotan en el techo. Crecemos en esto mientras practicamos. Practicamos la presencia de Dios, como supo el viejo monje francés, el hermano Lorenzo. Venimos ante Dios en adoración no para recibir algo de Él sino para *darle* a Él. Jesús ama cuando le ofrecemos nuestro corazón en devoción. Estás entrando en una habitación donde solo tú puedes entrar. Estás trayendo algo al corazón de Jesús que solo tú puedes traer. Eres su Novia, su Amada, el latir de su corazón y el amor de su vida. Acércate. Él está esperando.

> *Soy la sangre de tu corazón*
> *el aire de tus pulmones*
> *¿Por qué huyes buscando refugio?*
> *Surgiste del lodo de la tierra*
> *Eres el beso de mi boca*
> *Siempre he sido tu Enamorado.*
> *Estoy aquí.*
> *Estoy aquí.*

Hoy día, la cultura de la mujer en la Iglesia ha sido mutilada por algunas mentiras muy generalizadas. «Ser espiritual es estar ocupada. Ser espiritual es ser disciplinada. Ser espiritual es ser muy dedicada». No. Ser espiritual es estar en un Romance con Dios. El deseo de ser galanteada está profundamente arraigado en el corazón de cada mujer. Es para eso que fuiste hecha. Y *eres* galanteada y siempre lo serás.

CAPÍTULO OCHO

Belleza para develar

La belleza es peligrosa.
—HOPKINS

La belleza salvará al mundo.
—DOSTOYEVSKY

Muéstrame tu rostro, hazme oír tu voz;
Porque dulce es la voz tuya, y hermoso tu aspecto.
—CANTAR DE LOS CANTARES

La esencia de un hombre es la fuerza. El hombre fue hecho para ser la encarnación —nuestra experiencia en forma humana— de nuestro Dios guerrero. Un Dios *que se hace evidente para nosotros.*

> ¿Quién es éste que viene de Edom, de Bosra, con vestidos rojos? ¿éste hermoso en su vestido, que marcha en la grandeza de su poder? Yo, el que hablo en justicia, grande para salvar. (Isaías 63.1)

¿Acaso no es esto lo que hace que nuestro corazón se acelere, o nuestras rodillas flaqueen cuando vemos a Daniel Day Lewis en *El Último de los Mohicanos* o a William Wallace en *Corazón Valiente*, o a Aragorn en *El Señor de los Anillos* o a Harrison Ford en casi todas sus películas? ¿No es eso lo que nosotras, como mujeres, ansiamos experimentar de *nuestro* hombre, y de los hombres en nuestra vida?

Experimentar la fuerza de un hombre es contar con su apoyo cuando habla. Cuando los hombres abusan con palabras somos laceradas. Su fuerza nos ha lastimado. Cuando están silenciosos, nos sentimos privadas de algo. No nos han ofrecido su fuerza, nos han abandonado. Pero cuando nos hablan, nos oyen, nos ofrecen sus palabras y nos apoyan, algo en nuestro corazón es capaz de descansar. «¿Cómo estás?» es una de las preguntas más simples y cariñosas que John siempre me hace.

Anhelamos la protección que ofrece la fuerza masculina. Contar con que nos protejan de daños físicos, sí. Pero también contar con que nos protejan de daños emocionales y ataques espirituales. Que intercedan por nosotras en una relación que se ha vuelto dañina. En muchas ocasiones, una amiga había sido agredida verbalmente y manipulada por su madre por teléfono. Finalmente, una noche, su esposo contestó el teléfono y habló con su mamá. «Usted no puede hablar de esa forma a mi esposa. No voy a permitirlo. No llame más hasta que esté lista para ser amable». Él hizo por ella lo que, en aquel momento, la esposa no podía hacer por sí misma. Y ella se lo agradeció muchísimo.

Como mujeres anhelamos que alguien fuerte se interponga entre nosotras y los ataques viciosos de nuestro Enemigo. Una noche en la que me sentía exhausta, me fui a la cama temprano, derrotada por una sensación de desesperanza y desesperación. Me sentía apabullada, fuera del alcance de cualquier salvación y merecedora de condenación. Me acosté sin poder moverme, consumida por la pena. De repente, John estaba al lado mío. Tenía coraje pero no conmigo. John reconocía la mano de nuestro Enemigo. Comenzó a reclamar autoridad sobre mí como mi esposo y a ordenar con fuerza a los siervos de Satanás que se soltaran, comenzó a silenciarlos y a enviarlos ante el trono de Jesús para juicio. Cuando comenzó a orar por mí, me sentí avergonzada. Mientras continuaba, comencé a sentirme más liviana. Cuando terminó, las lágrimas rodaban por mis mejillas y mis manos estaban levantadas a Dios en santa gratitud y alegre adoración. Me había ido a la cama llena de una pena implacable. Terminé la noche cantando canciones de alabanza a todo pulmón y de todo corazón.

Fuerza es lo que el mundo anhela experimentar de un hombre.

Ahora bien, ¿es obvio que no estamos hablando de músculos grandes, verdad?

Seguro que sí. A un hombre tal vez le guste ejercitarse en el gimnasio, pero si solo es fuerte físicamente entonces es un hombre hueco. ¿Nos satisface como mujeres un hombre así? Por otro lado, nuestro hombre puede preferir leer o tocar un instrumento. ¿Disminuye eso en alguna manera la fuerza de su alma? Para nada. La fuerza de un hombre es primero una fuerza *del alma*; una fuerza de corazón. Y sí, al vivir, poseer y *morar* en su fuerza, se vuelve más atractivo. Más guapo. Como el fruto de una realidad interna.

Por lo tanto, puedes ver que cuando hablamos de la esencia de una mujer —su belleza— no nos referimos a «la figura perfecta». La belleza de una mujer es primeramente una belleza *del alma*. Lo sabemos... es un salto difícil de dar. Hemos vivido demasiado tiempo bajo la presión de ser bonitas. Pero sigue pensando en esto por un momento porque realmente te va a ayudar. La belleza de una mujer es primeramente una belleza del alma. Y sí, al vivir, poseer y *morar* en nuestra belleza, nos volvemos más hermosas. Más cautivantes. Como escribió el poeta Gerard Manley Hopkins: «Emite destellos sobre nuestro cuerpo y rostro». Nuestro verdadero ser se refleja en nuestra apariencia. Pero fluye de adentro hacia fuera.

LA ESENCIA DE UNA MUJER

La esencia de una mujer es la belleza. Fue hecha para ser la encarnación —nuestra experiencia en forma humana— de un Dios cautivante. Un Dios *que nos invita*.

> —A todos los sedientos: Venid a las aguas; y los que no tienen dinero, venid, comprad y comed. Venid, comprad sin dinero y sin precio, vino y leche. ¿Por qué gastáis el dinero en lo que no es pan, y vuestro trabajo en lo que no sacia? Oídme atentamente, y comed del bien, y se deleitará vuestra alma con grosura. (Isaías 55.1-2)

Cautivaste mi corazón,
hermana y novia mía,
con una mirada de tus ojos;
con una vuelta de tu collar
cautivaste mi corazón.
Eres fuente de los jardines,
manantial de aguas vivas,
¡arroyo que del Líbano desciende! (Cantares 4.9, 15 NVI)

Belleza es lo que el mundo anhela experimentar de una mujer. Lo sabemos. En algún lugar allí en lo profundo sabemos que es cierto. Mucha de nuestra vergüenza viene de saberlo y sentir que hemos fracasado aquí. Así que oye esto: La belleza es una esencia que mora en *cada* mujer. Fue dada a ella por Dios. Te fue dada a ti.

Sin duda estarías de acuerdo en que Dios no es otra cosa sino bello.

Todo a nuestro alrededor grita de su belleza y bondad. La forma en que la nieve crea una silueta de encaje en un árbol desnudo, los rayos de sol atravesando una nube ondulante, el sonido de un riachuelo al fluir a través de las piedras lisas, la forma del cuerpo de una mujer y la cara de un niño que anticipa la llegada del camión de helados... todo habla del buen corazón de Dios si tan solo tuviéramos ojos para ver. La llegada de la primavera después de un crudo invierno es casi demasiado gloriosa para que el alma lo pueda soportar. La belleza de Dios está derrochada en el mundo.

Como tratamos de mostrar en el capítulo dos, la belleza es poderosa. (Tal vez quieras leer otra vez ese pasaje.) La belleza tal vez sea lo más poderoso en la tierra. La belleza *habla*. La belleza *invita*. La belleza *alimenta*. La belleza *consuela*. La belleza *inspira*. La belleza es *trascendente*. La belleza nos acerca a Dios. Como escribió Simone Weil: «La belleza del mundo es casi la única manera por la cual podemos permitirle a Dios penetrar en nosotros... La belleza cautiva los sentidos para obtener el permiso para llegar directo al alma... La inclinación del alma para amar la belleza es la trampa que Dios usa con más frecuencia para poder ganarla».

Dios ha dado esta belleza a Eva, a toda mujer. La belleza es esencial para la mujer, lo que ella es y lo que anhela ser, y una de las maneras más gloriosas de llevar la imagen de Dios en un mundo quebrantado y con frecuencia feo. Es algo confuso hablar de ellas. Es misterioso. Y esto no debe sorprendernos. Las mujeres son criaturas de gran misterio; no son problemas para ser resueltos, si no misterios para disfrutarse. Y eso también es parte de su gloria.

Las mujeres quieren impactar sus mundos positivamente. Como coherederas con Adán, somos creadas para hacer eso y una de las formas clave en que influenciamos nuestro mundo es haciéndolo un lugar más hermoso para vivir. Decoramos nuestras casas. Ponemos flores en la mesa. Las mujeres pioneras llevaban tazas finas de té al desierto y yo llevo un lindo mantel para comer sobre él cuando nuestra familia sale a acampar. Usamos perfume, nos pintamos las uñas de los pies, nos pintamos el cabello y perforamos nuestras orejas, todo en un esfuerzo por ser aun más bellas.

La belleza es la *más* esencial y, sí, la más *malentendida* de todas las cualidades femeninas. Queremos que oiga claramente que es una esencia que cada mujer lleva desde el momento de su creación. Lo único que se interpone en el camino de nuestra belleza es nuestra duda y temor, y la competición y la costumbre de escondernos en la que caemos como resultado.

LA BELLEZA FLUYE DE UN CORAZÓN EN REPOSO

Janet tiene veinticinco años. Fue gimnasta cuando estaba en la secundaria. Bajita, *petite*, un cuerpo fabuloso. A diferencia de muchas mujeres en ese mundo de belleza competitiva, agraciadamente escapó de padecer algún desorden alimentario. Pero corre entre cinco a diez millas *al día*. Cuida lo que come. Puede ponerse las piezas de ropa más lindas. Y sin embargo, cuando estás con ella, tu corazón no reposa. Su belleza impresiona, pero no invita. La razón es sencilla: está en una competencia. Janet es muy perfeccionista (dos libras extra son una crisis; una espinilla es un desastre). Su belleza se siente poco firme, vacilante. No está fluyendo de su corazón. Es casi como si fuera forzada, desde afuera, nacida de su disciplina y temor.

June es una de las mujeres más bellas que hemos conocido. La encontramos hace algunos años mientras participábamos de un retiro en la costa de Carolina del Norte. Su cabello era largo, lo llevaba amarrado holgadamente y lo sujetaba con hebillas decorativas. Llevaba unos aretes únicos que colgaban, y una linda falda con vuelo. Sus ojos resplandecían cuando se reía, algo que hacía con frecuencia, y su sonrisa iluminaba el salón. June estaba en paz con ella misma, en paz con la persona que era. Hablar con ella, solo estar con ella, nos hacía también sentir más en reposo. Su amplia y linda alma invitaba a otros a acercarse, probar y ver que el Señor es bueno, sin importar lo que esté ocurriendo en tu vida. Ella lloró en el retiro. Se rió en el retiro. Estaba gloriosamente viva y enamorada, tanto de su esposo como del Dios del universo.

Y June tenía cerca de setenta y cinco años.

¿Ahora lo entiende? La belleza mora en *toda* mujer. Lo hemos visto muchísimas veces al aconsejar a mujeres de todas las edades. Como una cierva tímida, se revela por un instante y luego se desvanece otra vez a su escondite. Usualmente llega cuando no lo sabe, cuando no está tratando de hacerla salir. Más bien, algo está ocurriendo que permite que baje sus defensas por un momento. Alguien está escuchando. Ella sabe que importa. Alguien se preocupa por su corazón, quiere conocerla. Y su belleza emerge como si estuviera detrás de un velo.

Así que la decisión que una mujer hace no es invocar la belleza, sino bajar sus defensas. Es decidir dejar a un lado sus medios de supervivencia usuales y solo permitir que su corazón se revele. La belleza viene con esto.

> Vuestro atavío no sea el externo de peinados ostentosos, de adornos de oro o de vestidos lujosos, sino el interno, el del corazón, en el incorruptible ornato de un espíritu afable y apacible. (1 Pedro 3.3-4ª)

Primero, Pedro no está diciendo que no debemos disfrutar el ponernos cosas lindas. Lo que está tratando de decir es que la verdadera belleza *viene* de nuestro interior. De nuestro corazón. Un corazón en reposo. La primera vez que leí la parte sobre «afable y apacible», casi perdí toda esperanza de alguna vez poder dar la talla. Soy ruidosa. Hago chistes cuando estoy nerviosa o me siento incómoda, y también cuando estoy cómoda y tranquila. No soy propensa a los silencios largos. Si nadie está hablando en el grupo, lo tomo como una invitación para compartir mis pensamientos. ¿Un espíritu afable y apacible? ¡Oh, Dios!

Comencé a incluir en mis oraciones por santificación un completo transplante de personalidad. Sí... coloca un ángel en la punta de mi lengua para que cuide cada palabra, y mientras trabajas en eso, por favor, hazme una persona diferente. Alguien como Melanie en *Gone with the Wind*. O la Madre Teresa. Alguien realmente *buena*. Creía que esto no era demasiado pedir. Después de todo, Él es el Dios de los milagros.

Dios, en su fidelidad, me está cambiando. Pero sigo siendo extrovertida. De hecho, en lugar de transformarme en otra persona, me está haciendo más *yo*. Y esa es una de las cosas bellas sobre Él. Que mientras más de *Él* nos volvemos, nos transformamos más en nosotras; más en nuestro verdadero ser. Así que fue algo bueno que hubiera malinterpretado el pasaje. Pedro no quiere decir que las mujeres bellas raramente hablan más alto que un susurro, si es que acaso hablan. No. Tener un corazón afable y apacible es tener un corazón de fe; un corazón que confía en Dios, un espíritu que ha sido acallado por su amor y lleno con su paz. No un corazón en competencia e intranquilo.

Una mujer en todo su esplendor, una mujer de belleza, es una mujer que no compite por volverse bella o suficiente o respetable. Más bien sabe en el tranquilo centro donde mora su Dios, que Él la encuentra preciosa, que la estima como algo valioso y en Él, ella es suficiente. *De hecho, lo único que se interpone en el camino de ser totalmente cautivantes y deleitadas es la competición y la costumbre de escondernos.*

Así que el Señor dice que «callará de amor» (Sofonías 3.17). Una mujer de verdadera belleza es una que en lo profundo de su alma está en descanso; que confía en Dios porque ha llegado al convencimiento de que Él es digno de su confianza. Irradia un sentido de calma; una sensación de descanso, e invita a los que le rodean a descansar también. Habla aliento; ella sabe que vivimos en un mundo en guerra, que tenemos un enemigo cruel y que nuestro caminar es a través de un mundo hecho trizas, pero también sabe que porque Dios existe, todo está bien; que todo estará bien. *Una mujer de verdadera belleza ofrece a otros la gracia de ser y el espacio para llegar a ser.* En su presencia uno puede liberar la tensión y la presión que con frecuencia aprietan nuestro corazón, y respirar en la verdad de que Dios nos ama y que es bueno.

Esta es la razón por la que debemos seguir preguntando. Pídele a Jesús que te muestre tu belleza. Pídele que te diga lo que piensa de ti *como mujer.* Sus palabras nos permiten descansar. Y develar nuestra belleza.

LA BELLEZA INVITA

Hace muchos años, nuestra familia se estaba quedando con unos amigos en su pequeña cabaña en un antiguo pueblo montañoso en Colorado. Una mañana, mientras manejábamos hacia un área remota donde planeábamos irnos de excursión, pasamos por una casa que estaba rodeada por un jardín de sorprendente belleza. Nunca antes había visto algo así ni lo he vuelto a ver. Arboledas de altos delfinios, abundantes dedaleras, oasis de claveles y violetas, enredaderas y rosas captaron mi atención y mi corazón. Más tarde aquel día, regresé. Necesitaba acercarme más a aquel jardín. Necesitaba entrar en él. Quería sumergirme en su extravagancia. Animada por mi deseo, caminé hasta la puerta y toqué.

Una anciana de poca estatura contestó la puerta y me miró con sospecha. Me presenté rápidamente como una visitante que había visto su jardín, capturada completamente por él y que se preguntaba si, *por favor,* podría caminar por allí. Su preocupación se transformó en deleite. ¿Disfrutar mi jardín? ¿Disfrutar de la creatividad de mis manos? ¿Disfrutar del fruto de mi labor? ¡Cómo no! Salió para mostrarme el jardín ella misma y pasamos una maravillosa tarde juntas. Regresé a la siguiente mañana puesto que la anciana me extendió una invitación para toda la familia.

La belleza nos atrae. La belleza nos invita. *Ven, explora, sumérgete.* Dios —la Belleza misma— nos invita a conocerle. «Gustad, y ved que es bueno Jehová» (Salmo 34.8). Él se deleita en cautivarnos y en revelarse a quienes le buscan de todo corazón. Dios quiere que le conozcan, ser explorado. Una mujer también. Le teme, pero debajo del temor existe un anhelo de ser conocida, de ser vista bella y ser disfrutada. Así que la belleza develada de una mujer atrae e invita. El corazón de la mujer determina a *qué* está invitando a *otros* a vida o a muerte.

Proverbios habla de dos mujeres diferentes, dos arquetipos. Una es la Sra. Insensatez; la otra, la Sra. Sabiduría. Ambas son encantadoras. Ambas sirven la mesa con comida fina y vino añejo, y se visten de lino fino. Ambas les piden a los transeúntes que entren, prueben, coman, se queden. La puerta de la Sra. Insensatez es la puerta a una tumba abierta. El hogar de la Sra. Sabiduría es el corredor al discernimiento, la santidad, la Vida.

Una mujer que está compitiendo, invita a otros a competir. El mensaje, a veces implícito en sus acciones y otras veces explícito por medio de sus palabras, es: «Organízate. La vida es incierta. Aquí no hay tiempo para tu corazón. Compórtate. Ocúpate en algo. Eso es lo importante». No dice: *Todo está bien. Todo estará bien.* Su temor no se lo permite. Está reteniendo exactamente lo que su mundo necesita.

En cambio, una mujer con un corazón en reposo invita a los demás a descansar. Eso fue lo que sentimos en presencia de June, y en presencia de muchas mujeres que conocemos y hemos llegado a amar. Somos invitadas a ser nosotras mismas. ¿Recuerdas la analogía del tráfico que usamos en el capítulo dos: el tubo de escape, los ruidos, la tensión? Compara eso con lo que sientes al llegar a un lugar hermoso: un jardín, una pradera o una playa en calma. Encuentras espacio para tu alma. Se expande. Puedes respirar otra vez. Puedes descansar. Es bueno. Eso es lo que se siente al estar con una mujer hermosa. Eres libre para ser tú. Es uno de los regalos más maravillosos de la vida.

Una mujer que se está escondiendo invita a los demás a hacer lo mismo. «No seas vulnerable. Escóndete». Una mujer que se vuelve vulnerable y disponible para la intimidad invita a otros a hacer lo mismo. Después de todo, Eva es la encarnación del corazón de Dios para la intimidad. Ella le dice al mundo, por medio de su invitación a la relación, *Eres deseado(a) aquí. Queremos conocerte. Entra. Comparte algo de ti. Deléitate. Disfruta de mí mientras comparto mi ser contigo.* Una mujer controladora no puede invitar a otros a descansar, a ser conocidos. Se sentirán controlados en su presencia. No sentirán seguridad allí.

Una mujer que está develando su belleza está invitando a otros a la vida. Se arriesga a ser vulnerable, exponiendo su verdadero corazón e invitando a otros a que compartan el de ellos. No es exigente, pero está llena de esperanzas. Cuando nuestra asistente Cherie entra en un salón se siente como si alguien hubiera abierto las ventanas y dejara entrar el aire fresco. Cherie es joven, pero eso no le impide ofrecer su gentileza, su optimismo, su interés sincero en cómo estás. Ofrece su belleza haciendo buenas preguntas y compartiendo algo de sus momentos con Dios; una perspectiva, un vistazo a su corazón. Ella atrae a otros al corazón de Dios.

¿Lo ves? A fin de cuentas, una mujer nos invita a conocer a Dios. A experimentar a través de ella que Dios es misericordioso. Que es tierno y bondadoso. Ese Dios nos anhela, quiere ser conocido por nosotros y conocernos. Nos invita a experimentar que Dios es bueno, profundo, amoroso, encantador. Cautivante.

Lo sabemos... muchas de ustedes deben estar sintiendo: *Pero no he llegado ahí. No soy esa clase de mujer.* Aquí es donde tenemos que «[llevar] a cabo [nuestra] salvación» (Filipenses 2.12 NVI), mientras Dios trabaja en nosotras. Cuando comienzas a vivir de esta manera, descubres los lugares en tu corazón que todavía necesitan el toque sanador de Jesús. Así es como ocurre. No podemos permanecer escondidas hasta ser sanas; Jesús nos invita a vivir ahora como una mujer que invita, y a encontrar nuestra sanidad en el camino.

CÓMO OFRECER BELLEZA

«La belleza nos abruma, nos hechiza, nos fascina y nos llama».
—FR. ANDREW GREELEY

Porque una mujer que devela su belleza significa que está ofreciendo su corazón.

No estamos hablando principalmente de sus labores o de su utilidad (piensa en Marta en la cocina). Nos referimos a ofrecer su *presencia*. En las reuniones familiares, mi mamá (es Stasi) se escondía en la cocina. Horneaba, cocinaba, preparaba todo, lo servía y limpiaba. Sin embargo, ni por nuestra vida podíamos sacarla de allí. Queríamos que compartiera su vida con nosotros, sus pensamientos, sus ideas, no solo su esfuerzo. Nunca vino. Y nos faltó algo debido a esto.

El regalo de la presencia es raro y hermoso. Venir indefensa, sin distracciones, y estar completamente presente y completamente comprometida con quienquiera que estemos en ese momento. ¿Has notado cuando lees los Evangelios que la gente disfrutaba estar cerca de Jesús? Querían estar cerca de Él, compartir una cena, dar una caminata, tener una prolongada charla. Era el regalo de su presencia. Cuando estabas con Él, sentías que te estaba ofreciendo su corazón. Cuando ofrecemos nuestra presencia vulnerable vivimos como Jesús. E invitamos a otros a hacer lo mismo.

Siempre que estamos con nuestra amiga Jan surge una oferta o una invitación. Ella realmente quiere saber cómo estamos, qué batallas estamos enfrentando, qué está haciendo Dios en nuestras vidas. Y verdaderamente se ofrece a sí misma. Algunas veces es su risa o un chiste irónico. Otras veces son sus lágrimas al recordar alguna tristeza pasada. Ella se ofrece a sí misma —su belleza— a nosotros. Nos invita a vivir más allá del quehacer del mundo. Nos da algo de Dios.

La belleza ofrece compasión. Mi hijo Samuel está llegando a la adolescencia. Mi niñito se está convirtiendo en un hombre. Algunas veces se me hace difícil dejarlo ir. Algunas veces, su actitud malhumorada me enoja. Los niños-transformándose-en-hombre son algo difícil de entender para una mujer. Actúan como si ya no nos necesitaran. En ocasiones actúan groseramente en medio de la fuerza que está emergiendo. Quiero «bajarme» a su nivel. (Siempre me sale el tiro por la culata cuando lo hago). Pero eso no es lo que él necesita de mí. Necesita compasión. Una palabra tierna, una sonrisa. Gracia al final del día. Se suaviza conmigo y nuestra relación se recupera. Una mujer llena de tierna compasión y dulce vulnerabilidad es una mujer poderosa y adorable.

La belleza no demanda. Por el contrario, habla a partir del *deseo*. Cuando nuestros niños eran pequeños, John tenía que viajar *muchísimo* debido al trabajo. En sus días libres, estudiaba para completar su maestría en consejería. Eso no le dejaba mucho tiempo libre para nuestra familia. Me tocaba a mí pagar las facturas, atender la casa y criar a los chicos. Dos de ellos practicaban béisbol infantil; el más pequeño todavía usaba pañales. Estaba ocupada. Estaba cansada. No podía hacerlo. Todavía recuerdo el miedo que sentí cuando le pedí a John que nos sentáramos a conversar. Le dije que no podía con el asunto este de la familia sin su ayuda. Le dije que lo necesitaba. Le pedí ayuda. No le pedí que cumpliera una obligación. No me puse con lloriqueos. Le expresé mi necesidad e invité a su fuerza, a su presencia. Para mi sorpresa, John me dijo que en mi vulnerabilidad hacia él nunca me había visto más femenina o más bella.

Para ofrecer tu corazón, necesitas ofrecer tu deseo, en lugar de tu exigencia. La belleza ofrece deseo. El matrimonio de nuestra amiga Tammy era malo. Su esposo era verbalmente abusivo. En lugar de llegar a la rudeza y el cinismo, se mantenía dulce. En lugar de sencillamente rendirse, se aferró a su deseo de algo más de parte de él. En lugar de estar con exigencias, sencillamente pondría su deseo delante de él. «¿Acaso no quiere algo más para nosotros?» Fue hermoso. A pesar de que él decidió no hacerlo, Tammy retuvo su belleza femenina y la ofreció de la mejor forma que podía hacerlo.

SEGURO QUE ES MUY ARRIESGADO

Lo que más asusta a un hombre es ofrecer su fuerza en situaciones donde no sabe si esto hará alguna diferencia. O peor aún, si fracasará. Recuerda, la pregunta más profunda para un hombre es: *¿Tengo lo que se necesita?* El fracaso dice *no*. Y es por eso que la mayoría de los hombres evitan cualquier situación en la que creen que pueden fracasar. Temen exponerse. Temen que se descubra que no son hombres.

Dado el hecho de que vivimos después de la Caída, lejos del Edén, y que la vida del hombre está plagada de «cardos y espinas», la *mayoría* de las situaciones parecen una prueba a nuestra fuerza. Sencillamente no existe una garantía de éxito. Por eso muchos hombres no practican ningún deporte. Temen exponerse, que pueda llegar a descubrirse que son débiles. Por eso otros hombres prefieren trabajar hasta tarde en lugar de llegar a la casa y hablar con sus esposas o sus hijos. Saben qué tienen que hacer en sus trabajos; no saben qué hacer en sus relaciones más importantes. El pecado básico del hombre es ofrecer su fuerza solamente en aquellas situaciones en las que sabe que todo va a salir bien. Así que el arrepentimiento para un hombre parece algo así como entrar justo en las situaciones que teme y ofrecer su fuerza de todos modos.

Si él le teme a la intimidad, entonces ofrecer fuerza significa ofrecer intimidad. Si teme fracasar en su profesión, ofrecer fuerza significa aceptar una promoción o aceptar un proyecto nuevo y arriesgado. Si le teme a defender a sus hijos frente a un director escolar furioso, entonces defenderlos es lo que tiene que hacer. Si teme comprometerse con la mujer con la que ha estado saliendo por cinco años, entonces ofrecer fuerza es comprarle una sortija de compromiso. Si teme iniciar las relaciones íntimas con su esposa, entonces ofrecer fuerza significa iniciar la intimidad sexual.

De igual manera, a lo más que le tememos las mujeres es a ofrecer nuestra belleza en situaciones en las que no sabemos si va a hacer alguna diferencia. O peor aún, en las que seremos rechazadas. Porque nuestra pregunta es: *¿Soy bella?* Y ser rechazada es oír un rotundo *no*. Una mujer no quiere ofrecer su belleza a menos que tenga la garantía de que va a ser bien recibida. Pero la vida no ofrece esa garantía. También nosotras tenemos que arriesgarnos.

Unos pocos versículos después que Pedro habla de un corazón apacible, nos ofrece lo que podría ser el secreto para liberar el corazón de una mujer y su belleza:

«Viven sin ningún temor» (1 Pedro 3.6b NVI)

¿Acaso no es por esto que nos escondemos, nos esforzamos tanto, controlamos a los demás y por lo que hacemos cualquier cosa *menos* ofrecer belleza? Tenemos miedo. Le hemos dado espacio al temor. Solo piensa en tu vida. ¿Por qué haces las cosas que haces? ¿Te has preguntado cuánto está motivado por el miedo? El régimen de belleza de Janet estaba motivado totalmente por el miedo. Ella no cree que es bonita. Crees que es fea. Así que se esfuerza. June no dejaría entrar el temor.

Por esto Dios nos dice: «En descanso y en reposo seréis salvos; en quietud y en confianza será vuestra fortaleza» (Isaías 30.15). En descanso y en reposo. El Señor ama cuando nosotras, atrapadas por la duda y el temor de que Él no será suficiente, volvemos la mirada de nuestra alma a Él en esperanza. A Dios le complace probarnos que es fiel y más que suficiente para satisfacer nuestras almas hambrientas. Cuando nos volvemos a Él, nuestras almas descansan y somos salvas. Una y otra vez. Y otra vez.

No podemos esperar hasta sentirnos seguras para amar e invitar. De hecho, si te asusta un poco, entonces probablemente vas por buen camino. Claro que asusta. Nos hace vulnerables. Nos sentimos desnudas. Dios nos llama a dejar de escondernos, a dejar de dominar. Nos llama a confiar en Él y a ofrecer nuestro verdadero ser. Él quiere que traigamos lo importante de nuestras vidas y todo lo que Él nos ha dado, todo lo que ha trabajado en nosotras, y lo ofrezcamos al mundo. Para así atraer, cautivar e invitar a otros a Jesús reflejando su gloria en nuestras vidas. No nos garantizará que otros disfrutarán de nosotros y responderán bien.

De hecho, podemos estar seguras que habrá momentos en que no lo harán. Jesús se ofreció como nadie más y muchos le rechazaron.

En momentos cuando eso nos ocurra, la invitación de Dios es a traer ante Él nuestro pesar. No para encerrarnos en un *Nunca más voy a intentar algo así*. Sino para mantener nuestro corazón abierto y vivo, y encontrar refugio y sanidad para nuestro corazón en su amor.

Nuestra amiga Melissa está casada con un hombre ausente, que no logra «entenderla». Todavía. Ha vivido muchos años solitarios. Pero Melissa ha descubierto el romance con Dios y su corazón descansa en Él. Ella ofrece su belleza de muchas maneras. Trabaja como maestra de estudios bíblicos y literatura cristiana para mujeres. Cuando la oyes presentar sus ideas, estas no aparecen como preceptos que hay que creer sino como invitaciones que hay que ver. Melissa atrae a otros al corazón de Dios. Invita a su esposo a acercarse. La belleza invita. Cómo él responde —si es que responde— no está en sus manos. Pero de todas maneras, ella invita.

Linda padece de un dolor constante. La artritis en sus huesos corre por todo su cuerpo; desde sus piernas hasta la parte de atrás de su cuello. Su esposo se divorció de ella hace algunos años, pero el corazón de Linda ha sido galanteado, despertado por el Enamorado de su alma. Ella ha escogido mantenerse viva y presente. Ofrece su belleza en su práctica de consejería, caminando junto a sus clientes hacia los planos más profundos del quebrantamiento, y al final, hacia la sanidad. También les ofrece esa belleza a sus hijos. Y a sus amigas. Invita a otros al corazón de Dios. Estas mujeres nos recuerdan que sí puede lograrse. Nosotras, también, podemos arriesgarnos a ofrecer nuestro corazón de belleza a pesar del enorme riesgo. Ellas han resultado ser dos de las mujeres más bellas que conocemos. Y su belleza se ha *profundizado* al haber escogido ese camino.

PERMITAMOS QUE NUESTRO CORAZÓN SE ENSANCHE

Mientras nos transformamos cada vez más en mujeres de sustancia, mujeres que ofrecen verdadera belleza, descubrimos que nuestros corazones crecen en su capacidad de amar y ser amados, de desear y de vivir. Nuestros corazones son ensanchados por Jesús. Y con esto queremos decir que debemos estar dispuestas a ser sinceras con Él y con nosotras. Ser sinceras con respecto a la verdadera naturaleza de nuestras almas... nuestras penas, nuestros deseos, nuestros sueños, nuestros temores, nuestros anhelos más temibles y profundos. Es invitar a Jesús a que venga y camine hasta allí con nosotras, que quite de nuestro corazón lo que se interpone en nuestro propósito de amar. No siempre obtenemos lo que queremos, pero eso no quiere decir que ya no lo queremos. Significa que nos mantenemos despiertas ante ese dolor y anhelo sin satisfacer. Espera ahí. Invita a Jesús a que venga, ahí.

Y Él vendrá. No siempre para complacernos y darnos lo que queremos. Claro está, nuestro Dios dador sabe que tienes esos deseos. Pero a fin de cuentas quiere que nos acerquemos a Él, para encontrarnos con su verdadero ser y satisfacernos con Él mismo.

Para poseer verdadera belleza debemos estar dispuestas a sufrir. No me gusta esto. Solo escribirlo provoca que mi corazón se encoja. Sin embargo, si Cristo mismo fue perfeccionado a través de sus sufrimientos, ¿por qué no pensar que Dios haría lo mismo conmigo? Los corazones de las mujeres asombrosamente bellas han sido ensanchados por el sufrimiento. Al decir «sí» cuando el mundo dice «no». Al pagar el alto precio de amar verdadera y sinceramente, sin demandar que las amen a cambio y negándose a adormecer su dolor en las miles de maneras disponibles. Han descubierto que cuando todo y todos se han ido, Dios permanece ahí. Han descubierto, al igual que David, que es dichoso el que «cuando pasa por el valle de las Lágrimas lo convierte en región de manantiales» (Salmo 84.6 NVI).

Esto puede requerir mucha espera, mucho tiempo, mucha tenacidad de espíritu para continuar en la presencia del anhelo y la pena y aún así dirigir nuestra mirada al rostro de Dios. Pero es en la espera que nuestros corazones son ensanchados. La espera no nos achica. Una mujer embarazada se ensancha en su espera y lo mismo pasa con nuestros corazones. No siempre Dios nos rescata de una situación dolorosa. Sabemos que Él no siempre nos da lo que desesperadamente queremos ni cuando lo queremos. Dios va tras algo mucho más valioso que nuestra felicidad. Mucho más sustancioso que nuestra salud. Él está restaurando y haciendo crecer en nosotras un peso de gloria eterno. Y a veces duele.

No obstante, nuestra experiencia de dolor en ninguna medida disminuye nuestro gozo de vivir. Por el contrario, lo ensancha. En los últimos días de vida de mi madre, nos sentamos en un banquillo en Dana Point, California, mirando hacia el Océano Pacífico. Allí vimos las poderosas olas azules estrellarse contra las rocas, sentimos la tibieza del sol en nuestros rostros. También nos volvimos a mirar las blancas gaviotas revoloteando por el aire. Fuimos silenciadas por aquella belleza; por estar compartiendo juntas tal esplendor. Y por saber que aquel era el último momento que íbamos a compartir de este lado de la vida.

El haber sabido que la despedida estaba cerca no disminuyó la belleza ni el deleite de estar juntas. No. Lo profundizó. Nos hizo estar más vivas en aquel momento. Más conscientes. Más presentes. Y lo mismo ocurre con un corazón que despierta a su dolor. Está más consciente. Más presente. Más vivo. Ante todos los aspectos de la vida.

CULTIVEMOS LA BELLEZA

Toda mujer posee una belleza cautivante. Toda mujer. Pero para la mayoría de nosotras ha estado enterrada por mucho tiempo; ha sido herida y secuestrada. Toma tiempo para que emerja plenamente. Necesita ser cultivada, restaurada, liberada.

¿Cómo cultivamos la belleza? ¿Cómo nos volvemos más bellas? Guardando nuestros corazones con sumo cuidado, como un jardinero experto cuida de su labor.

…Los hijos de mi madre se airaron contra mí;
me pusieron a guardar las viñas;
y mi viña, que era mía, no guardé. (Cantares 1.6)

Sí, la vida es dura con el corazón de una mujer. Ha sido dura con tu corazón. La agresión a nuestra belleza es real. Pero Jesús nos está suplicando ahora que nos cuidemos, que guardemos nuestros corazones (Proverbios 4.23). El mundo necesita tu belleza. Es por eso que estás aquí. Tu belleza y tu corazón necesitan ser atesorados y cuidados. Y eso toma tiempo. Todo jardinero lo sabe. En este tiempo de transformaciones instantáneas y comidas para microondas, no nos gusta esperar. La forma en que florece una rosa recién plantada en su primer año no se compara a la de su segundo. Si es cuidada apropiadamente, el florecimiento del segundo año no le llega a los tobillos al del tercero. Los jardines deben establecerse bien; sus raíces tienen que profundizar, a través de las lluvias del verano y la nieve del invierno. La belleza de un jardín no mengua con el tiempo; por el contrario, se necesitan años para que se transforme en todo lo que puede llegar a ser.

Nuestros corazones necesitan alimentarse de belleza para poder mantenerse. Necesitamos tiempos de soledad y silencio. Necesitamos tiempos de renovación, de risa y de descanso. Necesitamos escuchar la voz de Dios en nuestros corazones mientras Él nos dice qué es lo que necesitamos. Algunas veces será un baño de espumas, otras será salir a correr un rato, otras será ver una película o tomarnos una siesta. Con frecuencia, Jesús nos llamará a que nos alejemos para pasar un precioso tiempo a solas con Él. Maduramos en nuestra intimidad con Jesús al escuchar sus insistentes peticiones, al notar las veces que nos empuja suavemente con el codo. Prestemos atención a esto y hagámoslo. El Espíritu Santo es nuestro guía, nuestro consejero, nuestro consolador, nuestro Gran Amigo y Él nos dirigirá. Morar en Cristo significa prestar atención a la voz de Dios en nuestro interior, nutrir nuestros corazones y nutrir nuestra relación con Él. A través del tiempo.

Contrario a lo que dice el mundo, la belleza no disminuye con el tiempo. La belleza se profundiza y aumenta. Como en el caso de June, preciosa a los setenta y cinco, descubrimos que la «gloria postrera ... será mayor que la primera» (Hageo 2.9). La verdadera belleza viene de una profundidad del alma que solo puede obtenerse luego de vivir bien por muchos años. June tenía setenta y cinco, y era cautivante.

Nunca la olvidaré pues me dio esta esperanza. Finalmente entendí que se requirió *todo ese tiempo* para llegar a ser *así de bella*. Una belleza como la de ella es rara porque rara es la mujer que escoge mantener su corazón vivo en este mundo tan peligroso. Sin esforzarse más de la cuenta. El corazón de June estaba muy vivo. Presente. Abierto. Atrayente. Había vivido años en la presencia de Dios, con la mirada de su corazón fija en Él. Al contemplar a Jesús, su bondad y su gloria somos transformadas hasta parecernos a Él: la más bella Persona de todas.

Los que miraron a él fueron alumbrados... (Salmo 34.5)

Todas hemos escuchado decir que cuando una mujer está enamorada se ve más bella. Es cierto. Lo has visto por ti misma. Cuando una mujer sabe que es amada y ama profundamente, resplandece desde el interior. Este esplendor se origina en un corazón que ha recibido respuesta a su pregunta más profunda: «¿Soy bella? ¿Merezco que peleen por mí? ¿He sido y seguiré siendo galanteada?» Cuando la respuesta a estas preguntas es un *sí*, un espíritu apacible y en descanso se asienta en su corazón.

Y toda mujer puede recibir un *sí* como respuesta a estas preguntas. Has sido y seguirás siendo galanteada toda tu vida. Sí. Dios te encuentra preciosa. Jesús ha movido cielo y tierra para ganarte para Él. Y no descansará hasta que seas completamente de Él. El Rey está cautivado por tu belleza. Te encuentra cautivante.

La belleza es una cualidad del alma que se expresa a sí misma en el mundo visible. Puedes verla. Puedes tocarla. Eres atraída hacia ella. La belleza ilumina. Su esencia, dice Tomás de Aquino, es su «luminosidad». Está atada con lo inmortal. La belleza fluye de un corazón que está vivo. Hemos conocido mujeres que podrían describirse como «desaliñadas», que parecían no preocuparse para nada por su apariencia, y las hemos visto transformarse en mujeres de gran belleza. La vimos crecer en ellas al descubrir que eran profundamente amadas, cuando su corazón revivió en respuesta al Gran Galanteador. *Somos* galanteadas. *Somos* amadas. Cuando estamos en paz con este conocimiento, podemos ofrecer nuestro corazón a otros e invitarlos a la Vida.

FE, ESPERANZA Y AMOR

Develar nuestra belleza sencillamente significa develar nuestro corazón femenino. Asusta, claro está. Por eso es nuestra mayor expresión de fe, porque vamos a tener que confiar en Jesús... confiar en Él *realmente*. Vamos a tener que confiar en que *poseemos* belleza, en que lo que nos ha dicho es cierto. Y vamos a tener que confiar sobre que sucede cuando la ofrecemos, porque eso está fuera de nuestro control. Vamos a tener que confiar en Él cuando nos duele y vamos a tener que confiar en Él cuando finalmente somos vistas y disfrutadas. Por esto develar nuestra belleza es la forma en que vivimos por fe.

Develar nuestra belleza es nuestra mayor expresión de esperanza. Tenemos la esperanza de que sí es importante, de que nuestra belleza sí hace una diferencia. Tenemos la esperanza de que existe una Belleza mayor y más alta de la que estamos hablando, que estamos reflejando y que triunfará. ¿Acaso no es nuestra esperanza que todo está bien, a causa de Jesús, y que todo estará bien debido a Él? Así que develamos nuestra belleza en esperanza. Y finalmente, develamos nuestra belleza en la esperanza de que Jesús está aumentando nuestra belleza. Sí, todavía no somos lo que anhelamos ser. Pero vamos en camino a eso. La restauración ha comenzado. Ofrecer belleza ahora es una expresión de esperanza de que será completada.

Y develar belleza es nuestra mayor expresión de amor, porque es lo que el mundo más necesita de nosotras. Cuando decidimos no escondernos, cuando escogemos ofrecer nuestro corazón, estamos decidiendo amar. Jesús ofrece, invita, está presente. Así es como Él ama. Así es como nosotras amamos, «entrañablemente, de corazón», como dice en las Escrituras (1 Pedro 1.22). Nuestro enfoque cambia de la autoprotección al corazón de los demás. Ofrecemos Belleza de modo que sus corazones puedan volver a la vida, ser sanados, conocer a Dios. Eso es amor.

CAPÍTULO NUEVE

Cómo incitar a Adán

¿Eres lo suficientemente fuerte como para ser mi hombre?
—Sheryl Crow

¡Apresúrate, amado mío!
¡Corre como venado, como cervato,
sobre los montes de bálsamo cubiertos!
—Cantares 8.14 NVI

Cuando se trata del tema de amar a un hombre —a cualquiera de los hombres en tu vida— se necesita mucho más que un capítulo. Un libro apenas sería suficiente. Con frecuencia, los problemas son complicados y las cosas pueden tornarse realmente turbias según trascurre el tiempo. Pero tampoco podemos pasar esto por alto. Es demasiado importante. Demasiadas preguntas se han quedado aquí para la mayoría de las mujeres. Así que trataremos de exponer en este capítulo los asuntos más profundos, y confiamos en que el Espíritu Santo te ayude con la aplicación. (Demasiados libros ofrecen técnicas, estrategias y reglas sin explicar los asuntos del *corazón* que hay detrás de ellas). Después de todo, eres una mujer, no una niña. Tu corazón puede descifrar esto.

Todo lo que hemos dicho sobre develar nuestra belleza, sobre cómo una mujer invita y ofrece, todo es *muchísimo* más cierto cuando se trata de amar a Adán. (Me atrevo a apostar que estabas pensando en el hombre de tu vida mientras leías el capítulo anterior). La verdadera feminidad incita la verdadera masculinidad. Piensa en esto. Todos los héroes en todas esas historias hacen el papel de héroes *porque* hay una mujer en su vida, una verdadera belleza que es su inspiración. Es así de simple y así de profundo. La verdadera feminidad inspira la verdadera masculinidad. La despertamos, la incitamos en una forma en que nada más en la tierra puede hacerlo.

La herida de Adán

Si observas a los niños por algún tiempo notarás cuán profundamente arraigado está el Héroe en su corazón. Acabo de ver a un niñito con su mamá en el supermercado. Debió haber tenido como tres años. Llevaba puestas sus pijamas y tenían una capa de súper héroe cosida a los hombros. Apostaría que normalmente no lo dejaría salir a mediodía todavía vestido en pijamas. Me atrevo a asegurar que lo que pasó fue que no pudo lograr que se las quitara. A los niños les encanta vestirse de soldados, caballeros *jedi*, vaqueros, héroes. Sus juegos están llenos de batallas, valor y una prueba. ¿Eres lo suficientemente valiente como para brincar desde la ventana de un segundo piso hasta el trampolín?

Cuando llegan a la adolescencia los jovencitos adquieren un aire de independencia y valentía que realmente puede volver locas a las mamás. Puede parecer arrogancia o desafío, pero realmente es su fuerza masculina emergiendo de una forma muy torpe. Corren carros y se preocupan por lo que visten, y presumen de sus cosas. Como dijo Springsteen: «Las niñas se peinan el pelo mirándose en el espejo retrovisor y los niños hacen un gran esfuerzo para ver». En todo esto puedes ver su pregunta: *¿Tengo lo que se necesita? ¿Soy un hombre de verdad?* Como diría un mexicano: «*¿Soy el mero-mero? ¿Soy un hombre de verdad?*»

Las heridas más profundas de un hombre vienen de la forma en que fue contestada su pregunta en su juventud. Igual que las tuyas. Todo hombre está herido. Mientras crecía buscó en su padre la respuesta a su pregunta. Con frecuencia, el resultado fue devastador.

En el caso de padres violentos, la herida fue infligida directamente. Dave trató de intervenir en una discusión entre su mamá y su papá cuando tenía cerca de trece años. Como debería hacer todo buen hombre, salió a defender a su mamá. Su padre vertió su resentimiento justo en el corazón de su hijo: «Eres simplemente el niñito de mamá». Él ha peleado con esa oración por más de una década. Anhela intensamente ir tras una mujer, pero algo en él lo hace sentir inmaduro y «no lo suficientemente hombre». Después de todo, le dijeron que no era un hombre; era el niñito de mamá.

El padre de Charles era atleta, pero Charles era pianista. Un día su padre sencillamente perdió la cabeza. Quién sabe qué se había acumulado en su alma o entre ellos, pero llega a la casa y encuentra a Charles tocando el piano, y le dice con desprecio: «Eres un bujarrón». Charles nunca volvió a tocar el piano. Y se le está haciendo muy difícil comprometerse con una mujer. Algo en él se siente... inseguro. Poco hombre.

Los padres pasivos también lastiman. Con frecuencia dejan la pregunta del niño sin respuesta. Su silencio deja un espacio vacío para que lo llenen el miedo y la duda. De aquí viene mi impulso por siempre estar haciendo algo y hacerlo mejor que nadie. Mi papá estaba luchando sus propias batallas, especialmente cuando yo era un adolescente, y en muchas maneras me dejó solo para enfrentar las mías. Me sentí... abandonado por él. Me dejó sin una respuesta para mi pregunta más profunda. Por los próximos veinte años fui un perfeccionista empedernido y siempre estaba haciendo algo, corriendo a toda prisa para evitar enfrentar mis heridas. Tenía miedo de que, en verdad, fuera un niño en un mundo de hombres, así que seguí sobresaliendo para probar que era un hombre.

El pecado de Adán y las heridas de Adán se unen para tener como resultado la pasividad o ese impulso que encuentras en tantos hombres. ¿Por qué no me habla? ¿Por qué no se compromete? ¿Por qué tiene tanto coraje? ¿Por qué es violento? No comenzarás a entender a un hombre hasta que entiendas su Pregunta, su herida y cómo Adán también cayó. Su búsqueda de validación es la fuerza motora de su vida.

Igual que la tuya.

Un obstáculo en el camino del amor

En *Salvaje de Corazón* les advertí a los hombres que el mayor obstáculo para amar a una mujer era este: demasiados hombres llevan su Pregunta a Eva. La buscan para la validación de su alma. (¿Acaso no lo has sentido así?) Ocurre usualmente cerca de la adolescencia, este cambio fatal. El padre ha sido silencioso o violento; su oportunidad de redimir a su hijo ya casi ha desaparecido. La próxima ventana que se abre en el camino de un niño es su sexualidad. De repente, se percata de la existencia de Eva. Para él, ella se ve como la vida misma. Parece la respuesta a su pregunta.

Es un cambio fatal. Mucho de la adicción a la pornografía entre los hombres viene de esto. No se trata de sexo... se trata de validación. Ella lo hace sentir como un hombre. Le ofrece su belleza y lo hace sentir fuerte. Esta es también la raíz de muchas aventuras amorosas. De repente aparece una mujer y se ofrece a contestar su pregunta. Su esposa le ha estado dando una «F», y viene ella y le dice: «Mereces una "A"», y él es historia. Si no ha encontrado esa validación profunda que necesita de Dios, es una presa fácil.

He tratado de toda manera posible de ayudar a los hombres a entender que ninguna mujer puede decirte qué eres como hombre. La masculinidad es conferida por la masculinidad. No puede venir de ninguna otra fuente. Sí, una mujer puede ofrecerle muchísimo a un hombre. Puede ser su *ezer*, su compañera, su inspiración. Pero no puede ser la validación de su alma. Como hombres, estamos *obligados* a llevar nuestra pregunta ante Dios, a nuestro Padre en el cielo. Solo Él sabe quiénes somos en realidad. Solo Él puede dictar un veredicto sobre nosotros. Un hombre va a Eva para *ofrecerle* su fuerza. No se acerca a ella para obtenerla.

Ahora bien, lo mismo es cierto para ti, Eva.

No puedes llevar tu pregunta a Adán. No puedes esperar de él la validación de tu alma. Pero *demasiadas* mujeres lo hacen. *Si tengo un hombre, entonces estoy bien. Entonces soy amada.* Para la mujer también esto ocurre cerca de la adolescencia. El tiempo en el que su padre habla a su vida ha comenzado a terminarse. Se abre una nueva ventana: los chicos. Y si su padre no ha estado allí para ella, la niña está hambrienta de amor y se entregará a los chicos en la esperanza de encontrarlo. Recuerda la expresión popular: «¿Las chicas dan sexo para recibir amor?» Es cierto.

El conocido libro *Reviving Ophelia* [Reviviendo a Ofelia] documenta este trágico cambio en las adolescentes. Esta casi absoluta pérdida del yo. Niñas que eran seguras y audaces se vuelven inseguras en su adolescencia. Niñas que solían tener muchos intereses y opiniones y sueños de repente parecen deprimidas, perdidas y se obsesionan con su apariencia y por la atención de los chicos. El cambio, en su raíz, es tan simple como esto: le han llevado su pregunta a Adán. Es un cambio mortal.

Lo que hace que esto parezca tan natural, especialmente para la mujer, es que Eva *fue* hecha para Adán. «No es bueno que el hombre esté solo; le haré ayuda idónea [*ezer kenegdo*] para él (Génesis 2.18). Eva fue literalmente formada de una costilla sacada del costado de Adán. Existe una sensación de estar incompletas que nos persigue, nos hace anhelarnos el uno al otro. Cuántas de ustedes suspiraron al final de Jerry Maguire, cuando él corre por todo el aeropuerto y atraviesa todo el pueblo para regresar donde su esposa que estaba separada de él. Luego le dice: «Tú me completas». Eso es cierto. Es parte del diseño hombre-mujer.

Sin embargo, ningún hombre puede decirte quién eres como mujer. Ningún hombre es el veredicto sobre tu alma. (Queridas hermanas, ¿cuántas de ustedes se han perdido a sí mismas en esta búsqueda?) Una mujer nos dijo: «Todavía me siento inútil. No soy una mujer. No tengo un hombre. He fracasado en cautivar a alguien». El dolor es real. Pero el veredicto es falso. Solo Dios puede decirte quién eres. Solo Dios puede pronunciar la respuesta que necesitas oír. Por eso hablamos primero del Romance con él. Eso viene primero. Debe ser así. Tiene que ser así. Adán es una fuente muy poco confiable... ¿amén?

Ahora bien, sí, en una relación amorosa se supone que hablemos de nuestras mutuas heridas. En amor podemos traer tal gozo y sanidad profunda cuando nos ofrecemos el uno al otro nuestra belleza y nuestra fuerza. Significa muchísimo para mí cuando Stasi me dice: «Eres un hombre excepcional». Significa muchísimo para mí que John me diga: «Stasi, eres una mujer hermosa». Podemos —y debemos— ofrecer esto el uno al otro. Esta es una manera en la que nuestro amor ayuda a sanar las heridas de nuestra pareja. Pero nuestra validación *primordial*, nuestra validación *primaria*, tiene que venir de Dios. Y hasta que ocurra así, hasta que nos volvamos a Él para la sanidad de nuestra alma, nuestras relaciones se lastiman realmente por este buscarnos-el-uno-al-otro para algo que solo Dios puede dar.

Algo que complica más la situación es la maldición sobre Eva. «Tu deseo será para tu marido, y él se enseñoreará de ti» (Génesis 3.16). Ahora hay un dolor en Eva que ella trata que Adán llene. Hay un vacío que le fue dado para llevarla de vuelta a Dios, pero ella lo lleva a Adán. Esto daña muchas buenas relaciones. Ya conoces mucho de esto. No importa lo mucho que Adán vierta en tu alma dolida, nunca es suficiente. No puede llenarte. Quizás se aleja de ti porque siente que le estás pidiendo que te llene. Toda mujer tiene que darse cuenta de esto; de este dolor que trata que el hombre llene. Para aprender cómo amarlo, *tienes* que dejar de insistir en que te llene.

Decimos todo esto casi a manera de prólogo porque no podemos hablar sobre amar bien a un hombre —quienquiera sea en tu vida— hasta que no entendamos que no podemos pedirle que nos dé cosas que no nos puede dar. No podemos amar a Adán mientras seguimos buscando que nos valide. Esto traerá demasiado miedo. Si él es el veredicto sobre nosotras como mujeres, no seremos capaces de ofrecerle libremente nuestra verdadera belleza. La ocultaremos por miedo. O, nos entregaremos a él en maneras inapropiadas, en un tipo de promiscuidad sexual o emocional, desesperadas por su atención. Y no seremos capaces de confrontarlo o defenderlo cuando también necesite *eso* de nosotras.

Pídele a Jesús que te muestre qué has estado haciendo con tu Pregunta y cómo te has relacionado con Adán. Solo entonces podemos hablar de amar a un hombre.

¿CÓMO UNA MUJER AMA A UN HOMBRE?

Comencemos por el sexo.

No porque «es todo en lo que el hombre piensa» (como muchas mujeres cínicas han dicho), sino porque presenta en una forma muy clara la relación entre la feminidad y la masculinidad. Es una metáfora profunda y preciosa, un cuadro muy apasionado e intenso para un panorama más amplio. La pregunta ante nosotras es: «¿Cómo una mujer ama mejor a un hombre?» La respuesta es simple:

Sedúcelo.

Piensa en una mujer en su noche de bodas. Baja la intensidad de la luz y se viste con algo de seda que acentúa la hermosura de su cuerpo, revela la belleza de su desnudez; sin embargo, todavía deja algo para ser revelado. Se pone perfume, lápiz labial y revisa su pelo. *Seduce* a su hombre. Espera incitarlo, y lo invita a que se acerque y entre dentro de ella. En un acto de asombrosa vulnerabilidad, ella toma el riesgo más grande de su vida: le ofrece a él su belleza sin develar, se abre a él de toda forma posible.

Y para el hombre, si no está a la altura de las circunstancias, nada ocurrirá. No habrá consumación del amor ni se concebirá vida a menos que el hombre sea capaz de ofrecer su fuerza a su mujer. Así es como hacemos el amor. La feminidad es lo que incita su masculinidad. Su fuerza es lo que hace que la mujer anhele ser bella.

Es así de simple, así de bello, así de misterioso e increíblemente profundo.

La belleza de una mujer es lo que incita la fuerza de un hombre. Él *desea* jugar al hombre cuando una mujer actúa de esa manera. No puedes detenerlo. Él *desea* cumplir su obligación. Y esto es crucial: ¿acaso no deseas que él *desee*? No que sea forzado a hacerlo, no porque «deba hacerlo». Sino porque *desea* hacerlo. Pues bien, entonces... incita su deseo. En todas las facetas de la vida.

¿Puedes imaginarte qué pasaría si la joven novia en su noche de bodas asumiera la actitud que muchas mujeres asumen en otros asuntos cuando se trata de relacionarse con su hombre? Imagínate que saque su agenda y pregunte: «¿Cuándo quieres tener sexo esta semana?» (la mujer eficiente). O que le comente a su nuevo esposo: «Supongo que quieres tener sexo esta noche. Salgamos de esto rápido porque tengo mucho que hacer en la mañana» (la mujer ocupada). O el reto más directo: «A la verdad que tu desempeño de anoche fue muy pobre. ¿Quieres intentarlo otra vez?» (la mujer exigente).

¿Captas la idea? ¿Acaso es así que quieres que tu hombre se relacione contigo, especialmente cuando se trata de tu belleza? Tu corazón responde de forma muy distinta a la *presión* de ser bella: «¿Vas a salir vestida *así*?», contrario a la seguridad de que *eres* bella: «Cariño, te ves preciosa esta noche». ¿Con cuál de estos hombres quieres estar? Lo mismo aplica al hombre. Tu mensaje es: «Mi cielo, tienes todo lo que se necesita» o «No creo que seas muy hombre. ¿Quieres probarme que estoy equivocada?» Una mujer quiere sentirse bella. La fuerza de un hombre bueno la hace sentirse así. Un hombre quiere sentirse fuerte. La belleza de una mujer buena lo hace sentirse así.

Este principio va mucho más allá del sexo y del matrimonio.

LAS MUJERES SANTAS Y ESCANDALOSAS DE LA BIBLIA

En la genealogía de Jesús se mencionan cinco mujeres. Ahora bien, tal vez esto no te asombre demasiado hasta que entiendas que las mujeres no se mencionaban en esas genealogías. *Siempre* son hombres. «El padre de fulanito, el hijo de sultanito». Se leen como tarjetas de puntuaciones de béisbol. Cuando Mateo añade unas pocas mujeres al elenco es una excepción notable e importante. Estas mujeres son tan importantes para Dios que hizo que el escritor rompiera con todas las normas culturales, y hasta se expuso Él mismo a la crítica y al rechazo para dejar claro su punto: «Mira aquí, estas son mujeres *realmente* buenas».

Por supuesto, se menciona a María, la madre de Jesús. Aparece también una favorita de los estudios bíblicos: Rut. Y dos más: Rahab y Tamar. ¿Qué distingue a estas mujeres? Situaciones diferentes, distintos actos de obediencia. No obstante, el tema común es este: *valor, astucia* y una *asombrosa vulnerabilidad.* María es una joven increíble. Tal vez tenía cerca de quince años. Acepta la misión que Dios le da aun cuando le costará mucho. Piénsalo bien... ¿una jovencita que todos saben que está saliendo con un hombre mayor que ella sale embarazada y después reclama que fue fecundada por Dios? Es virtuosa, pero su decisión será vista por los demás como escandalosa durante toda su vida. Se hace vulnerable a sí misma —sorprendentemente vulnerable (pudo haber sido apedreada por esto; ciertamente será abandonada y discriminada)— por seguir a Dios.

Tamar... es una historia difícil y hermosa; una para la que no tenemos tiempo aquí. Pero un relato con el que bien vale la pena forcejear. (Puedes encontrarlo en Génesis 38). Ella usa su astucia en la cara de los hombres que le están fallando malamente para así exponer el pecado de ellos e invitarlos (no exigirles) a que cumplan con su obligación. Rahab es otra historia escandalosa. Ella es la mujer que cometió traición para así caminar con Dios y salvar a su familia. (Escondió a los espías de Israel cuando llegaron a su ciudad, Jericó, en una misión de reconocimiento previa a la invasión, en abierto desafío al gobierno). No hemos oído tampoco ningún estudio bíblico sobre esta historia. «Cuando la traición se vuelve esencial para una mujer». Y entonces tenemos a Rut. Así expliqué su historia en *Salvaje de Corazón:*

Rut, como usted recordará, es la nuera de una mujer judía llamada Noemí. Ambas mujeres han perdido a sus esposos y la están pasando muy mal; no tienen un hombre que las cuide, su estado económico está bajo la línea de la pobreza y también son vulnerables en muchas otras maneras. La situación comienza a mejorar cuando Rut capta la atención de un soltero acaudalado llamado Booz. Sabemos que este es un hombre bueno. Él le ofrece cierta protección y algo de comida. Pero no le da lo que Rut necesita de veras: un anillo.

Por tanto, ¿qué hace Rut? Lo seduce. He aquí el escenario: los hombres habían estado trabajando desde el alba hasta el anochecer en la cosecha de cebada; acaban de terminar y es hora de la fiesta. Rut se da un baño de espuma y se pone un vestido sensacional; luego espera el momento adecuado. Ese momento resulta ser en la noche, después que Booz había bebido en exceso. «Cuando Booz hubo comido y bebido, y su corazón estuvo contento...» (Rut 3.7). Aquí «su corazón estuvo contento» es para los lectores más conservadores. El hombre está borracho, lo cual es evidente por lo que hace a continuación: cae fulminado. «Se retiró a dormir a un lado del montón» (v. 7). Lo que ocurre después es sencillamente escandaloso; el versículo continúa: «Entonces ella vino calladamente, y le descubrió los pies y se acostó».

No hay lectura posible de este pasaje que sea «segura» o «buena». Esto es seducción pura y simple... y Dios la apoya para que todas las mujeres la sigan cuando Él no sólo da a Rut su propio nombre en la Biblia, sino también que la enumera en la genealogía. Así es, hay individuos que intentarán decirle a usted que es perfectamente común que una hermosa mujer soltera «en esa cultura» se acercara a un hombre soltero (que había bebido mucho) en medio de la noche, sin nadie más alrededor (al extremo opuesto de la pila de granos) y se meta bajo las cobijas. Esos son los mismos sujetos que le dirán que el Cantar de los Cantares no es más que una «metáfora teológica relacionada con Cristo y su esposa». Pregúnteles qué hacen con pasajes como «tu estatura es semejante a la palmera, y tus pechos a los racimos. Yo dije: Subiré a la palmera, asiré sus ramas» (Cantares 7.7-8). Este es un estudio bíblico, ¿verdad?

No creo que Rut y Booz tuvieran sexo esa noche; no creo que sucediera nada inadecuado entre ellos. Tampoco se trata de escoger a alguien al azar. Le digo que en realidad la Iglesia ya tiene mujeres traumatizadas cuando les dice que su belleza es vana, y que muestran lo mejor de su feminidad cuando «sirven a otros». Una mujer está en lo mejor cuando es una mujer. Booz necesita un poco de ayuda para seguir adelante, y Rut tiene algunas opciones. Puede fastidiarlo: *Lo único que haces es trabajar, trabajar y trabajar. ¿Por qué no te levantas y eres un hombre?* Rut puede gemir: *Por favoooo-or, Booz, apúrate y cásate conmigo.* Puede castrarlo: *Pensé que eras un verdadero hombre, me imagino que me equivoqué.* O ella puede utilizar todo lo que tiene como mujer para lograr que él utilice todo lo que tiene como hombre. Puede incitarlo, inspirarlo, vita-lizarlo... seducirlo. Pregunte a su hombre qué preferiría.

Ahora bien, ¿estoy sugiriendo que una mujer soltera pase la noche en el apartamento de su novio para incitarlo a que se case con ella? ¡No! ¿Estoy diciendo que una mujer casada debe ofrecerse sexualmente a su esposo aunque él haya estado abusando de ella? ¡No! No más que la historia de Pedro caminando sobre las aguas nos dice que vayamos a una barca, nos adentremos en un lago y tratemos de hacerlo. El *principio* de la historia es lo que importa. Rut se toma un riesgo —un riesgo que toda mujer conoce— cuando se vuelve vulnerable y seductora ante Booz. Lo incita a que haga el papel de hombre. *Despierta en él su deseo de ser el héroe.* Ese es el punto.

MUJERES DOMINANTES

En esencia, las mujeres caen en una de estas tres categorías: muje-res dominantes, mujeres afligidas y mujeres que incitan. Las prime-ras dos son consecuencia de lo que le ocurrió a Eva después de la Caída. La tercera es una mujer cuya feminidad ha sido restaurada por Dios y la ofrece a los demás.

Mencioné a Annie en *The Horse Whisperer* como un ejemplo de una mujer dominante y controladora. No necesita nada de su hombre. Tiene a la vida bajo control. Lleva los pantalones en la familia. Su mensaje es claro: «Eres débil y no mereces mi confian-za. Yo soy fuerte. Déjame dirigir y todo saldrá bien». El efecto de esto en un hombre no es bueno. Cuando una mujer se vuelve con-troladora y lo menos que hace es mostrar vulnerabilidad, su poder de seducción se apaga. El mensaje es: «Aléjate. Déjame resolver esto». ¿Alguien todavía se pregunta por qué él se aleja?

Por otro lado, hay muchas mujeres que le temen a la fiereza que Dios puso en sus hombres. Son atraídas por su fuerza, luego entonces se dan a la tarea de domesticarlos una vez que los han «atrapado». «No quiero que corras más motocicleta. No quiero que pases tanto tiempo con tus amigos. ¿Por qué necesitas participar en todas esas aventuras?» Son mujeres que hacen que sus maridos orinen sentados.

Pero hay otros tipos de mujeres dominantes. En la película *Enchanted April* [Abril Encantado] nos presentan a cuatro mujeres; dos son mujeres afligidas y dos son dominantes. Caroline es una mujer bella. Posee ese tipo de belleza que la mayoría de las mujeres envidian. Pero es una belleza rigurosa. La usa como un arma para obtener lo que necesita, dejando en el camino una estela de corazones rotos. No hay nada tierno en ella. La ternura es clave en una mujer. No debilidad... ternura. Delicadeza. La señora Fisher, una viuda rica, es el otro personaje dominante. Le da órdenes a todo el mundo, controla su mundo como un dictador. No demuestra ninguna emoción, a menos que sea disgusto por la aparente debilidad de alguien. No hay nada que incite en ella.

Las mujeres dominantes envían un claro mensaje: «No te necesito. Me niego a ser vulnerable. Me niego a invitar. No tienes nada que ofrecerme».

MUJERES AFLIGIDAS

El tercer personaje en *Enchanted April* es Lottie. Ella no es ruda... sencillamente se encerró en sí misma después de muchos años de vivir con un hombre egoísta y dominante. Parece un cachorro apaleado, que corre a complacerlo en cualquier forma, no por amor sino por miedo y por alguna extraña idea de sumisión. Está deprimida. Rose es una amiga que Lottie conoce en la iglesia. Ella es la «mujer religiosa». La típica «dama de iglesia». Ciertamente es muy bonita, pero se viste de una manera que pretende ocultarlo. Trajes muy holgados, el pelo recogido en un moño. Su corazón también está cerrado. Se esconde detrás de sus oraciones y sus «buenas obras de servicio». Está desanimada y cansada.

A primera vista, las mujeres afligidas no aparentan ser tan dominantes. No atacan ni se imponen. Pero tampoco incitan. Su mensaje es sencillo: «Aquí no hay nada para ti». Las luces están apagadas; han opacado su esplendor; no hay nadie en casa. Un hombre en su presencia se siente... no deseado. No siente que ha sido invitado. Es una forma de rechazo; ciertamente de dominio. Pero es más difícil de detectar porque es mucho más sutil.

Las mujeres afligidas también pueden ser aquellas cuyo dolor las *define*. Mujeres que harían lo que fuera necesario para atrapar a un hombre. La mujer en el pozo en Juan 4 sería un ejemplo. Va de un amante a otro tratando de llenar su vacío interior. Está disponible, pero en una forma pegajosa y desesperada. Como dijo una amiga: «Servil, manipuladora, suplicando atención». Como el personaje de Catherine Zeta-Jones en *The Terminal* [El terminal]. Su mensaje a los hombres es: «Te necesito demasiado. Por favor dime quién soy. Lléname». Los hombres usan a las mujeres que son así, pero no las aman. No sienten el reto de ser héroes. Las mujeres afligidas no llaman a los hombres en sus vidas a ser héroes.

MUJERES QUE INCITAN

Si vas a ser amada, sé amorosa.
—OBIDEOS

La bella historia en *Enchanted April* es la forma en que cada una de estas mujeres realmente se convierte en una mujer de verdad. Carolina se suaviza, se vuelve tierna y vulnerable. Ya no resiente su belleza, sino que la ofrece de una forma gentil, casi tímida, lo que para ella es arrepentimiento. Lottie y Rose adquieren un sentido del yo. Se vuelven interesantes, son capaces de ofrecer a sus hombres una verdadera compañera, no una alfombra para pisotear. Ellas también se vuelven incitantes; ser *menos* tímidas es su forma de arrepentimiento. Ya no se esconden, sino que se hacen presentes en una forma sutil. El efecto en los hombres de sus vidas es impresionante. Lo que la dureza, el dominio, el esconderse y el lloriqueo no pueden lograr, la belleza sí lo alcanza. Sus hombres se hacen presentes como hombres buenos, hombres arrepentidos. Héroes.

Las mujeres que incitan son aquellas que hacen que surja lo mejor en un hombre ofreciendo lo que ellas *son* como mujeres.

Son mujeres que ofrecen belleza, su verdadero corazón, como describimos en el capítulo anterior. Un contraste así de extremo es el que se presenta en la película *A Walk in the Clouds*. Hay dos mujeres en la vida de Keanu Reeves. Su esposa lo presiona: «No eres el hombre que quiero que seas». Es controladora y dominante. Eventualmente ella tiene una aventura amorosa. La mujer hispana que él conoce en el autobús es cautivante. Una mujer fuerte y segura de sí misma, también es tierna e invita. Su mensaje para él es: «Eres un hombre excepcional».

Cualquiera sea la forma en que se exprese en lo particular de tu feminidad, lograr incitar a Adán se resume en esto:

Necesítalo. Y cree en él.

Esto es lo que un hombre necesita oír de su mujer más que cualquier otra cosa. Te necesito. Necesito tu fuerza. Creo en ti. Tienes lo que se necesita.

CÓMO AMAR A UN HOMBRE CAÍDO

Garantizado. No todos los hombres van por el camino de la redención. Hay hombres allá afuera que no son seguros ni buenos. Algunas de ustedes están casadas con ellos. Todas se van a encontrar con ellos. ¿Cómo los amas? Con mucha sabiduría y astucia. Los últimos tres capítulos del libro de Dan Allender, *Bold Love* [Amor atrevido] son: «Cómo amar a una persona mala», «Cómo amar a un tonto», «Cómo amar a un pecador común y corriente». Quizás los encuentres muy útiles.

«No echéis vuestras perlas delante de los cerdos», dijo Jesús. Con esto no pensamos que les estaba diciendo cerdos a algunas personas. Lo que estaba diciendo era: «Hey, ten cuidado de no dar algo precioso a alguien que, en el mejor de los casos, no puede reconocer su belleza; y en el peor, lo pisoteará». Piensa en tu corazón femenino y en tu belleza como tus tesoros, tus perlas. Una mujer puede probar y ver si un hombre está dispuesto a ir en una buena dirección ofreciéndole una *prueba* de lo que tiene disponible en ella si él lo está. No entrega todo en un momento. Como hace Dios, ella incita, y espera para ver lo que él hará. Trataremos de ofrecer algunos ejemplos.

Janice está casada con un hombre aburrido. Un hombre cuyo corazón estaba tan enterrado que ella se preguntaba si tan siquiera estaba allí. La desilusión y el coraje que sentía hacia él solo provocó que él se escondiera más. No era un hombre violento; hasta donde sabía, no tenía ninguna adicción. Estaba sencillamente... ausente. «Cambio y fuera» como ser humano. Estaba funcionando, pero sin ninguna pasión. Un compañero, no un amante, y ni hablar de héroe. Janice decidió jugar el papel de Rut.

Una noche, cuando él llegó a la casa, descubrió que los niños iban a pasar la noche en casa de la abuela. La mesa estaba servida con una suculenta cena, las velas estaban encendidas. (Esto se parece mucho también a la historia de Ester.) Janice estaba vestida con una linda blusa, con unos cuantos botones discretamente *des*abotonados. Según transcurría la noche, reveló la ropa interior con encajes que llevaba debajo. Lo invitó a hacer el amor. Ahora bien, lo importante es lo que sigue. La siguiente noche él llegó a la casa esperando un banquete similar. Cuando se le acercó, ella le preguntó suavemente por qué. Él se sorprendió un poco ante la pregunta.

«¿Por qué me deseas? ¿Es solo por mi cuerpo o quieres descubrir mi corazón?» Fue una trampa brillante. Muy bien dispuesta. Él dio algunos traspiés buscando la respuesta, pero sus intenciones fueron descubiertas. «Anhelo entregarme a ti», le dijo ella, «pero también necesitas entregarte a mí. Quiero tu corazón en este matrimonio, no solo tu ropa sucia». Despertó el deseo en él, pero no se entregó a él aquella segunda noche. Esperó hasta que él se acercó emocionalmente. Esto comenzó una complicada pero prometedora travesía hacia una intimidad más profunda.

Betsy estaba casada con un hombre abusador verbalmente. Un anciano en su iglesia, se veía muy bien fuera de la casa. Pero detrás de las puertas cerradas, era sencillamente perverso. Betsy decidió mantener vivo su corazón, para intentar invitarlo a que viera lo que él le estaba haciendo y cómo podían compartir algo mucho mejor. Le preguntó si quería ver a un consejero, y él lo hizo... hasta que las cosas se tornaron demasiado peligrosas para él. Entonces dejó de ir.

Finalmente, ella se fue. No estaba pensando en el divorcio, sino como una invitación para que él sintiera las consecuencias de su vida y su falta de arrepentimiento. Betsy ayunó y oró. Él decidió no cambiar, y por el contrario, le echó la culpa a ella. La hizo parecer como «la villana» ante sus hijos y la iglesia. Ella mantuvo su postura. Lamentamos decir que él le pidió el divorcio. Ella le dio muchas pruebas de lo que hubiera podido ser su vida juntos, si él se hubiera arrepentido de su maldad. Él escogió no hacerlo. Como la historia de Jesús con el joven rico, ella dejó que se fuera.

¡Cuán generoso y espléndido es Dios con su belleza hacia nosotros! Nos regala el sol cada día; nos envía música y risas, y tantas notas a nuestro corazón. Pero Él también dice: «Me encontrarás cuando me busques con todo tu corazón». Esa es una buena manera para que también viva una mujer. No desafiando, no escondiéndose, sino seduciendo y esperando a ver si él quiere acercarse.

MUJERES SOLTERAS

Tal vez resulte alentador señalar que María, Rahab, Rut y Tamar eran solteras cuando se contó la historia de su grandeza. (Es cierto, María estaba comprometida, pero tenía todas las razones para pensar que no duraría mucho luego de darle el «sí» a Dios.) Cada una de ellas es un poderoso recordatorio que esto puede vivirse como una mujer soltera. Ellas también son un marcado contraste con respecto a algunos de los mensajes de «pureza» que hoy día se les presentan a las solteras. Como nos escribió una joven: «Temo que yo y otras muchas mujeres hemos interpretado la pureza femenina como "ignorar completamente al hombre que te interesa hasta que él se te declare"».

¿Y por qué, entonces, él se te *declararía*?

Claro que una mujer debe ser seductora con el hombre por el que siente atracción. Una sonrisa, un cariño, un interés en él y en su vida son acciones naturales y bienvenidas. Para verte mejor que nunca, despiértalo para que note tu presencia. Sí, puedes ofrecerle tu belleza, en cantidades que vayan aumentando poco a poco, según él vaya tras de ti y se acerque. Y sí, hay partes de ti que debes guardar como misterios hasta que él se comprometa completamente, y se las ofrezcas en tu noche de bodas. No lo ofrezcas todo, pero tampoco lo guardes todo.

¿Cuánto y cuándo? Eso es más de lo que podemos decir en este capítulo. Camina con Dios. Sé una mujer sabia y practica el discernimiento. Mantente atenta a lo que puede provocar que te refrenes demasiado o entregues demasiado. Mantente atenta a lo que puede causar que él te busque para su validación, o se paralice. Invita, incita y conserva tu integridad personal.

Existe una promiscuidad emocional que hemos notado entre muchos y muchas jóvenes. Los jóvenes entienden algo de la travesía del corazón. Quieren hablar, «compartir la travesía». La mujer se siente tan agradecida de que él vaya tras ella, que se abre. Comparten las intimidades de sus vidas: sus heridas, su caminar con Dios. Pero él nunca se compromete. La disfruta... y luego se va. Y ella se pregunta: *¿Qué hice mal?* Ella fracasó en ver su pasividad; él realmente nunca se comprometió o le ofreció alguna seguridad de que lo haría. Como Willouby con Marianne en *Sense and Sensibility*.

Cuídate de no ofrecer demasiado de ti a un hombre hasta que tengas una buena y sólida evidencia de que es un hombre fuerte dispuesto a comprometerse. Examina su historial con otras mujeres. ¿Hay allí algo de lo que debas preocuparte? Si es así, convérsalo. Además, ¿tiene él buenos amigos varones? ¿Cómo son *ellos* como hombres? ¿Es estable en su trabajo? ¿Está caminando con Dios en una forma real e íntima? ¿Está enfrentando las heridas de su propia vida, y también está demostrando un deseo de arrepentirse de la pasividad o la violencia de Adán? ¿Va hacia algún lugar con su vida? Muchas preguntas, pero tu corazón es un tesoro y queremos que lo ofrezcas solo a un hombre que lo merezca y esté listo para tratarlo bien.

HOMBRES BUENOS QUE NO TE PERTENECEN

La manera en que la feminidad puede despertar la fuerza masculina —y la manera en que la fuerza de un buen hombre le permite a una mujer ser bella— puede ser ofrecida en muchas formas adecuadas y santas entre hombres y mujeres que no están casados entre sí. Por demasiado tiempo hemos vivido en una cultura de miedo en la Iglesia, con el temor de que cualquier relación entre un hombre y una mujer terminará en una aventura amorosa. Tristemente, hemos desaprovechado demasiadas oportunidades de ayudarnos mutuamente con la gracia de nuestro género.

John no pudo estar presente en nuestro más reciente retiro para mujeres. En el segundo día tuve un encuentro con una malvada mujer que me dejó temblando y bajo un ataque espiritual. Le pedí a nuestro colega, un joven llamado Morgan, que orara por mí. Y lo hizo... intensamente. Él salió en mi defensa y envío al Enemigo a hacer las maletas. Sus oraciones y sus tiernas palabras provocaron que mi corazón descansara otra vez y poder seguir con las actividades del día. Morgan me defendió, me ofreció su fuerza en una forma perfectamente inocente. Mi agradecimiento hacia él era una forma de decirle: «Tienes lo que se necesita». ¿No debería ser esto un aliento para él?

De igual manera, hay mujeres en nuestra congregación que me han ofrecido (John) muchas palabras de aliento, mucha dulzura tierna. Me han dicho cómo he impactado sus vidas, cómo he tocado sus corazones, cómo les he ofrecido mi fuerza. Y eso me ha proporcionado un gran aliento e inspiración, aun en momentos cuando he sentido que le he estado fallando a Stasi como hombre. Sin embargo, esto no ha provocado que quiera tener una aventura con ellas. Por el contrario, me ha inyectado el combustible para

CÓMO INCITAR A ADÁN

regresar y ofrecerle mi fuerza *a* Stasi. Son tiernas afirmaciones que dicen: «Eres un buen hombre. Un hombre de fuerza. Y como mujer estoy agradecida».

John ha ofrecido su fuerza y tierno corazón a muchas mujeres en nuestra comunidad; ha escuchado a sus vidas, las ha ayudado a encontrar el camino, ha luchado intensamente por muchas de ellas. Su tierna y fuerte presencia despierta la feminidad en ellas. En cierto sentido, es Dios diciéndoles: «Esto está disponible para ti también —no aquí, no en John— pero este tipo de hombre está disponible. ¿Acaso esto no despierta tu corazón como mujer?»

Hay todo tipo de oportunidades como esta en nuestras vidas. Y para decir la verdad, serán inevitables. Al un hombre regresar a la vida, las mujeres en su mundo experimentarán y disfrutarán su fuerza, el poder de su presencia masculina. Al una mujer regresar a la vida, los hombres en su mundo experimentarán y disfrutarán su belleza, la riqueza de su presencia femenina. Y sí... esto probará nuestro carácter. Cuando algo se despierta en nosotros por otro hombre u otra mujer, tenemos que tomar una decisión en ese momento. Decidimos aceptar el despertar como una invitación para ir a encontrar eso con *nuestro* hombre o *nuestra* mujer. U oramos, si somos solteros o solteras, que ese tipo de hombre o mujer venga a nosotros de la mano de Dios. Pero, ¿ves? Este es el tipo de prueba que tendremos que enfrentar al relacionarnos con personas del sexo opuesto. La otra opción que queda es usar velos, como los musulmanes insisten que lleven sus mujeres. Una forma de vivir triste y sin fundamento bíblico.

Recuerda nuestra respuesta a la pregunta «¿Cómo amo a un hombre?» Sedúcelo. La connotación sexual de «seducir» tal vez tenga a muchas de ustedes luchando con todas esas situaciones en las que la intimidad sexual es inapropiada. Lo estamos usando como principio, como un cuadro de cómo la feminidad puede incitar la masculinidad en muchas, muchas maneras. Tal vez hayas oído la vieja historia, atribuida a Esopo, sobre una discusión entre el Viento del Norte y el Sol. Tal vez te ayude a dejar de preocuparte.

Un día, el Viento del Norte y el Sol tuvieron una discusión. Peleaban sobre cuál de ellos era el más fuerte. Un viajero apareció en el camino en ese momento y el Sol sugirió una forma de resolver la discusión. El que lograra que el viajero se quitara su abrigo sería el más fuerte. El Viento aceptó el reto y el Sol se escondió detrás de una nube. El Viento comenzó a soplar. Sin embargo, mientras más fuerte soplaba, con más fuerza el viajero se aferraba a su abrigo. El Viento envió lluvia y hasta granizo. El viajero se aferraba mucho más desesperadamente a su abrigo. Finalmente, muy frustrado, el Viento se dio por vencido. El Sol salió y comenzó a brillar en todo su esplendor sobre el viajero. Muy pronto, el viajero se había quitado el abrigo. «¿Cómo lo hiciste?», preguntó el Viento. «Fue fácil», dijo el Sol. «Iluminé el día. Con ternura logré lo que quería».

CAPÍTULO DIEZ

Madres, hijas y hermanas

*Y llamó Adán el nombre de su mujer, Eva, por cuanto
ella era madre de todos los vivientes.*
—GÉNESIS 3.20

*«Cuán amplia, dulce y salvaje la maternidad
—y la relación entre hermanas— puede ser».*
—REBECCA WELLS

*T*enemos nuestro idioma materno que es nuestro lenguaje
autóctono. Tenemos a la madre tierra, de donde viene todo lo que
crece, y a la Madre Naturaleza, la fuente impredecible de huracanes y tornados. La madre veta es la fuente de las riquezas y un
«dolor de madre» es el que te envía a la cama. La madre de todas
las tormentas es feroz y la madre patria es el hogar que dejamos y
que extrañamos. La palabra «madre» es fuente de vida. Es poderosa. Es fuerte. Una madre puede nutrirte o puede destruirte.
Dependiendo de tu experiencia, decir «madre» puede evocar imágenes de una mujer cálida y efusiva, o puede helar tu sangre.

Haya sido buena o mala, redentora o destructiva, la relación
con nuestra madre nos afectó hasta lo más profundo de nuestro ser,
ayudando a dar forma a la mujer en la que nos hemos convertido.

Como dice Dina en *The Red Tent* [La tienda de campaña roja]: «Si quieres entender a cualquier mujer tienes que preguntar primero por su madre y luego escuchar atentamente».

No todas somos madres, pero todas tenemos una. O anhelábamos una. La relación entre una madre y su hija es algo santo, tierno y feroz, cargado de minas y cordones umbilicales que se estiran y a veces estrangulan. El deseo de una hija de agradar a su madre solo se iguala a su deseo de separarse de ella. La mayoría de las relaciones madre/hija pasan por temporadas tormentosas durante la adolescencia de las jovencitas. La furia hormonal y el peso de la ira con frecuencia aterrizan en la mamá. Se disparan palabras y las acusaciones tienen como blanco el corazón. «No vas a ponerte eso, ¿verdad que no?» ha sido pronunciado por muchas madres horrorizadas mientras su hija se prepara para salir. «¡Ni siquiera sabes de lo que estás hablando!» ha sido la respuesta de muchas hijas. La forma en que una madre supera esta tormentosa etapa de la transición a mujer de su hija puede afectar la relación por el resto de sus vidas.

Muchas buenas mujeres cometen el desesperado error de creer que sus hijas son un reflejo de ellas mismas, una extensión de ellas, y por lo tanto, el veredicto en ellas como madres y como mujeres. Se sienten consternadas, desilusionadas, y a veces heridas profundamente, cuando su «niñita» toma decisiones completamente diferentes de las que ellas habrían tomado. El resultado de enredar el veredicto sobre ti como mujer con la vida de tu hija es muy hiriente, y una manera más de distorsionar la relación. La madre tratará de arreglar las cosas; la hija se alejará aún más para establecer su propia identidad.

Las madres enseñan acertadamente a sus hijas cómo comportarse y en qué creer. La decisión de mantener lo que se le ha enseñado queda en manos de la hija cuando ya puede decidir por ella misma. Una madre anhela que ese momento en que la hija pueda ya decidir por ella misma sea una etapa de celebración. Pero con frecuencia pasan años para que una madre y su hija reconcilien sus diferencias, y ni hablar de disfrutarlas.

Los corazones de las niñas florecen en hogares donde son *vistas* e *invitadas* a convertirse aún más en ellas mismas. Los padres que disfrutan a sus hijas les están dando a ellas y al mundo un gran regalo. Particularmente las madres tienen la oportunidad de ofrecer aliento a sus hijas invitándolas a entrar en su mundo femenino y atesorando la belleza única de sus hijas.

No sé lo que es tener una hija. Me perdí esa parte. Mi esposo y mis hijos están ahora mismo afuera explotando cosas. Están desmontando ametralladoras y combinando toda la pólvora para provocar una gran explosión. Aquí no hay fiestas de té. Ni nadie me deja peinarle el cabello. Pero aunque no tengo una hija, soy una.

EL LARGO CAMINO A CASA

Mi relación con mi madre fue tirante. Fue dolorosa. Para las dos. Nuestra comunicación estuvo cargada de significados ocultos y malentendidos. ¿Recuerdas los mensajes de las heridas que recibí? Mi madre se lamentó ante la noticia de que iba a tener otro hijo y esa hija resulté ser yo. Sentí que era una desilusión para ella en lo que creía, en cómo me vestía, en lo que pensaba y en lo que era. No fue hasta que cumplí 43 años que me di cuenta que la hice sentir a ella de la misma manera.

Recuerdas la historia de mi niñez... lo abrumada que se sintió mi madre con mi llegada. Yo era demasiado para ella, así que hice lo mejor posible para esconder mi verdadero yo y ser la hija fácil que ella necesitaba que fuera. Anhelaba que quisiera conocerme, que jugara conmigo. Me encantaba darle un beso de buenas noches en la mejilla e inhalar profundamente la fragancia de su crema de noche (algo que continué haciendo de adulta). Mencioné antes que solía pretender que estaba enferma porque así recibía su atención. Me traía libros y me leía, y me llevaba la comida a la cama. Una fiebre alta significaba que su amor venía en camino, acompañado de Seven-up y helado de vainilla. (A propósito, no es nada divertido estar enferma con John. Él me trae vitaminas enormes y una bebidas verdes que son-buenas-para-mi-salud.)

Cuando estaba en la escuela primaria, mi hermana, ingeniosamente, le dijo a mi madre que la maestra exigía que su mamá le leyera todas las noches para ayudarla con su educación. Una historia inventada pero que trajo los resultados deseados de acurrucarse con mamá y tener su absoluta atención durante veinte minutos. Hacíamos lo que podíamos.

Cuando mi madre descubrió que estaba fumando en el quinto grado, dijo tristemente que ya no era su niñita. Lloré. Y me volví más diestra en esconderme. Ella no conocía mis sueños, mis luchas, mis dones ni el peligroso rumbo que estaba tomando mi vida. A lo largo de la escuela intermedia, superior y la universidad funcioné como una buena estudiante que no provocaba mucho oleaje. Debajo de la superficie, estaba buscando afirmación y vida en todas las formas mundanas y destructivas disponibles. Sentía que nadie me quería, me sentía no deseada y abandonada... realmente, creía que no tenía ningún valor. Las decisiones que tomé desde ese lugar trajeron muerte a mi alma y muerte a otros al ir deslizándome más profundamente en desesperación, tanto escondiéndome como odiándome a mí misma.

Cuando una noche, estando en la secundaria, llegué a la casa borracha luego de haber estado sintiéndome todo el día mortificada por mi persona y dejé la ropa sucia en la bañera, ni mi madre ni mi padre me dijeron una palabra. Tampoco me confrontaron cuando más adelante me encontraban tan borracha que no podía entrar a la casa sin su ayuda. Cuando me arrestaron por manejar borracha, perdí mis privilegios de manejar por dos semanas, pero eso fue todo. Pero cuando en una ocasión no regresé a casa en toda la noche, me encontré con una madre histérica que había, durante mi ausencia, hecho añicos toda la parafernalia de drogas que guardaba abiertamente en mi cuarto. En su frenética preocupación por encontrarme, había hojeado mi cuaderno escolar buscando el teléfono de mi amiga. Lo que encontró en lugar de esto fue una lista de todas las drogas que había usado en el último mes. Era una lista muy larga.

Quería a mi mamá. No quería que ella supiera sobre las drogas. No quería lastimarla. Sí, ella me falló. Todas las madres les fallan a los hijos en distintos grados. Pero ella también me amaba. Eso era lo *más* cierto. Me avergoncé por su descubrimiento. Pero no me arrepentí. No. No todavía. En lugar de eso, me volví más experta en esconderme.

Fui sexualmente promiscua en mis años de universidad... buscando el esquivo sentimiento de ser deseada, que alguien pensara que era bonita. Mi madre era una católica devota que con frecuencia se cuestionaba en voz alta sobre las personas que habían hecho cosas que yo había hecho, se cuestionaba seriamente si Dios podía perdonarlos alguna vez, preguntándose cómo podían vivir con ellos mismos. Tomaba sus palabras de censura como duros golpes mientras anhelaba en silencio que Dios pudiera perdonarme, que pudiera perdonarme a mí misma.

Por la gracia y para la gloria de Dios, me convertí en cristiana en mi último año en la universidad. Jesús, de forma bastante literal, me salvó. Pero ya no era católica. O por lo menos, ya no estaba *pretendiendo* ser católica. (Fingí serlo en la secundaria.) Ahora estaba asistiendo a una iglesia «no denominacional».

Mi mamá estaba contenta de que hubiera dejado de usar drogas. (Pretendíamos que ella no sabía nada de mi pecado sexual.) Estaba contenta de que estuviera orando otra vez. Pero se sentía muy dolida de que no estuviera asistiendo a su iglesia. Cuando sacábamos a colación el tema de la fe, las defensas de ambas se levantaban como almenas. No podíamos vernos la una a la otra por encima de esas murallas, y ni hablar de oír lo que la otra estaba diciendo. En lugar de ser una alegría compartida, nuestras diferencias doctrinales se convirtieron en una cerca de alambres de púas que no podíamos cruzar.

Así que hablamos sobre el clima. Por quince años.

Leí recientemente una historia sobre una joven que acaba de dar a luz a su primer hijo y su madre estaba en su casa para ayudarla. El bebé había mantenido despierta a la nueva mamá casi toda la noche con sus soniditos misteriosos, así que la joven decidió preguntarle a su mamá cuánto tiempo tenía que esperar para dejar de oír esos sonidos. Sin embargo, antes de preguntar, su mamá se le adelantó: «Cielo, ¿te está comenzando un resfriado? Me parece que anoche te oí respirando con dificultad». No importa lo mucho que crezcan tus hijos, todavía son tus hijos. De la misma manera que es cierto que no importa la edad que tengas cuando tus padres mueren, eres todavía una huérfana.

No sé exactamente cuándo comenzó a suavizarse mi relación con mi madre, pero lentamente nos volvimos más flexibles. Lo que estoy segura es que comenzó después de haber mirado sinceramente a mi niñez y haberme lamentado profundamente por las heridas que mis padres me habían infligido, tanto por la acción como por la inacción. Había mirado sinceramente a mi juventud. Había sentido mucho coraje, había estado afligida y luego de un tiempo, fui capaz de perdonar. Comencé a mirar a mi madre con nuevos ojos.

Mi madre y yo comenzamos a disfrutar, y hasta celebrar, nuestra compartida fe en Dios y no a debatir las diferencias. Entonces, en lo que pareció salido de la nada, mi mamá se disculpó por dejarme a un lado, por ignorar mis preguntas y por hacerse la ciega ante mis luchas mientras crecía. Comencé a entender que durante esos años ella había estado sacando agua con todo lo que tenía solo para mantenerse a flote.

Nuestro último año juntas

En la fotografía al lado de mi cama, mi madre se está riendo perpetuamente conmigo. Supongo que ya perdoné a ambas: a ella y a mí. Sin embargo, algunas veces en la noche, mis sueños me llevan de vuelta a la tristeza y tengo que despertarme y perdonarnos otra vez.

—Lily, *The Secret Life of Bees* [La vida secreta de las abejas]

Años después, mientras Dios trataba con otra capa de heridas sin sanar, lamentaba que en presencia de mi madre todavía me sentía «que no era lo suficientemente buena». Todavía sentía que era un fracaso para ella, una profunda desilusión. Sus palabras continuaban taladrándome. Fue en ese momento que Dios me reveló que la forma en que mi madre me había hecho sentir era exactamente la misma manera en que *yo la había hecho sentir a ella*. Una desilusión. Una vergüenza. Un fracaso. Y en ese momento, supe con absoluta claridad que eso era cierto. Sentí su pena. Pude ver bajo una nueva perspectiva algunos de sus comentarios irritantes hacia mí. Ella quería que yo la quisiera, la conociera y la disfrutara de la misma manera que yo quería que ella sintiera por mí. Y no le había dado mi aceptación. Me di cuenta por primera vez lo profundo que la había herido.

Fui movida por Dios a verla lo más pronto posible. Pude hacer todos los arreglos, subirme al avión en cuestión de unos días, volar para ver a mi mamá y así pedirle perdón en persona. Nos sentamos en la mesa de su cocina y le ofrecí, tal vez por primera vez, mi sincero corazón. Le dije que sabía que la había hecho sentir que no era suficiente. Sabía que la había hecho sentir que era una desilusión para mí. Le dije que lo lamentaba muchísimo y que sencillamente eso no era cierto. Amaba quien ella era. Me sentía orgullosa de ella. Me alegraba que fuera mi mamá. Y le pedí que me perdonara.

Ella no podía hablar. No tuvo que hacerlo. Pero entendí por medio de sus ojos, a través de su tímida expresión y su tierno semblante que sí me había perdonado. Entonces nos abrazamos sin nada que se interpusiera.

¿Cómo puedo describirte el gran espacio en nuestras almas que creó en nosotras aquel acto de arrepentimiento y perdón? Las paredes, las barreras cayeron al suelo. Podíamos ofrecer y recibir nuestro amor mutuo, nuestra aceptación y nuestro deleite por primera vez en nuestras vidas. Pasamos el resto de aquella tarde mirando álbumes familiares. Acurrucada al lado de mi madre, la escuché decir: «Mira lo preciosa que eres». Señalando a unas fotos de una Stasi muy pequeña: «Siempre fuiste adorable». Fue un momento muy tierno. Un tiempo de sanidad. Un tiempo que fue verdadero, real y lleno de amor.

Y también fue la última vez que pasamos juntas antes que le diagnosticaran múltiples melanomas. Un mes después de la restauración de nuestra relación, mamá sintió como si se estuviera muriendo. Se lo dijo a su doctor y la enviaron a hacerse algunas pruebas. Los resultados revelaron que sus riñones estaban fallando. El cáncer estaba extremadamente avanzado. Estaba en lo correcto. Se estaba muriendo. Mi mamá y yo tuvimos cuatro meses más en los que nos amamos incondicional y totalmente. ¡Cuánto deseé tener años juntas en este nuevo lugar, y sin embargo, cuán agradecida estoy de haber tenido por lo menos algo de tiempo!

Dios restauró mucho en nosotros en esos meses. Estoy llorando en este momento al recordar. Esos momentos, esos recuerdos, son oro para mí.

EL COSTO

Una cosa es sufrir. Mucho peor es caminar al lado del ser que amas y ver que sufre intensamente y no poder hacer nada al respecto. Muchas de ustedes lo han vivido. Lo saben. Cuando tenía seis años casi me amputé un dedo con una puerta que se cerró de momento. Cuando el doctor estaba inyectándome directamente en la herida el medicamento para el dolor, miré a mi madre a través de mis lágrimas y la oí decir que le estaba doliendo a ella mucho más de lo que me dolía a mí. En ese momento no la entendí, pero ahora sí la entiendo.

Durante su enfermedad, mientras estaba de visita para cuidarla, me miró y me dijo con ternura: «Lo siento. Lamento que tengas que pasar por esto». Allí está ella, sufriendo, muriendo, incapaz de comer, ni siquiera beber, y se lamenta por *mí*; se lamenta por ser la causa del sufrimiento en mi corazón. Con mucho gusto lo soportaría sola y me evitaría la pena, me evitaría el dolor de sufrir su dolor, su pérdida.

He oído decir que tener un hijo es como tener el corazón caminando fuera de tu cuerpo. ¡Cuánto sufre una madre por proteger a su hijo! Y sin embargo, al mismo tiempo, desde la infancia hasta la adultez, una buena madre está entrenando a su hijo para que se aleje más y más de ella, que la necesite cada vez menos. Las madres aman y anhelan a sus hijos. Sus corazones sufren por ellos, a causa de ellos. Una mujer sangra cuando da a luz pero ese es solo el comienzo del sangrado. Un corazón dilatado por todo lo que una madre soporta con y a través de la vida de su hijo; todo lo que una madre ora, trabaja y anhela a favor de su hijo, también sangra.

El corazón de una madre es algo inmenso y glorioso. El corazón de mi madre era amplio, fue dilatado por el sufrimiento y años de aferrarse a Jesús mientras era malentendida, ignorada y juzgada por aquellos a quienes más amaba. Incluyéndome a mí. Le costó mucho amar, le costó mucho ser madre. Siempre es así. Pero te diría que bien valió la pena; que no hay otra forma.

La última vez que mi madre pudo caminar hasta el baño, ayudé a sostenerla mirándola de frente, mientras su hermana la sostenía por detrás. De regreso, mamá tuvo que detenerse varias veces para descansar, caminaba apenas unas pulgadas a la vez. En su última parada para tomarse un descanso, la miré directamente a los ojos y le dije: «Bueno, ¡esta es una oportunidad perfecta para abrazarte!» Y la abracé, sostuve su frágil cuerpo en mis brazos y luego miré en sus ojos azul cielo. En aquellos ojos, vi la profundidad del amor de mi madre por mí. Era inmensurable, inmenso, incondicional, tierno, profundo, fuerte, alegre y claro. Podrías sumergirte en ojos como aquellos y perderte en ese tipo de amor. O ser encontrada.

Finalmente entendí. Mi madre me amaba. Me amó durante todos aquellos años que no lo sabía. Había gracia en sus ojos y la certeza de que todo estaba bien; de que todo estaría bien. Y que nada se había perdido. Ni siquiera en los años en que nos perdimos mutuamente y tampoco en los años en que ahora estoy extrañándola.

Ya mi padre y mi madre murieron. Están lejos y completamente vivos en el cielo. Te cuento esta historia porque quiero que sepas que la redención es posible. La sanidad es posible. Pídele a Jesús que te la traiga y te dé la tuya. Luego, si puedes, ve y llama a tu mamá. Dile que la amas.

SER MADRE

A pesar de lo enorme que ha sido el rol que nuestras madres han desempeñado, la palabra «madre» es más poderosa cuando se usa como verbo que como nombre. No todas las mujeres son madres, pero todas las mujeres son llamadas a *ser madres*. Ser madre es nutrir, entrenar, educar, criar. Como hijas de Eva, todas las mujeres tienen el don único que ayudar a otros a ser más de lo que realmente son... *a alentar, a dar alas y a ser madres en la travesía hacia su verdadero ser.* Al hacer esto, las mujeres colaboran con Cristo en la misión vital de dar vida.

«Instruye al niño en su camino, y aun cuando fuere viejo no se apartará de él» (Proverbios 22.6). Este versículo no se trata de una promesa de fe. Ni está hablando de entrenar a un niño para seguir a Cristo ni prometiendo que si lo haces, cuando sea adulto continuará siguiéndole. Lo siento. El proverbio habla de criar a un hijo o hija que sepa quién es él o ella de verdad, y guiarlo para que se transforme más y más en ese ser que es. *En la forma que quiera serlo.* No en la forma en que tú quieres que sea para así validarte como madre y como mujer. Habla de enseñarle a un hijo a vivir de todo corazón, a tono con él, despierto a él, consciente de él, y cuando sea adulto continuará viviendo una vida que nace del corazón. *Se trata de ver quién realmente es la persona y llamarla a ser esa persona.*

El impacto en una vida que ha sido vista y llamada a salir es dramático y eterno. Criar una vida es un llamado enorme y sagrado. Y como mujer, es tuyo. Sí, asume muchas formas y tiene miles de rostros. Sí, los hombres también están llamados a hacer esto. Pero de una manera única y profunda, este llamado forma parte de la fibra misma del alma de la mujer... el llamado a ser madre.

Esto me recuerda a una valiente mujer afroamericana que estaba contentísima por la compra de su primera casa. Luego de mudarse, regresó un día del trabajo y encontró a unos traficantes de drogas haciendo negocio casi en la entrada de su casa. Parecía que su casa estaba justo en el centro de su «territorio» en Los Ángeles. No iba a permitirlo. La frente en alto, el dedo moviéndose de un lado a otro; «fue la madre» de aquellos muchachos y los llevó a tener aspiraciones mayores. «Fue su madre» hasta que logró sacarlos de su pecado. Fue su madre hasta que los llevó a ser los jóvenes que se suponía que fueran.

Tú puedes ser madre para los hijos de otras personas. Realmente, nuestro mundo te necesita. La casa de mi amiga Lori era el centro de actividad mientras sus hijas todavía estaban en la escuela. A sus amigas les encantaba estar en su casa. Ella les ofrecía vida. Las aconsejaba. Las animaba. Fue su madre con amor y fuerza. Además les horneaba deliciosas galletitas. Lori jugó, y todavía juega, un papel importante en muchas de las vidas de estas jóvenes. Las impacta para bien, llamándolas a ser lo que se supone que sean. Pensamos en una mujer que C.S. Lewis describe en su libro *The Great Divorce* [El gran divorcio] como alguien que ha conocido en el cielo. Una Maestra le está enseñando el lugar, cuando de pronto se encuentran con una mujer de asombrosa belleza.

—Es alguien de quien nunca antes ha oído. Su nombre en la tierra era Sarah Smith y vivía en Golders Green.

—Parece ser... bueno, ¿es una persona de particular importancia?

—Así es. Es una de las importantes. Usted ha escuchado que la fama en este país y la fama en la tierra son dos cosas bastante diferentes.

—¿Y quiénes son todos esos jóvenes y jovencitas a su lado?

—Son sus hijos e hijas.

—Debió haber tenido una familia muy grande, señor.

—Todo joven o niño que la conocía se convertía en su hijo; aun cuando hubiera sido solo el niño que le traía carne por su puerta trasera. Toda niña que la conocía era su hija.

—¿Acaso eso no es un tanto difícil para sus verdaderos padres?

—No. Existen aquellos que se roban los hijos de otros. Pero su maternidad era diferente. Aquellos sobre los que depositó su instinto maternal regresaron a sus padres naturales amándolos más. Muy pocos hombres la miraron sin volverse, en cierta manera, sus amantes. Pero era el tipo de amor que no los hacía menos fieles, sino más fieles a sus esposas.

Somos madres las unas de las otras cuando ofrecemos nuestra atención, nuestros cuidados, nuestro aliento. Somos madres las unas de las otras cuando vemos una necesidad y la suplimos, sea que sea un abrigo para una amigo que tiene frío, una comida para una familia en necesidad o un oído atento para una amiga que sufre.

Todas las mujeres tienen el llamado a ser madres. Y todas las mujeres están llamadas a dar a luz. Las mujeres «paren» muchas cosas: un libro (es casi tan difícil como un hijo, créemelo), una iglesia, un movimiento. Las mujeres dan a luz ideas, expresiones creativas, ministerios. Impartimos vida a otros al invitarlos a lugares más profundos de sanidad, a caminatas más íntimas con Dios, a una mayor cercanía con Jesús. Una mujer no es menos mujer porque no sea esposa ni haya dado a luz físicamente a un hijo. El corazón y la vida de una mujer son mucho más amplios que eso. Todas las mujeres son hechas a la imagen de Dios en la verdad de que producimos vida. Cuando entramos en nuestro mundo y en las vidas de aquellos que amamos, y les ofrecemos nuestros tiernos y fuertes corazones femeninos, no estamos haciendo otra cosa sino siendo madres.

MI HERMANA, MI AMIGA

Me encanta la forma en que nos relacionamos con nuestras amigas. Cuando me reúno con un grupo de amigas, inevitablemente alguien empieza a dar masaje en la espalda de alguien. Comenzamos a jugar con el pelo de alguien. Nos tocamos de forma tierna. Son toques que sanan. Los hombres no hacen esto cuando están juntos. Es exclusivo de las mujeres. Cuando las mujeres se reúnen, hacen preguntas importantes. Quieren saber cómo *estás*. Intercambiar recetas es perfecto, las ideas de jardinería son muy útiles, pero las mujeres se sumergen en asuntos del corazón sin ninguna vergüenza.

Mi mamá fue mi madre. Pero ella no es la única mujer que ha sido mamá para mí. Mis hermanas ciertamente lo fueron. También lo fueron algunas de mis maestras de primaria. Algunas de mis vecinas. En estos días, recibo este don a través de los tiernos actos de bondad de las amigas que Dios me ha dado. El regalo de la amistad entre las mujeres es un tesoro que no debe tomarse a la ligera. Las amigas se convierten entre sí en el rostro de Dios; en el semblante de la gracia, del deleite, de la misericordia.

La capacidad del corazón de una mujer es muy amplia para tener relaciones significativas. No hay manera en que tu esposo o tus hijos puedan proporcionarte la intimidad y la satisfacción relacional que necesitas. Una mujer *tiene* que tener amigas mujeres.

Es aquí, en el plano de las relaciones, que las mujeres reciben las más grandes alegrías y las más profundas heridas. La amistad entre las mujeres habita en un terreno de gran misterio. Películas como *Beaches*, o *Fried Green Tomatoes* o *Steel Magnolias* tratan de capturar esto. En estas películas, la amistad soporta pruebas y dificultades, se profundizan y perduran. Los hombres en sus vidas tal vez se van, pero no así sus amigas. Aunque con frecuencia esto se cita en las bodas, Rut estaba hablando a una mujer cuando dijo: «A dondequiera que tú fueres, iré yo y dondequiera que vivieres, viviré. Tu pueblo será mi pueblo, y tu Dios mi Dios». Hay un gran celo, una inmensa devoción y una profunda lealtad entre las amigas. Nuestra amistad fluye en las profundas aguas del corazón donde Dios habita y donde tiene lugar la transformación. Es aquí, en este lugar santo, que una mujer puede asociarse con Dios para impactar a alguien y ser impactada por otra persona de una forma duradera. Es aquí donde puede ser madre, nutrir, alentar y evocar vida.

Las niñitas tienen mejores amigas. Las mujeres adultas las anhelan. Tener una amiga es relajarse en otra alma y ser bienvenida en todo lo que eres y todo lo que no eres. Es saber que, como mujer, no estás sola. Las amistades entre mujeres proveen un lugar seguro para compartir las experiencias de la vida *como mujer*. ¿Quién sino otra mujer puede entender completamente las pruebas de cáncer vaginal (PAP), las mamografías, el Síndrome Premenstrual, el anhelo de tener un hijo y la vida en un mundo controlado por hombres? Es un gran regalo saber que ves las cosas como otra persona las ve; un placer inmenso ser entendida, disfrutar de la sencilla compañía de alguien con quien puedes bajar tus defensas.

La amistad es un gran regalo. Uno por el que debemos orar y no dar por sentado. Si no tienes el tipo de amistad que anhelas, pídele a Dios que la traiga a tu vida y mantén los ojos abiertos para que la reconozcas cuando lo haga. Cuando Dios da una amiga, nos está confiando el cuidado del corazón de otra persona. Es una oportunidad para ser madre y hermana, para ser dadora de vida, para ayudarles a convertirse en la persona que se supone que sean, para caminar a su lado y provocar que se manifieste lo profundo de su corazón.

Las amistades necesitan alimentarse, guardarse y pelear por ellas. Necesitamos llamarnos sin esperar que la otra llame primero. Necesitamos preguntar cómo está nuestra amiga y escuchar realmente la respuesta. Hay que escuchar entre líneas. Amamos a nuestras amigas *dedicándonos* a ellas: llamadas, regalitos, invitaciones a jugar, a ir a caminar, a ir al cine, ofreciendo nuestro corazón.

Mi amiga Dena se dio cuenta hace unos años atrás que me gustaba recibir regalos. Cuando estoy en algún lugar y veo algo que creo que le gustaría a una amiga, lo compro y luego la sorprendo con el detalle. Cositas pequeñas. Cositas simples. Así que Dena comenzó a hacerme regalitos. ¡Me encantaba! Luego me percaté que para Dena, más importante que cualquier obsequio, lo más importante para ella era el regalo del tiempo: el más atesorado de todos los bienes. Todavía la sorprendo con regalitos de vez en cuando. No puedo evitarlo. Pero cuando puedo, le doy horas.

Necesitamos prestarnos atención unas a otras, realmente *vernos* mutuamente. Ese es realmente el mayor regalo.

AMOR COMPLICADO

Y permíteme decirlo claramente, la verdadera amistad sufre *oposición*.

Una mujer con frecuencia se siente menos importante para la otra, o acusada o necesitada o malentendida. La comunicación sincera y en amor es la única forma de vivir y crecer en la amistad. Hay altibajos. Tal vez haya mucha dependencia. Quizás exista un dolor y desilusión reales. De hecho, esto es inevitable en nuestro mundo quebrantado. Pero si la gracia de Dios nos sostiene firmemente y nos recuerda que Él es la fuente de nuestra verdadera felicidad, es posible cuidar y conservar amistades profundas a lo largo de nuestras vidas. No fuimos hechas para vivir nuestras vidas solas.

Nos necesitamos unas a otras. Dios lo sabe. Él nos ayudará. Solo tenemos que pedirlo y rendirnos; esperar, anhelar, y en fe, amar. También debemos arrepentirnos.

Para que una mujer pueda disfrutar de una relación, tiene que arrepentirse de su necesidad de controlar y su insistencia de que otras personas la llenen. La Eva caída exige que la gente «cumpla su obligación» hacia ella. La Eva redimida ha sido satisfecha por Cristo en las profundidades de su alma y es libre para ofrecer a otros, libre para desear, y está dispuesta a ser desilusionada. La Eva caída ha sido herida por otros, y se aleja para así poder protegerse a sí misma y evitar mayores daños. La Eva redimida sabe que tiene algo valioso que ofrecer; que fue hecha para las relaciones y como se siente segura en su relación con su Señor, puede arriesgarse a ser vulnerable con los demás y ofrecer su verdadero ser.

> Amar del todo es ser vulnerable. Ama cualquier cosa y tu corazón ciertamente será estrujado y posiblemente roto. Si quieres asegurarte de mantenerlo intacto, no debes darle tu corazón a nadie, ni siquiera a un animal. Cúbrelo cuidadosamente con pasatiempos y pequeños lujos; evita cualquier enredo; guárdalo bajo llave en el ataúd o el féretro de tu egoísmo. Pues en ese féretro —seguro, oscuro, sin movimiento y sin aire— cambiará. No lo harán pedazos; se volverá irrompible, impenetrable, irredimible... El único lugar aparte del cielo donde puedes estar perfectamente seguro contra todos los peligros... del amor, es el infierno.
>
> —C.S. Lewis

En tus amistades, y en todas tus relaciones, vas a decepcionar a alguien y alguien te decepcionará. Eso cae en el territorio de ser un ser humano. Pero esto no es lo más auténtico. En tus relaciones tienes la oportunidad de practicar el cariño; de colaborar con Dios en ser madre, de evocar vida en otro ser humano y que tu corazón se dilate al interesarte en otra persona y que tu vida sea enriquecida al compartir la aventura que es la vida.

Tal vez sea bueno decir aquí algunas palabras sobre los círculos de intimidad. Dios los tuvo y nosotros también los tenemos. Jesús tenía a los doce, pero también tenía a los tres. Pedro y los hijos de Zebedeo estuvieron con Él en el Monte de la Transfiguración, también Jesús los invitó a que se mantuvieran despiertos y oraran en el huerto de Getsemaní. (Como recordarás, le fallaron allí. Jesús entiende bien que los amigos fallan... pero aún así los ama.) Solo puedes tener uno, dos y quizás tres amigos íntimos en tu vida en determinado momento. Así es que sencillamente funciona el corazón.

Hay espacio para otros amigos especiales, pero están un poco más afuera, en el siguiente círculo, como los doce de Jesús. Cercanos, pero no los que llamarías en medio de la noche si tienes alguna necesidad. Y luego están los conocidos, las amistades sueltas, como la Jesús tuvo en los otros discípulos. Es natural y bueno tener círculos de amistad. Los amigos pueden moverse de un círculo al otro pero no se puede mantener intimidad con todos. Dicho esto, también puedes escoger no tener intimidad con nadie. Jesús la desea con nosotros y entiende que necesitamos tenerla con otros también. Nos hizo así.

Dios nos invita a que nos arriesguemos a confiar en Él y que entablemos amistades redentoras con otros. Que nos abramos a la posibilidad de ser heridos, así como a la posibilidad de probar la dulce fruta de la amistad. Sin embargo, no importa cuán bueno sea el sabor de la plenitud relacional que tengas, vas a querer más. Si tuviste ayer una maravillosa conexión con alguien, cuando te levantes por la mañana, la querrás otra vez. Eva posee un pozo de anhelo sin fondo. Solo Jesús es la fuente eterna que puede saciar su sed. Ninguna otra fuente, ninguna otra relación te satisfará completamente. Dios nos hizo así. A propósito.

El anhelo profundo es parte de la gracia otorgada a Eva para llevarla al Río de la Vida.

Mientras nuestros corazones beben a grandes sorbos y descansan en el buen corazón de Dios, Él es nuestra «madre», para que así continuemos transformándonos más y más en esa mujer que Él tenía en mente cuando nos creó: las mujeres que somos realmente. Una mujer colabora con Dios en evocar vida en este mundo dañado. Al ofrecer, amar e invitar a otros a ser lo que realmente deben ser, es ciertamente una madre. Ella —como Dios— ofrece libertad y vida.

Oh, apoya gentilmente tu cabeza
sobre mi pecho
y te consolaré como una madre mientras descansas.
La marea puede cambiar muy rápido
Pero yo permaneceré
Lo mismo que en el pasado, lo mismo en el futuro,
Lo mismo hoy.

Exhausta, cansada y agotada
Deja salir tus suspiros
Y deposita esa pesada carga que llevas
Porque la mía es liviana.
Te conozco completamente.
No hay necesidad de esconderte.
Quiero mostrarte un amor que es profundo, alto y ancho.

Porque soy fiel.
Estoy cerca.
Soy la paz que echa fuera tus temores secretos.
Soy santo.
Soy sabio.
Soy el Único que conoce los deseos de tu corazón.

Oh, apoya gentilmente tu cabeza
sobre mi pecho
y te consolaré como una madre mientras descansas.
—*I Am* [Yo soy], JILL PHILLIPS

CAPÍTULO ONCE

Princesas guerreras

❧

—¿Yo, una princesa?
—Eres la heredera legal.
—Nunca he dirigido a nadie.
—Te ayudaremos a ser princesa, a dirigir. Si te niegas a aceptar
el trono, el reino que hemos conocido dejará de existir.
The Princess Diaries [Diario de una princesa]

Cualquier idiota puede enfrentar una crisis;
Es el vivir día a día lo que te desgasta.
—ANTON CHEKOV

Con frecuencia se presenta a las mujeres en las historias como
«damiselas en aprietos». Somos nosotras por las que los hombres
emergen y matan dragones. Somos el «sexo débil»; listas para des-
mayarnos cuando vemos sangre, las que necesitamos que se obvien
los sangrientos detalles de la batalla, sea en el campo o en el mercado. Somos nosotras las que esperamos vestidas con nuestro traje
largo a que venga el caballero y nos lleve montadas en su caballo
blanco. Y sí, hay días en los que un caballero en una armadura reluciente sería muy bienvenido. Anhelamos que peleen por nosotras;
que nos amen lo suficiente para ser protegidas valientemente. Pero
también hay una fiereza indómita en el corazón de las mujeres,
colocada allí por Dios.

Las mujeres también son guerreras.

Se cuenta una vieja historia sobre una invasión contra los vikingos, que fueron los primeros europeos en explorar a Norteamérica y establecerse allí hace como unos setecientos años atrás. Gail Collins escribe: «Cuando el campo vikingo fue atacado por indios, provocando que los defensores huyeran, una Freydis embarazada tomó una arma de mano, expuso sus pechos hinchados y "afiló la espada con ellos", según cuenta el cronista vikingo. Al verla tan intimidante, los atacantes "se asustaron y se fueron"». ¡Qué clase de mujer!

Ya te comenté antes que cuando era niña me encantaban las historias de la Segunda Guerra Mundial. De lo mucho que anhelaba ser parte de ellas. No tanto de las películas, sino de la guerra de verdad. Quería formar parte de algo noble, y grande, y heroico, y bueno. ¿No te pasaba lo mismo? No estoy sola en ese anhelo profundo. Durante la Guerra Civil, más de cuatrocientas mujeres se disfrazaron de hombres para poder ir al frente de batalla y pelear junto a sus esposos, padres y hermanos. La historia está repleta de relatos de mujeres levantándose para defender a sus familias, su tierra, su honor.

En la histórica mítica *The Return of the King* [El regreso del rey], Eowyn, doncella de guerra de los *rohirrim*, se disfraza como hombre y se encamina a la guerra, uniéndose a sus compatriotas en la más importante batalla de su tiempo. Ella monta a caballo perfectamente y maneja la espada con mortal destreza. En lo más reñido de la batalla, pelea con heroísmo. Trágicamente, su tío, el rey, es atacado por el líder del ejército enemigo y mientras este se le acerca para terminar con él, Eowyn le sale al paso y bloquea el camino. No permitirá que su tío sea tocado por el fantasma del mal.

«¡Fuera de aquí, inmundo *dwimmerlaik*, señor de la carroña! ¡Deja a los muertos en paz!» Una fría voz responde: «¡No te interpongas entre Nazgul y su presa! O él no te matará en tu trono. Te llevará a las casas de las lamentaciones, más allá de toda oscuridad, donde tu carne será devorada y tu agotada mente será dejada al desnudo ante el Ojo sin Pestañas». Se oyó como si una espada hubiera sido desenfundada. «Haz lo que quieras; pero, si puedo, yo lo impediré».

En la batalla que sigue, el fantasma se siente seguro, tiene actitud arrogante. Su fuerza es mayor, sus armas más letales. Alardea sobre una vieja profecía y proclama: *«Ustedes tontos. ¡Ningún hombre viviente podrá detenerme!»* Y es aquí donde Eowyn es final y completamente victoriosa.

Pareció que Dernhelm (Eowyn) se rió y su voz clara fue como un anillo de acero. «Pero yo no soy un hombre viviente. Estás frente a una mujer. Eowyn es mi nombre. La hija de Eomund... ¡Aléjate de aquí si no quieres morir! Porque por los vivos o los muertos, te mataré si te le acercas».

Eowyn se quita su casco y deja que su cabello caiga libremente. Se proclama a sí misma «que no es hombre» y luchando *como mujer*, mata a su enemigo. Algo críticamente importante se revela en esta historia. Las mujeres son llamadas a unirse a la más Grande Batalla de todos los tiempos... la batalla que se libra por los corazones de las personas que te rodean. El corazón del ser humano está en un campo de batalla. La guerra es sangrienta; los resultados devastadores o gloriosos, pero siempre eternos. Nos necesitan. Hay mucho que hacer. Se está acabando el tiempo. Pero solo seremos victoriosas cuando entremos en ella con nuestros corazones femeninos... *cuando peleemos como mujeres.*

Las mujeres redimidas de Dios tienen corazones tiernos y misericordiosos, lomos de acero y manos que han sido entrenadas para la batalla. Hay algo increíblemente feroz en el corazón de una mujer que debe ser afirmado; no descartado, no despreciado, sino reconocido, honrado, bienvenido y entrenado.

CONTRAATAQUE

«Hay fuerza en ti. Puedo verla».
(William Wallace a la Princesa en *Corazón Valiente*)

Hace como once años atrás, John trajo a la casa un libro de Neil Anderson. Me parece que era *Rompiendo las cadenas* (Editorial

Unilit). John había comenzado a enfrentar asuntos de guerra espiritual en algunos de los hombres a los que estaba dando consejería y quería conocer más sobre el tema. Curiosa, abrí el libro y comencé a leer algunos de los casos de estudios de los que escribe el Dr. Anderson. Uno en particular captó mi atención. Describía a una mujer que siempre estaba mareada. La sensación de mareo le llegaba con frecuencia y la sacaba de balance, tanto física como espiritualmente. *Uju*, pensé. *También me siento mareada con frecuencia.* Le mencioné esto a John y se sorprendió mucho. Nunca le había comentado sobre esto. Era algo con lo que había vivido por años pero nunca se me había ocurrido comentárselo. Para mí, era normal.

Es asombroso con las cosas que vivimos sencillamente porque creemos que son normales cuando *no es así*.

Así que decidimos hacer un experimento. La próxima vez que sintiera que llegaba una oleada de mareo, ordenaría en el nombre de Jesús que se fuera de mí para ver qué pasaba. No tuve que esperar mucho. Al día siguiente estaba ocupada con el ajetreo diario y de repente, de la nada, llegó el mareo. Oré y ordené que se fuera por la autoridad del nombre de Jesús. ¿Adivina qué? ¡Se fue! Inmediatamente. Me sorprendí. El siguiente episodio ocurrió más tarde y oré otra vez. ¡Y se fue otra vez! ¡Guau! Estaba pasando algo aquí que me resultaba completamente desconocido. Se abrió para mí una categoría de cristianismo totalmente nueva. El mareo era una especie de ataque espiritual. Todo ese pasaje de Efesios sobre vestirse de la armadura de Dios... es cierto. Lo necesitaremos.

Los episodios de mareos no cesaron rápidamente. De hecho, aumentaron tanto en número como en intensidad. Tuve que aprender a pararme y mantener de pie, a «resistir firmes en la fe» como nos apremia Pedro (1 Pedro 5.9). He aprendido de una nueva manera a no «cansarme de hacer el bien» y a «orar sin cesar». Era como si el espíritu(s) atacante(s) no creyera que iba a hacerle frente y por eso seguía tratando.

Unas pocas semanas después llegó una oleada de mareo que me hizo caer. Desde el suelo, oré otra vez, ordenándole que me dejara en el nombre de Jesucristo. Lo hizo. Y nunca más he sido atacada por un mareo. Algo con lo que había vivido por décadas ahora se ha ido, para siempre. A través de la experiencia de mantenerme firme contra el ataque de mareos, Dios había comenzado a entrenar mis manos y mi corazón para la batalla.

ATAQUES EMOCIONALES

Los vi, paulatinamente a través de mis lágrimas,
Los dulces, tristes años, los años de melancolía,
Aquellos años de mi vida, que dando vueltas se han ido,
Una sombra sobre mí.
—ELIZABETH BARRETT BROWNING

He luchado con la depresión casi toda mi vida (Stasi). Aun cuando era niña, la depresión y los pensamientos suicidas me asediaban. ¿Lo recuerdas? Traté de terminar con mi vida cuando apenas tenía diez años. Mi espíritu estaba en el suelo. Luego del nacimiento de nuestro segundo hijo, me sentí perdida en el mar. Estaba llena de dudas en mí misma, ira, vergüenza y un profundo sentido de falta de valor. Amaba a mi esposo. Amaba a mis hijos. Pero estaba muy consciente de que no podía amarlos bien. Quería ser feliz. Pero no lo era. Estaba desconectada de mi corazón y de mi Dios. No tenía ni idea de por qué me sentía de aquella manera, a parte de creer que había algo terriblemente mal en mí y que siempre estaría allí.

Cuando nos mudamos a Colorado Springs, quise trabajar de voluntaria en el Centro de Crisis para Embarazadas de la comunidad. Quería ser la consejera que hiciera la prueba de embarazo y conociera a las jovencitas. Los asuntos que rodean un embarazo no deseado y las decisiones que una niña se siente forzada a tomar era algo por lo que sentía y todavía siento pasión. ¿Ves? Me sometí a un aborto cuando estaba en secundaria. Sentí que una parte de mi alma murió aquel día junto con mi hijo sin nacer y quería ayudar a las jóvenes a no tomar la misma dolorosa decisión.

Sin embargo, resultó que el centro no permitía a mujeres que habían tenido abortos previos que aconsejaran a otras hasta que tomaran una clase llamada «Educación y Consejería Post-aborto».

Muy sabiamente, ofrecen a las mujeres este sendero de sanidad, y lo requieren incluso para sus voluntarias. Listo. Asistí.

Fue increíble. No le había contado a muchas personas sobre mi pasado y allí estaba en un cuarto con más o menos diez extrañas exponiendo mi vergüenza. Todas las mujeres presentes eran cristianas, estaban arrepentidas y muy angustiadas. Muchas estaban trabajando en posiciones ministeriales. Todas habían tenido por lo menos un aborto, algunas muchos más. Todas necesitábamos el perdón y la profunda obra sanadora de Dios.

El Señor usó aquel grupo para abrir mi corazón de par en par. La naturaleza del grupo fue tal que no solo lidiamos con el asunto del aborto en nuestras vidas. Si el proceso sacaba a relucir otra área de dolor, necesitábamos buscar ayuda de consejería adicional en otro lugar. No pasó mucho tiempo antes de que llamara por teléfono a la líder para pedirle un referido. Los otros «asuntos» no solo fueron agitados, sino que me estaban haciendo tambalear en un dolor intolerable. Comencé a examinar mi vida y a pensar por primera vez que tal vez los sufrimientos y abusos que había recibo no eran del todo mi culpa o meramente lo que me merecía.

Comenzó la consejería. Dios me llevó a una maravillosa, intuitiva y cariñosa mujer cristiana que honró mi alma y me invitó a buscar más profundamente. Caminó conmigo, con Dios, adentro de los calabozos de mi corazón y me ayudó a ver que Cristo había destruido los barrotes de acero. Me reuní con Laura por bastante tiempo hasta que llegué a un momento en mi vida en el que no podía hacer ningún progreso. No podía pensar con claridad. No tenía la energía ni el deseo de seguir adelante. Fue en ese momento que me sugirió que comenzara a tomar medicamentos antidepresivos.

Mi padre era maniaco-depresivo. Ahora lo llaman bipolar. Los desequilibrios químicos se heredan. (Gracias, papá.) Así que comencé a tomarme el medicamento. En un lapso de varias semanas, ya no sentía sobre mí la carga sobre mi alma que había sentido la mayor parte de mi vida. Me preguntaba: *¿Es así que se sienten otras personas todo el tiempo? ¡Guau!* Ahora podía seguir examinando con Dios otros aspectos profundos de mi corazón. El cielo se tornó azul. La vida ya no era demasiado.

La Iglesia le ha puesto un gran estigma a los antidepresivos. Algunos los llaman las «pastillas alegres». Otros dicen que si estás llena del Espíritu Santo y estás caminando con Dios en fe, no los necesitarás. Humillan a aquellos que los están tomando responsablemente. Pero no humillamos a los diabéticos que tienen que inyectarse insulina. ¿Por qué tenemos que humillar entonces a personas que tienen un desequilibrio químico y tienen que tomar algo para ayudarlos? Una vez mi papá comenzó a tomar litio ya no tenía los drásticos cambios de humor que eran un flagelo en nuestras vidas. Se convirtió en un mejor hombre; más parecido al hombre que verdaderamente era. No hay de qué avergonzarse por la necesidad de tomar algún medicamento, sea para ayudarte durante un corto y difícil período de tu vida o por el resto de tus días.

Los seres humanos estamos hechos de tres partes entretejidas. Como dice Pablo: «Y el mismo Dios de paz os santifique por completo; y todo vuestro ser, espíritu, alma y cuerpo, sea guardado irreprensible para la venida de nuestro Señor Jesucristo» (1 Tesalonicenses 5.23). Somos cuerpo, alma y espíritu. Cada parte afecta a la otra en la misteriosa interacción de la vida. Al buscar sanidad a través de la consejería, Dios estaba tratando con mi alma. La provisión de ayuda divina a través de los antidepresivos fue una tremenda ayuda para mi cuerpo. Progresé muchísimo. Pero no era suficiente. Dios quería involucrar a mi espíritu.

Un inmundo espíritu de depresión tenía sus sangrientas garras en mi vida. Con frecuencia funciona así; el Enemigo conoce nuestras debilidades y nos ataca con ellas. Los demonios huelen el quebranto humano como los tiburones huelen la sangre en el agua, y se mueven para aprovecharse del alma debilitada. Pablo nos pone en alerta sobre esto en Efesios, cuando, *escribiendo a los cristianos*, les advierte a «no dar lugar al diablo» en nuestra vida por medio de emociones sin sanar o que han sido tratadas inadecuadamente (4.26-27). Dios me hizo comenzar a lidiar con ellas.

Santiago y Pedro nos exhortan a *resistir* a nuestro Enemigo (Santiago 4.7; 1 Pedro 5:8-9). Jesús nos dice que nos ha dado su autoridad para vencer los ataques espirituales en contra nuestra (Lucas 10.18-19). Oré. John, como mi esposo, mi cabeza, oró también.

Le ordenamos a este espíritu inmundo que me dejara por la autoridad dada a los creyentes por medio de Jesucristo. Llegó la liberación. Victoria. Libertad. Restauración. Era el aspecto final. Necesitaba lidiar con los tres aspectos —cuerpo, alma y espíritu— para poder adentrarme más y más en mi sanidad. Demasiadas mujeres se enfocan en uno o dos aspectos y no tratan con la guerra espiritual que se arremolina a nuestro alrededor.

Pero si queremos ser libres, tenemos que hacerlo.

ATAQUES A LAS RELACIONES

Otro enemigo común que con frecuencia está trabajando en las relaciones de las mujeres es un espíritu de acusación. Con nuestras amistades, en nuestras relaciones con los compañeros de trabajo y especialmente en nuestros matrimonios, sentimos constantemente que somos una desilusión para otros, que nos desaprueban. En su presencia nos sentimos que no somos suficiente, o somos demasiado. Después de pasar algún tiempo con ellos nos sentimos agobiadas por una profunda sensación de fracaso. Nos sentimos frustradas e irritadas, y avergonzadas por sentirnos así. Nuestro corazón con frecuencia cae en la vergüenza y la desolación, o nos movemos al resentimiento y el aislamiento.

¿Sabes de lo que estoy hablando? ¿Lo reconoces? ¿Ese repetir conversaciones que has tenido con otras personas, esa sensación de haber arruinado algo o esa otra sensación de sencillamente estar realmente molesta con ellos? ¿Has notado cómo crecen los sentimientos a medida que sigues ponderando en ellos? Ahora bien, ¿quién crees que tiene intereses creados en arruinar tus relaciones? Sobre esto fue que precisamente Pablo advirtió a los corintios cuando dijo: «Para que Satanás no se aproveche de nosotros, pues no ignoramos sus artimañas» (2 Corintios 2.11 NVI).

Pues bien, un espíritu de acusación estuvo operando en John y en mi matrimonio durante los primeros diez años de casados. Sentía su desaprobación en cómo usaba mi tiempo, mi relación con Dios y hasta en la forma en que cortaba los vegetales. Sentía

que todo lo que hacía lo desilusionaba
estar a la altura de sus deseos (sin ex
corazón y amor a una persona cuando
dencia es a distanciarnos por vergüenza
eso es lo que yo hago.

Entonces una noche, luego de una
da, John quiso saber en qué me estab
sentía, dijo, que yo estaba desilusionada
nada bien; que yo desaprobaba la forma
él era.

¿¿¿Qué???

Esto me parecía increíble. No sentía nada de eso hacia él. Por el contrario, quería ser más como él. Le dije que no sentía eso hacia él pero que ciertamente sí lo sentía *de* él hacia mí. Que era una verdadera desilusión para él. John me dijo que eso era absolutamente falso. No sentía nada de eso. Fue entonces que John y yo nos dimos cuenta que no estábamos solos en aquel cuarto. Estábamos sufriendo el ataque de un espíritu de acusación que había obrado efectivamente en nosotros por diez años, trabajando para alejarnos el uno del otro y a fin de cuentas, destruir nuestro matrimonio.

Nos enojamos. Juntos, asumimos una postura firme contra él y le ordenamos que se fuera. Al principio esto puede sentirse algo extraño, hablarle al aire y decir cosas como: «Impongo la cruz de Cristo contra ti. En el nombre de Jesús te ordeno que te vayas». Algunas veces tienes que ser firme y orar varias veces. Como dijo Pedro: «*firmes* en la fe» (1 Pedro 5.9). Pero decirle «¡fuera!» también funciona.

¡Qué alivio! ¡Qué descubrimiento para nosotros! Poder mirar a mi esposo a los ojos y no tener los míos nublados por falsas acusaciones me permitió ver su amor hacia mí de forma verdadera, real y profunda. Ahora podemos creer que nos gustamos mutuamente, que nos apoyamos mutuamente y que lo más cierto en nuestro matrimonio es un amor comprometido.

Esto cambió todo.

UNA NOVIA EN GUERRA

Ustedes son la Novia de Cristo... y la Novia de Cristo en una novia en guerra.

Ahora bien, con frecuencia, por la persona que más difícil se te hace pelear es por ti misma. Pero tienes que hacerlo. Tu corazón *se necesita*. Debes estar presente y comprometida para poder amar bien y pelear en favor de otros. Sin ti, se perderá muchísimo. Es tiempo de ponerte de pie y hacerlo con firmeza. Estamos en guerra. Eres necesaria.

Sí, los hombres fueron creados a la imagen del Rey Guerrero. Los hombres son guerreros. Pero las mujeres también tienen que pelear. Es algo poderoso cuando un hombre lucha por el corazón de una mujer y se interpone entre ella y sus enemigos. Y aun cuando esto es así, Dios desea que el espíritu de la mujer emerja también en la fuerza de él. Un día seremos reinas, y reinaremos con Jesús (Apocalipsis 21). Necesitamos desarrollarnos en nuestro entendimiento y práctica de la guerra espiritual no solo porque estamos siendo apaleadas por ella, sino porque es una de las principales maneras de crecer en Cristo. Él usa esto en nuestra vida para fortalecer nuestra fe, acercarnos más a Él, entrenarnos para el papel que se supone que desempeñemos, para alentarnos a desempeñar ese rol y para prepararnos para nuestro futuro a su lado.

No es que estemos abandonadas. Cristo no nos ha abandonado.

No es que estemos solas. Él nunca nos dejará ni nos dará la espalda.

Ni siquiera la batalla es nuestra. La batalla es del Señor.

Jesús salió en nuestra defensa aun antes de que naciéramos. Peleó por nosotras mucho antes de que siquiera supiéramos que necesitábamos que pelearan por nosotras. Él vino, murió y resucitó *por nosotras*. Le fue dada toda autoridad en el cielo y en la tierra *por nosotras*. Él ha obtenido una victoria decisiva sobre nuestro enemigo. *Pero tenemos que aplicarla*. El cristianismo no es una religión pasiva. Es la invasión de un reino. Los que estamos del lado del Señor tenemos que ejercer su victoria. Tenemos que aprender a implementarla. Necesitamos crecer como guerreras porque nosotras también fuimos creadas para reinar. Dios le dijo tanto a Eva como a Adán que «señorearan» (Génesis 1.28). Y un día señorearemos otra vez (Mateo 25.21; Apocalipsis 22.5). Dios permite la guerra espiritual y la usa en nuestras vidas para bien. Así es como aprendemos a crecer en el ejercicio de la autoridad espiritual que Dios nos ha dado como mujeres.

Hay un versículo fascinante en el tercer capítulo de Jueces. Hablando de lo difícil que fue ganar la Tierra Prometida, explica que el Señor, el Dios de huestes de ángeles, no arrojó a todas las naciones de una vez ni «las entregó en mano de Josué» (Josué 2.23). No, el Señor dejó a algunas naciones para probarles a los israelitas que no había experimentado la guerra y «para que el linaje de los hijos de Israel conociese la guerra» (Jueces 3.2). Mucho de lo que Él permite en tu vida no es simplemente para que lo aceptes, *¡sino para provocar que te levantes!* Dios quiere enseñarte cómo empuñar las armas de la guerra espiritual; cómo asumir una postura y cómo pelear.

«Algún día serás una reina y tienes que abrir tus ojos».
—WILLIAM WALLACE a la princesa en *Corazón Valiente*

No se supone que las mujeres seamos criaturas indefensas. Dios nos ha dado una ferocidad que es santa y es para que la usemos en favor de otros. El libro de Jueces, los capítulos 4 y 5, cuentan la historia de Débora, una profetisa que dirigió a Israel. Por medio de ella, Dios dirigió a los israelitas para ir a guerra contra Sísara y los ejércitos cananeos. El líder del ejército israelita, un hombre llamado Barac, iría a la guerra solo si Débora iba con él. No iría si ella no iba. Así que Débora fue. ?«¡Está bien, iré contigo —dijo Débora—. Pero, por la manera en que vas a encarar este asunto, la gloria no será tuya, ya que el Señor entregará a Sísara en manos de una mujer» (Jueces 4.9 NVI).

La historia de la batalla es corta. Dirigidos por Débora, los israelitas obtienen la victoria. Sin embargo, su enemigo Sísara, escapó y huyó a pie a la tienda de Jael, «esposa de Héber». Mientras el enemigo de Israel dormía en su tienda, Jael tomó la estaca de la tienda y se la clavó en la sien. Cayó muerto a sus pies. ¡Esa sí que es una mujer feroz! Y Débora dirigió a Israel en una canción de victoria:

Así perezcan todos tus enemigos, oh Jehová; mas los que te aman, sean como el sol cuando sale en su fuerza. (Jueces 5.31)

PRINCESAS GUERRERAS

¿A quién se parece una princesa guerrera? Piensa en Juana de Arco. Piensa en la Madre Teresa. Piensa en Ester. Piensa en María de Betania. Piensa en Arwen. Piensa en Eowyn. Piensa en Débora. Piensa en María, la madre de Jesús. Mujeres que fueron sabias, astutas, fuertes, bellas, valientes, triunfadoras y estuvieron muy *presentes.*

Acabo de regresar de un retiro para mujeres en el que Dios se manifestó a sus hijas. Fue maravillosamente precioso. Mi amiga Susie estuvo allí y me contó la siguiente historia de cómo Jesús vino a ella y a dos de sus compañeras de cuarto en un descenso súbito y les enseñó a asumir su postura ante el enemigo.

La sesión nocturna trató el tema «Cómo sanar la herida» y las mujeres habían sido despachadas a una hora de pacto de silencio para que pudieran oír a Dios. Le estaban pidiendo a Dios que les revelara las mentiras bajo las que habían estado viviendo, las sentencias con las que habían estado de acuerdo y los pactos que habían hecho como resultado. Habíamos pedido a Dios en oración, gracia y valor para renunciar a esas mentiras, a pesar de lo ciertas que pudieran parecer, y que invitaran a Dios a sanar sus corazones heridos y hablara verdad. Las mujeres estaban tomando notas, orando, llorando, buscando a Dios e invitándolo a los lugares más ocultos de sus corazones para revelárseles y recibir sanidad.

Susie regresó a su habitación para escribir en su diario, al igual que dos de sus compañeras de cuarto. La primera mentira del Enemigo que ella se dio cuenta que había creído y vivido toda su vida era: «No hables, no hables, no hables». Sin saberlo, una de sus compañeras de cuarto estaba escribiendo en su diario que la mentira clave bajo la que había estado viviendo era: «No tienes nada de valor que ofrecer. No ofrezcas nada. No ofrezcas nada. No ofrezcas nada». La otra compañera estaba escribiendo la mentira bajo la que había estado viviendo y creyendo: «Nadie sacará la cara por ti. Eres muy problemática. No pidas nada. No pidas nada. No pidas nada».

Fue entonces que «No pidas nada» comenzó a tener un serio ataque de asma y «No pidas nada» no padece de asma. Nunca había tenido asma. Los hijos de Susie sí padecen de asma severa, ha estado con ellos en salas de emergencia innumerables veces. De inmediato reconoció de qué se trataba. Pero estaba cumpliendo con un pacto de silencio. No se supone que hable. Su mentira le está gritando: «No hables», pero aún así se arriesga a preguntarle a la mujer que parecía estar asfixiándose: «¿Estás bien?» La mujer, casi sin aire, la despacha diciendo: «Estoy bien», mientras tanto está oyendo: «¡No pidas nada! ¡No pidas nada! ¡No pidas nada!»

«No ofrezcas nada» está viendo, oyendo y sintiendo que su compañera está en problemas, pero está paralizada, creyendo que no tiene nada que ofrecer. Está oyendo: «¡No ofrezcas nada, no ofrezcas nada, *no* ofrezcas nada! Las tres continúan esto durante unos minutos críticos. «No hables», «No ofrezcas nada», «No pidas nada»... un triángulo de muerte, hasta que Susie ve que su compañera de cuarto se está poniendo azul, jadeando desesperadamente y en urgente necesidad. Susie hala a «No ofrezcas nada» y grita: «¡Necesito tu ayuda!» Ambas se acercan a «No pidas nada» y comienzan a orar pidiendo la ayuda de Dios. Susie habla alto en el nombre de Jesús y le ordena al ataque sobre su compañera que se vaya. «No ofrezcas nada» ofrece su fuerza, y se une en oración e inmediatamente «No pidas nada» es liberada y respira profundamente. Fue salvada. Rescatada. No era asma. Era un ataque espiritual.

Las tres mujeres estaban sorprendidas y comenzaron a comentar sobre cuáles eran sus mentiras clave. Se maravillaron al darse cuenta que Dios había venido a ellas y había destronado sus mentiras. Las había expuesto tal como eran en una dramática intervención. «No digas nada» necesitaba hablar. «No ofrezcas nada» necesitaba ofrecer. «No pidas nada» estaba en necesidad y merecía que pelearan por ella. Las tres estaban gozosas y se rieron juntas hasta que les dolieron las costillas al darse cuenta del audaz amor de Jesús. Las había sacado de la palabrería y las había llevado al laboratorio para mostrarles el poder destructivo de las mentiras bajo las que estaban viviendo y llamándolas a la verdad y la vida.

Las mujeres guerreras son fuertes, sí, y también son tiernas. Hay misericordia en ellas. Hay vulnerabilidad. De hecho, ofrecer tierna vulnerabilidad es algo que solo puede hacer una mujer increíblemente fuerte, una mujer enraizada en Cristo Jesús que sabe *de quién* es ella y por lo tanto sabe *quién* es ella. Ofrecer nuestros corazones sabiamente, vivir en la libertad del amor de Dios, invitar a otros a descansar, atraer a los seres en nuestras vidas al corazón de Dios y responder al corazón de Dios en adoración son algunas de formas más poderosas en las que una mujer batalla por su mundo. Pero también se viste con toda la armadura de Dios, *diariamente*, y asume una postura firme contra los poderes de la oscuridad.

Satanás está destruido. El príncipe de este mundo es echado fuera (Juan 12.31). Los principados y las potestades son despojadas (Colosenses 2.15). Pero el reino demoníaco es un reino de mentiras, odio y muerte. Satanás y los ángeles caídos, ahora demonios, fueron echados fuera pero no están encadenados. Todavía no. Ahora, «vuestro adversario el diablo, como león rugiente, anda alrededor buscando a quien devorar» (1 Pedro 5.8). Y sí devora. Él asalta y mutila y roba y mata y destruye dondequiera que puede hacerlo y el embate de su malicia cae sobre quienes llevamos la imagen de Dios. En ti y en mí. Sobre la Amada. Satanás nos molesta de forma cruel y despiadada, y alguien así no se dará por vencido a menos que alguien más fuerte se le pare de frente y le exponga tal cual es. Y ese es tu trabajo porque «mayor es el que está en vosotros, que el que está en el mundo» (1 Juan 4.4).

Por lo demás, hermanos míos, fortaleceos en el Señor, y en el poder de su fuerza. Vestíos de toda la armadura de Dios, para que podáis estar firmes contra las asechanzas del diablo. Porque no tenemos lucha contra sangre y carne, sino contra principados, contra potestades, contra los gobernadores de las tinieblas de este siglo, contra huestes espirituales de maldad en las regiones celestes. Por tanto, tomad toda la armadura de Dios, para que podáis resistir en el día malo, y habiendo acabado todo, estar firmes. (Efesios 6.10-13)

Hay una Oración Diaria que John y yo, y el equipo de oración de nuestro ministerio oramos todas las mañanas. Es buena, cierta e inmensamente útil. La encontrarás al final de este libro. Además es buena tanto para mujeres como para hombres. Una querida amiga nos contó en una ocasión que mientras estaba orando por la armadura de Dios, la vio con sus ojos espirituales, y dice que era liviana y preciosa. Dios te hizo mujer. A propósito. Quizás te ayudaría saber que llevar la armadura de Dios no le resta nada ni a tu belleza, ni a tu feminidad ni a tu tierno, bondadoso y poderoso corazón.

Una dulce joven me escribió diciéndome que de la misma manera en que presta mucha atención a su vestimenta cada mañana, así también tiene cuidado al ponerse la armadura de Dios. Oye la primera parte de su oración.

Ahora me pongo agradecida la armadura que tú has provisto para mí. Me ciño con el cinto de la verdad; atando así todo lo vulnerable de mi feminidad. Primero, mi necesidad de que vayan tras de mí y peleen por mí. Gracias también por ir tras de mí y pelear por mí todos los días.

También ciño a tu plan supremo mi deseo de ser irremplazable. Has puesto este deseo en mí y lo envuelvo con tu verdad, con la esperanza de que tú lo harás. Dame ojos que cada día me permitan ver bajo la luz de tu plan; vivir en la grandeza de tu historia.

Ciño mi deseo para ofrecer vida a través de mis dones y la belleza que me has concedido. Te pido que me continúes revelando y confirmando lo que deseas hacer a través de mí y todo lo que me has dado. Creo que me has llamado por mi nombre y me has dado un amor, una belleza y un don para derramar en mi familia, mis amistades y en todo aquel que pongas en mi camino. Que este día sea una ofrenda de amor derramada ante ti en el altar de mi vida.

Permítenos decírtelo otra vez. Tu vida es una Historia de Amor que transcurre en medio de una batalla de vida y muerte. La belleza, la aventura, la intimidad son las cosas *más* ciertas. Pero es una batalla para rescatarlas, una batalla para mantenerlas. Una batalla por tu propio corazón y una batalla por el corazón de los que te rodean. «Jehová es varón de guerra; Jehová es su nombre» (Éxodo 15.3). Jesús pelea en tu favor y en favor de tus seres amados. Solo te pide que te unas a él.

CAPÍTULO DOCE

Un rol irremplazable

❧

Si hay una mujer de verdad —aunque sea el rastro de una—
todavía allí dentro de las quejas, puede ser regresada a la vida
otra vez. Si queda una diminuta chispa debajo de todas esas
cenizas, la soplaremos hasta que toda la pila esté roja
e iluminada.
—C.S. Lewis

Entonces María dijo: He aquí la sierva del Señor;
hágase conmigo conforme a tu palabra.
—Lucas 1.38

La historia de la Cenicienta depende de una invitación.

Hasta el momento en que llega el emisario del palacio a su puerta, la vida de la Cenicienta parece no tener salida. Siempre será una lavandera, la chica del sótano. Sus enemigos siempre tendrán la ventaja. Vivirá una vida soportando desilusiones, aunque las sufrirá con nobleza. Ningún otro estilo de vida parece posible. Este es su destino. Entonces, llega el anuncio del Príncipe... una invitación al Baile. Es en este punto que todo se desata. Sus anhelos despiertan. Sus enemigos se enfurecen. Y su vida no vuelve a ser la misma.

Qué cortesía que nos llegue por invitación. Como mujer, no necesitas hacer demasiado ni acomodar las cosas. No necesitas hacer que ocurran. Solo necesitas responder. Concedido. La respuesta de Cenicienta exigió un gran valor; un valor que viene solo de un profundo deseo de encontrar la vida para la que tu corazón sabe que fue creada. Ella *quería* ir. Pero requirió determinación para vencer sus temores y tan solo llegar al baile. Exigió valor para no abandonar toda esperanza aún *después* de haber bailado con el príncipe. (Corrió de vuelta al sótano, como todas hacemos.) Pero se convirtió en la mujer para la que había nacido, y el reino nunca fue igual. Es una parábola preciosa.

Lo mismo es cierto, aunque con mucho, mucho más peso, para María, la madre de Jesús. Su vida también cambió por una invitación. El ángel vino como mensajero del Rey. Pero aún así, ella necesitaba decir «sí». No la obligaría a nada. Su corazón tenía que estar dispuesto. *Necesitaría* su corazón para todo lo que le esperaba. Exigió un valor extraordinario y también, todo se desató. Su Enemigo se enfureció. Por poco pierde su matrimonio. Ciertamente ella y José perdieron su posición en la sinagoga. Su vida se transformó en una historia inaudita. María necesitó una gran determinación en su corazón para seguir diciéndole «sí» a Dios. Pero se convirtió en la mujer para la que había nacido, y el Reino nunca fue igual. Todo comenzó con una *invitación*.

Las invitaciones de nuestro Príncipe nos llegan de muchas maneras. Tu corazón mismo, como mujer, es una invitación. Una invitación enviada en la forma más íntima y personalizada. Tu Amado ha escrito algo en tu corazón. Es un llamado a encontrar una vida de romance, y a proteger esa aventura romántica como tu más precioso tesoro. Un llamado a cultivar la belleza que tienes dentro, a develar tu belleza en favor de otros. Y es un llamado a la aventura, a convertirte en la ayuda esencial (*ezer*) para un mundo que te necesita desesperadamente.

EL PODER DE LA VIDA DE UNA MUJER

Cuando finalmente la historia del mundo se cuente como es debido —una de las grandes alegrías cuando lleguen las bodas del Cordero—

será tan claro como el día que las mujeres han sido esenciales en todos los movimientos importantes de Dios sobre esta tierra.

Quería decir «*casi* todos los movimientos importantes», para no exagerar un punto crucial y para reconocer que ha habido momentos en los que los hombres han ido al frente. Pero Stasi se unió a la conversación y dijo: «Esos hombres tuvieron madres, ¿verdad?» Estaba pensando en Moisés que pareció dirigir el éxodo, pero rápidamente me di cuenta que fue su madre la que salvó su vida cuando era bebé (arriesgando la vida de ella y la de toda su familia). Fue su hermana la que permaneció con el bebé y recomendó una niñera cuando la hija del faraón lo crió como suyo. (Esa niñera sería, por supuesto, su madre.) Listo. Me rendí. Las mujeres han sido esenciales en todos los movimientos importantes de Dios.

Ciertamente tenemos esos momentos maravillosos en el Antiguo Testamento, como la historia de Rahab, quien aseguró una invasión militar exitosa de los hebreos en la Tierra Prometida. Y Ester, quien salva a su pueblo del genocidio y a través de ellos el futuro de Israel... y del mundo. Es evidente que las mujeres apoyaron el ministerio de Jesús, financiera y emocionalmente, y que las mujeres fueron las que se quedaron junto a Él cuando casi todos los hombres salieron corriendo. Mientras leemos la historia del esparcimiento del evangelio y el nacimiento de la Iglesia en el Nuevo Testamento, encontramos mujeres como Lidia, cuya casa se convirtió en punto de encuentro para el evangelismo de Tiatira y Filipos. Ninfas y Apia quienes reunieron en sus casas a la iglesia que afloraba; otra vez, arriesgando sus vidas y las de sus seres queridos. También Priscila, quien arriesgó su vida para ayudar a Pablo a esparcir el evangelio, y Junias, quien estuvo con Pablo cuando este estuvo en prisión y a quien llama «muy estimado[s] entre los apóstoles» (Romanos 16.7).

Y claro está, la salvación de la humanidad recayó en el valor de una mujer, una adolescente. ¿Qué habría pasado si hubiera dicho «no»? ¿Qué si cualquier de ellas hubiera dicho «no»?

Es imposible tratar de honrar aquí a las mujeres en todo el alcance que han tenido en la historia. Sería más fácil pensar en cualquiera de los grandes o pequeños momentos cruciales en el rescate de

Dios de la humanidad y tratar de encontrar uno en el que la mujer *no* fuera irremplazable. Desde el principio, Eva fue un regalo de Dios al mundo... su *ezer kenegdo* para nosotros. Ahora bien, esa historia todavía se está desarrollando y tu existencia como mujer en esta tierra es prueba de que tienes un rol irremplazable que desempeñar. Eres mujer, ¿no es así? En esencia, un *ezer kenegdo*. Tu persistente incredulidad (tal vez está desapareciendo) de que no hay nada importante en tu vida es solo evidencia de la continua agresión en tu corazón por parte de aquel que sabe quién podrías ser y te teme.

Todavía hace falta llevar a cabo muchas tareas «salvavidas» y alguien tiene que hacerlas. No con una actitud de presión del tipo mejor-es-que-te-pongas-a-hacerlo. Sino como una invitación. Tu corazón femenino es una invitación de tu Creador. ¿Para qué? Para desempeñar un rol irremplazable en su Historia. ¿Acaso no es eso lo que tu Amado escribió allí? Algún sueño, algún anhelo, algo tan inherente a lo que eres que casi duele pensar en ello. El mismo anhelo está tan unido a tu ser que hasta te da miedo pronunciarlo. Quizás todavía no sepas cuál es el sueño. Pero conoces el *anhelo* de tener un rol irremplazable. Ese es un buen comienzo.

El *ezer* está entretejido en las fibras de tu corazón femenino. Tienes que vivirlo. ¿Qué vidas, qué destinos dependen de *tu* «sí» a Dios?

Tu rol irremplazable

Nuestra amiga Jeanine ha sido misionera de carrera por treinta y dos años. Por los últimos catorce, ha dedicado su vida al trabajo en Medellín, Colombia; una ciudad y un país terribles debido a los carteles de drogas, los asesinatos y la violencia... su cultura de muerte. No es un lugar amistoso hacia el cristianismo. «Sesenta pastores al año son asesinados en Colombia», nos comentó en una reciente visita. Jeanine primero siguió el llamado de Dios para enseñar hebreo en un seminario allí. Luego, Él aumentó el riesgo al pedirle que ministrara en las cárceles más peligrosas del país. Una mujer sola, entrando a cárceles hacinadas, llenas de endurecidos asesinos, la encarnación del infierno en la tierra, para llevar el amor de Jesús.

En *Bellavista*, más de 6.000 presos abarrotan una prisión diseñada para albergar solo a 1.500. «Hasta hace unos años atrás (14) cuando comenzaron los estudios bíblicos, Bellavista era conocida por su violencia. Tenía un promedio de dos asesinatos *por día* dentro de las paredes de la prisión. Según las vidas han sido transformadas, los asesinatos están disminuyendo», nos dijo. Solo siete reclusos fueron muertos entre 1990 al 1997. Jeanine arriesga su vida a diario pero no permite que eso la detenga. Como ella dice: «La seguridad no está en la ausencia de peligro, sino en la presencia de Jesús». Más de quinientos presidiarios están actualmente estudiando la Palabra en la prisión y literalmente miles han sido salvos a través del ministerio que Jeanine comenzó. Ella es su *ezer*. El *ezer* de muchos en Colombia.

Nuestra querida amiga Carol tiene una mente brillante y un agudo intelecto. Preferida entre sus profesores, se graduó de una universidad reconocida por su excelencia académica entre las mejores alumnas de su clase. Su madre es una profesional, su padre es profesor universitario, su hermana es médico y su hermano está terminando sus estudios en leyes. El cielo es el límite para Carol. Lee constantemente. Está al tanto de los eventos internacionales y analiza las tendencias mundiales. Planifica su día para no perderse las transmisiones radiales de la Emisora Pública Nacional. Y acaba de dejar a un lado lo que parecía ser una carrera dorada para quedarse en su casa y cuidar a tiempo completo a su hijo recién nacido.

No hay nada más en la tierra que Carol preferiría hacer; sin embargo, fue una decisión increíblemente difícil de tomar. Su familia no entiende; siente que los ha defraudado. Tiene esperanzas y anhelos de seguir estudiando. Hay mucho que quiere hacer, aprender, experimentar. Ha sacrificado muchísimo de su vida para así dar vida a su pequeño niño. Aprender a ser madre de su hijo está exigiendo mucho más de su alma y corazón de lo que había imaginado posible. Dios llamó a Carol a la alta posición de la maternidad y ella está escogiendo morir muchas muertes pequeñas cada día mientras al mismo tiempo se está enamorando cada vez más de su hijo.

Carol escogió decirle «sí» a Dios y siguió su dirección hacia la vida escondida de una mamá en la casa. Dios se está encontrando allí con ella. Allí en lo oculto Carol está descubriendo lo santo. Y está desempeñando el papel más irremplazable, esencial, poderoso e impactante que cualquiera pueda imaginar. Como escribió Chesterson:

Ser la reina Elizabeth dentro de los límites de un área específica, decidiendo sobre ventas, banquetes, trabajos y días feriados; ser Whitely dentro de cierta área, proveyendo juguetes, botas, pasteles y libros; ser Aristóteles dentro de cierta área, enseñando moral, modales, teología e higiene; puedo entender lo mucho que esto podría agotar la mente, pero no puedo imaginar cómo podría achicarla. ¿Cómo puede ser una carrera importante enseñar a los hijos de otros sobre la Tabla del Tres y una carrera insignificante enseñar a tus propios hijos sobre el universo? ¿Cómo puede ser algo inmenso ser lo mismo para todo el mundo y algo pequeño ser todo para alguien? No, la función de una mujer es ardua, pero porque es gigante y no porque sea pequeña. —*What's Wrong with the World?* [¿Qué le está pasando al mundo?]

En el cumpleaños número diecisiete de Ellie Claus, ella cruzó la meta como la Campeona de «Iditarod» Juvenil, una carrera de ciento cincuenta millas (241 km) montada en un trineo arrastrado por perros por terrenos inhabitados de Alaska. Ellie vive en «los arbustos», la zona despoblada de Alaska donde ha crecido con una naturaleza salvaje en el patio de su casa. Ha sido su sueño competir en el «Iditarod Trail Sled Dog Race», un prolongado y arduo recorrido de 1.150 millas (2.414 km) desde Anchorage hasta Nome. (Tienes que tener dieciocho años para correr el Iditarod.) Los osos polares merodean como parte de la ruta. Los lobos también. Los que manejan los trineos (*mushers*) a veces son atacados por alces. Las temperaturas pueden alcanzar los setenta grados bajo cero. Los competidores corren solos entre nueve a doce horas diarias, sin ayuda externa y con solo un par de horas de sueño por día.

Ellie es una chica *petite* y linda a la que te resultaría más fácil imaginar en la casa asistiendo a la preparatoria, o en un equipo de baile que corriendo en el peligroso «Iditarod». Pero el corazón de Ellie está vivo y es apasionado, gracias a su amor por Dios. Está dispuesta a tomar enormes riesgos para convertirse en la mujer que se supone que sea. En el 2004, apenas catorce días después de cumplir sus dieciocho años, Ellie se convirtió en la persona más joven (hombre o mujer) en haber corrido el Iditarod. Cruzó la meta luego de once días, diecinueve horas y veinticuatro minutos, terminando en la posición número 45 de 87 participantes. Su abuela corre maratones (20 hasta el momento) y su mamá es guía de expediciones de esquí en Alaska. ¡Todas son mujeres de aventura!

Mi amiga Tammy ha sido líder en ministerios de mujeres por décadas. Es una mujer talentosa, totalmente entregada a Dios. Hace unos años atrás, Dios la invitó a retirarse con Él y sentarse a sus pies. Sola. La llamó a dejar su posición en la iglesia. La llamó a dejar de dirigir su pequeño grupo, su grupo de estudio bíblico, el grupo al que le rendía cuentas. Le pidió que se convirtiera en una mujer de «solo una cosa»: a convertirse en María, una mujer consagrada a la adoración. A ministrar al corazón de Dios.

Tammy decidió decirle «sí» a Dios y seguir su dirección hacia lo secreto del corazón de ella. Sus amigas pensaron que se había vuelto loca. Los líderes de la iglesia la reprendieron públicamente por haber abandonado la Gran Comisión. Fue acusada y malentendida. Le dolió. Pero el Señor había capturado el corazón de Tammy y ha seguido capturándolo más profundamente desde entonces. Ha sido cautivada por su belleza. Y el resplandor de Él brilla en su semblante.

Tammy se ha convertido en una adoradora y su vida, que derrama ante Jesús una devoción que adora, se ha convertido en el faro y el llamado para que innumerables mujeres hagan lo mismo: alcanzar al más alto y santo llamado de ministrar al corazón de Dios y descubrir más profundamente el tesoro que Él es. Yo soy una de esas mujeres que ha sido transformada por su vida. Tammy está desempeñando muy bien su rol irremplazable.

Desde muy joven, Kathleen sintió el llamado de Dios en su vida de ser médico. Como hija de un ginecólogo, estuvo expuesta desde muy pequeña y con frecuencia al alto precio pagado por los doctores y sus familias: las largas horas, las noches sin dormir, las emergencias inoportunas. Kathleen también ha sido capturada por el llamado de Cristo de servir en los países tercermundistas. Está estudiando su carrera de medicina en el exterior para así desempeñar su rol irremplazable como una doctora misionera, trayendo sanidad física a través de su habilidad y sanidad espiritual por medio de su Dios.

Como ves, encontrar tu verdadero lugar como mujer en la Historia de Dios es algo tan diverso y único como un prado de flores silvestres. No hay dos que se vean exactamente iguales. Pero todas compartimos ciertas esferas de influencia en las que somos llamadas a ser esa ayuda urgente, el *ezer*.

En tus relaciones

Eva es la especialista en relaciones dada por Dios al mundo para *mantener la prioridad en las relaciones*.

Los hombres tienen la costumbre de pasar por alto estas cosas. Pueden pasar meses sin echarle un vistazo a la salud de sus relaciones. Sí, hasta años. Y el mundo sencillamente usa a la gente, luego los escupe cuando están desgastados y ya no están «en la cima de su juego». Nuestro Enemigo aborrece las relaciones, detesta cualquier forma de amor, le teme a su poder redentor. Por esta razón Dios envió a Eva. Las mujeres son *necesarias* para proteger las relaciones, traerlas de vuelta al centro del escenario donde pertenecen. En ocasiones podrías sentir que eres la única que se preocupa por esto. Pero como mujeres debemos aferrarnos a esto, pues como en la Trinidad, la relación es *lo* más importante en el universo. No rindamos ni entreguemos este sentido intuitivo por nada.

Es aquí, *comenzando* con nuestros círculos de intimidad, que somos mujeres en primer lugar. Es aquí adonde primero debemos volver nuestra mirada y preguntar: «¿Cómo se siente ofrecer mi belleza, mi apasionada devoción, mi amor? ¿Cómo necesitan de mí para ser su *ezer*?» Tienes un rol irremplazable en tus relaciones. Nadie puede ser lo que tú eres para los seres especiales en tu vida. Nadie puede ofrecer lo que tú ofreces. Hay muchas cosas que Dios nos llama a hacer, pero amar bien siempre viene primero. ¿Y acaso tus relaciones no parecen *oponerse* a esto? Seguro. Debemos pelear por ellas.

Satanás sabía que para eliminar a Adán todo lo que tenía que hacer era eliminar a Eva... su *ezer kenegdo*. Y funcionó muy bien, y desde entonces no ha abandonado su estrategia básica. Tu lugar en el mundo como el corazón de Dios para la relación es vital. Todo lo que el Enemigo tiene que hacer para destruir la vida de alguien es aislarlo, una oveja separada de la majada. Para hacer esto, elimina los *ezers* en sus vidas. Hace que una mujer se sienta como «De verdad, ¿qué tengo para ofrecer? Probablemente están bien». No lo creas ni por un momento. Has sido enviada por la Trinidad en nombre del amor, las relaciones. Lucha por ellas.

En el Cuerpo de Cristo

Tu vida también forma parte de un movimiento mayor, una compañía mística, el Reino de Dios avanzando aquí en la tierra. Esa compañía de las Redimidas y Restauradas; es un honor pertenecer a esa compañía. ¿Qué si es difícil? Te lo aseguro. ¿Has notado en las cartas de Pablo a las iglesias jóvenes con cuánta frecuencia tuvo que intervenir en las relaciones? «Ruego a Evodia y a Síntique, que sean de un mismo sentir en el Señor» (Filipenses 4.2). A propósito, aquí se está dirigiendo a dos mujeres. Pertenecer a la compañía de Cristo puede resultar *difícil* y *confuso*. Debido a esto, también es blanco de *oposición*. Y aquí, también, tienes un rol irremplazable que desempeñar.

Sí, lo sabemos, las mujeres no siempre se han sentido bienvenidas para ejercer sus dones en sus iglesias, a menos que se limiten a ciertas áreas (el salón de cuna, la cocina, etc.). No tenemos tiempo aquí para tratar con los asuntos alrededor de «rol apropiado de la mujer» en la iglesia. Para eso también se necesitaría todo un libro. Sin embargo, creemos que es mucho más útil comenzar con el *Diseño*, con el plan que Dios tenía en mente para que la mujer fuera y ofreciera. Eso viene primero. Entiende esto y luego puedes interpretar los roles. Una mujer *no* es igual a un hombre (¡gracias a Dios!). Está diseñada de una forma diferente. Esperamos que para este momento ya eso esté claro. ¿No es entonces lógico que sus contribuciones sean exclusivamente femeninas, y que por lo tanto, los roles que desempeñe se ajusten mejor a su corazón femenino? (No como una Eva caída, sino como una Eva Redimida y Restaurada.)

Más aún, muchos de los pasajes bíblicos sobre el rol de la mujer en la Iglesia son un reflejo de la preocupación de Dios por la protección y la cobertura espiritual de la mujer. Vivimos en un mundo peligroso. La oposición de Satanás contra la Iglesia es viciosa. Él alberga un odio especial hacia Eva. Lo que sigue es que Dios quiera asegurarse de que una mujer que ayude a adelantar su reino reciba la cobertura y la protección de hombres buenos. Los asuntos sobre la autoridad y quién está a la cabeza tienen la intención de *beneficiar* a la mujer, no oprimirla. ¿Verdad que ya sabes lo peligroso que puede ser tratar y llegar a emerger como una mujer realmente femenina?

Dios desea que dondequiera y como quiera que te ofrezcas para el Cuerpo de Cristo, tengas la protección de hombres buenos sobre ti. No para reprimirte, sino para liberarte como mujer. Cristo ha hecho al hombre como su guerrero, para ofrecer su fuerza en favor de Eva, *para que así ella pueda florecer*. Si ese no es el contexto en el que te has encontrado, encuentra uno que lo sea. Después de todo, cuando hablamos de tu rol irremplazable dentro del Cuerpo de Cristo, estamos hablando de la verdadera compañía de aquellas cuyos corazones han sido capturados por Jesús, las que se han convertido en sus aliadas íntimas. Deseas ofrecerte a aquellos que están sedientos de lo que tienes. Si esto no es lo que se desea donde estás, pregúntale a Jesús qué quiere que hagas.

Si eres llamada, Dios abrirá el camino. Sea en el lugar que estés o por medio de un cambio de circunstancias. Sigue a tu Amado, sus invitaciones. Con Él, no hay nada que te detenga.

En el mundo

Si vas más allá de tu círculo más amplio de influencia, tienes algo esencial que ofrecer al mundo. Tal vez sea en la forma de una insigne carrera. Quizás a través de una vida escondida, bien vivida. Algunas mujeres son llamadas para el mercado. Lidia era una mujer de negocios cuando Pablo la conoció. Era una «vendedora de púrpura, de la ciudad de Tiatira, que adoraba a Dios» (Hechos 16.14). Débora gobernaba a Israel en asuntos de justicia, economía y guerra (Jueces 4–5). Algunas mujeres se encuentran en el mercado del mundo porque quieren estar allí. Es su llamado. Otras están allí porque en este momento en sus vidas no tienen otra alternativa.

Cualquier sea el caso, el asunto crucial es este: debes vivir allí *como mujer*. No seas ilusa. El mundo todavía está profundamente estropeado por la Caída. Los hombres todavía dominan en muchas maneras pecaminosas (recuerda la maldición). Las mujeres que «lo logran» tienden a ser dominantes y controladoras (recuerda a la Eva caída). El Maligno continúa dominando al mundo y sus sistemas (1 Juan 5.19). En el mundo *tienes* que ser tan astuta como una Rahab, Ester y Tamar. Debes caminar sabiamente. No debes permitir que te moldeen según su perspectiva de lo que es una mujer. Terminarás siendo un hombre. Lo que tienes para ofrecer es a *una mujer*. Singularmente femenina.

Sobre todo, debes vivir en ese mundo como una respuesta a la invitación de Jesús, porque serás lastimada si no te ha llamado allí. Tendrás su cobertura si Él te ha llamado.

¿Qué hay escrito en tu corazón?

Como dije antes, las invitaciones de Jesús llegan a nosotros de muchas maneras. Algunas veces llegan por medio de las circunstancias, una oportunidad se abre delante de nosotras. Algunas veces llegan a través de otras personas, alguien que ve algo de una forma en la que todavía nosotras no podemos ver, y nos invitan a dar un paso al frente de alguna manera. Pero, a fin de cuentas, las invitaciones de Dios son asuntos del corazón. Vienen a través de nuestras pasiones, esos deseos arraigados muy en lo profundo de nosotros. ¿Qué es lo que anhelas ver que ocurra? ¿Cómo *tú* ansías que el mundo sea un lugar mejor? ¿Qué te enoja tanto que te hace casi verlo todo rojo? ¿Qué te hace llorar?

Descubrirás lo que es según Dios restaura tu corazón y te libera, recuperarás viejas pasiones perdidas, sueños olvidados hace mucho tiempo. Esos deseos que emergen son invitaciones, no para que te apresures y los trates de inmediato. Eso también sería muy ingenuo. Son invitaciones a llevar tu corazón donde tu Amado y pedirle que profundice, te clarifique, y te hable sobre cómo, cuándo y con quién. Nos encanta la descripción de Buechner cuando dice: «El lugar al que Dios nos llama es ese lugar donde se encuentran la profunda hambre del mundo y tu profundo deseo».

No te rindas ante el temor

Seguro que esto asusta.

Responder a las invitaciones de Jesús con frecuencia se siente como la cosa más arriesgada que jamás hemos hecho. Solo pregúntale a Rahab, Ester, Rut y María. Pregúntale a Jeanine, Ellie, Tammy, Carol y Kathleen. El Diccionario de Uso del Español (María Moliner) define «riesgo» como la «posibilidad de que ocurra una desgracia o un contratiempo». La vida de las amigas de Dios es una vida de profundo riesgo. El riesgo de amar a otros. El riesgo de dar un paso al frente y ofrecerse, de hablar y seguir los sueños dados por Dios. El riesgo de desempeñar el rol irremplazable que se supone que juegues. Y claro que es difícil. Si fuera fácil, verías a muchas mujeres viviendo de esta manera.

Volvamos entonces a lo que dijo Pedro cuando instó a las mujeres a ofrecer su belleza a otros en amor. Este es el secreto de la feminidad desatada:

Sin temer ninguna amenaza. (1 Pedro 3.6)

La razón por la que tememos dar un paso al frente es porque sabemos que tal vez no salga bien (¿es esto un eufemismo?). Tenemos una historia de heridas que nos están gritando que vayamos a la segura. Sentimos tan profundamente que si no sale bien, que si no somos bien recibidas, es un veredicto sobre nuestras vidas, nuestra persona y nuestros corazones. Tememos que se confirmen nuestras dudas más profundas sobre nosotras mismas y como mujeres. Otra vez. Que oiremos una vez más el mensaje de nuestras heridas, las penetrantes respuestas negativas a nuestra pregunta. Por esta razón *solo* nos arriesgamos a dar un paso al frente cuando estamos descansando en el amor de Dios. Cuando hemos recibido su veredicto en nuestras vidas... que somos escogidas y profundamente amadas. Que Él nos encuentra cautivantes. Entonces somos libres para ofrecer.

Podrías decir que la gente no respondió muy bien al amor de Jesús, a su forma de dar un paso al frente en fe, al haber desempeñado el rol que solo Él tenía que desempeñar. Y decirlo así sería un juicio increíblemente modesto. La misma gente por la que Jesús murió, le profirió insultos, se burló de Él, le escupió, le crucificó. Jesús tuvo que confiar en su Padre *profundamente*, con todo su ser. Pedro lo usa como nuestro ejemplo al decir: «Cristo padeció por nosotros, dejándonos ejemplo, para que sigáis sus pisadas ... quien cuando le maldecían, no respondía con maldición; cuando padecía, no amenazaba, sino encomendaba la causa al que juzga justamente» (1 Pedro 2.21-23). O como dice otra traducción: «se entregaba a aquel que juzga con justicia» (NVI). Él estaba bien. Se encomendó a Dios.

Unos pocos versículos después de este, Pedro, escribiendo a mujeres, dice: «Asimismo vosotras, mujeres ... sin temer ninguna amenaza» (3.1, 6). Jesús vivió una vida de amor y nos invita a hacer lo mismo. Independientemente de la respuesta.

Fue muy difícil e inmensamente arriesgado para mí comenzar a hablar y a ofrecer desde mi corazón en nuestros retiros para mujeres. Realmente aterrador. ¿Entiendes? Cuando comencé a hablar estaba severamente sobrepeso. Mi pecado, mi adicción era muy evidente. Todos podían verla. Pararme frente a un grupo de mujeres y estar obviamente fracasando en el departamento de la belleza externa fue humillante y difícil. Se sintió arriesgado escribir este libro con John. Arriesgado compartir tanto de mi historia. Arriesgado porque es la primera vez que soy autora y él es muy reconocido, y lo hace muy bien.

Pero no podemos esperar para ofrecer nuestras vidas hasta que tenemos todo bajo control. No podemos darnos ese lujo. Si lo hiciéramos, *¿alguien alguna vez* se arriesgaría a ofrecer algo? Dios nos pide ser vulnerables. Nos invita a compartir y a dar en nuestras debilidades. Quiere que ofrezcamos la belleza que nos ha dado aun cuando estamos muy conscientes de que no es todo lo que deseamos que fuera. Dios quiere que *confiemos* en Él.

Cómo resulta ya no es el problema. Vivir de esta forma, como una mujer viva, es una decisión que tomamos porque es la mujer que queremos ser. Es nuestra afectuosa respuesta a la invitación de nuestro Amado.

Tienes que *estar presente*

John y yo estábamos en una actividad para novatos, una actividad para conocerse mientras compartíamos algunos postres. Como parte de nuestras presentaciones, se nos pidió que dijéramos cuál era nuestro «lema familiar». En nuestro pequeño grupo había un pareja mayor a la que nos sentimos atraídos. El caballero tenía un «no sé qué» en sus ojos, una chispa, como si hubiera descubierto el secreto de la vida y le hubiera traído muchísima alegría. Su esposa era una diminuta mujer cuya mejor descripción sería que estaba *muy presente*. No era una mujer que se escondía, no tenía miedo. Era una mujer en reposo, en paz con ella misma y con todos los pistones funcionando. Estaba viva y era bella.

El caballero miró a su esposa y le preguntó: «¿Tenemos un lema familiar?». Ella contestó: «Bueno, ha estado pegado en la nevera por los pasados treinta años». Él preguntó: «¿Cuál? ¿Amana[3]?» Después de la risa del grupo, esto fue lo que la esposa dijo. Este era el principio por el que ella vivía. A esto invitaba a otros.

Ahora debemos vivir cuando el pulso de la vida es fuerte. La vida es algo sutil... frágil, efímero. No esperes por el mañana. ¡Está presente ahora! ¡Está presente ahora! ¡Está presente ahora!

Debes estar presente ahora.

Vivir como una mujer auténtica, libertada y redimida significa ser genuina y estar presente, en este momento. Si continuamos escondiéndonos, se perderá demasiado. No podemos tener intimidad con Dios ni con nadie más si permanecemos escondidas y ofrecemos solo lo que creemos que necesitamos ser o lo que creemos que quieren de nosotras. No podemos desempeñar el rol *ezer* que se supone que desempeñemos si la vergüenza y el miedo nos siguen atando, presentando al mundo solo la cara hemos aprendido que es segura. *Solo tienes una vida para vivir. Sería mejor que vivieras la tuya.*

¿Qué tenemos para ofrecer, realmente, a parte de lo que somos y lo que Dios ha estado derramando en nuestras vidas? No naciste por accidente, no es por casualidad que tienes los anhelos que tienes. La victoriosa Trinidad ha planificado que estés aquí ahora, «para un momento como este». Te necesitamos.

Sabiendo Jesús que el Padre le había dado todas las cosas en las manos, y que había salido de Dios, y a Dios iba, se levantó de la cena, y se quitó su manto, y tomando una toalla, se la ciñó. Luego puso agua en un lebrillo, y comenzó a lavar los pies de los discípulos, y a enjugarlos con la toalla con que estaba ceñido. (Juan 13.3-5)

Jesús sabía quién era Él. Sabía de dónde venía y adónde iba. Sabía para qué estaba aquí. Entonces, en poder y fuerza, en humildad y completa libertad, se ofrece. Jesús ministra y, a fin de cuentas, derrama su vida como una ofrenda por la nuestra. Agradable, santa y aceptable. Jesús dice que hace esto «porque ejemplo os he dado, para que como yo os he hecho, vosotros también hagáis» (v. 15).

Dios realmente quiere que sepas quién *tú* eres. Quiere que seas capaz de entender la historia de tu vida, que conozcas de dónde has venido y sepas hacia dónde vas. En esto hay libertad. Libertad para ser, para ofrecer y para amar. Así que, ¿podemos tomar un momento para recordarte quién eres realmente?

Eres mujer. Un ser que lleva la imagen de Dios. La Corona de la creación. Fuiste escogida desde antes del tiempo y el espacio, y eres santa y entrañablemente amada. Hay alguien que va tras de ti, eres galanteada y eres el apasionado deseo de tu Prometido, Jesús. Eres peligrosa en tu belleza y en el poder que tienes para dar vida. Y te necesitan.

Como mujer que has sido rescatada y redimida, puedes ser fuerte y tierna. Hablas al mundo de la misericordia, el misterio, la belleza de Dios, y de su deseo de tener una relación de intimidad. Invitas, puede arriesgarte a ser vulnerable, puedes ofrecer el valor de tu vida así como tu necesidad de algo más porque estás segura en el amor de Dios. Trabajas junto a Dios para producir vida; en creatividad, en trabajo, en otros. Tu corazón anhelante y que ha sido despertado te lleva a los pies de Jesús donde espera en Él y esperas por Él. Los ojos de su corazón están siempre sobre ti. El Rey está cautivado por tu belleza.

Te necesitamos. Necesitamos que despiertes más a Dios y que despiertes a los deseos del corazón que Él ha puesto dentro de ti para que así cobres vida para Él y para el rol que te toca desempeñar. Tal vez fuiste creada para ser un músico concertista o una maestra. Quizás fuiste creada para ser una neuróloga o una entrenadora de caballos. Es posible que debas ser una activista por la ecología, o los pobres, o los ancianos o los enfermos. Ciertamente eres llamada a ser mujer, adondequiera que Él te dirija.

Y eso es crucial, querido corazón. Cualquiera sea tu llamado particular, fuiste creada para embellecer el mundo con tu danza, para seguir a Jesús adondequiera que te dirija. Primero te dirigirá a Él, y luego, con Él, te llevará a un mundo que Él ama y que necesita que tú ames.

Es por Invitación.

TOMA MI MANO

Hay una escena casi al final de la película *Ana y el Rey* que me gustaría poder mostrártela ahora mismo. Permíteme describirla.

El tiempo es el siglo diecinueve y el lugar es Siam, un pequeño pero hermoso país asiático que todavía vive aferrado a su antiguo pasado. Ana, una mujer inglesa que vive en Siam como tutora de los muchos hijos del rey, ha ayudado al rey Mankut a prepararse para la cena de estado. Quiere demostrarle a los ingleses que su país está listo para involucrarse en los asuntos mundiales, así que la cena es ofrecida al estilo inglés: vajilla de plata, manteles, luz de velas y al final de la cena, un baile de salón.

Cuando el banquete termina y llega el momento de bailar la primera pieza, el rey se pone de pie y le extiende su mano a Ana. La invita a bailar con él. Fija su mirada en ella y nada ni nadie puede distraerlo. Espera por su respuesta. Ella está evidentemente sorprendida, desconcertada, pero tiene la gracia de responder y se para. Mientras caminan a lo largo de la mesa, los ojos del rey nunca la pierden de vista, tiene una sonrisa dibujada en sus labios. Algunos están molestos porque la ha escogido a ella. Otros la miran con desprecio, otros con placer. No tiene importancia ni para el rey ni para Ana en este momento.

Ana vino preparada al baile. Estaba preciosa en un dramático vestido que brillaba como las estrellas. Pasó horas preparándose: su cabello, su vestido, su corazón. Al llegar a la pista de baile, Ana le expresa su miedo de bailar con el Rey ante la mirada de otros. «No nos gustaría que terminara en un depósito», dice Ana. ¿La respuesta a su corazón interrogante? «Yo soy el Rey. Yo te guiaré».

Jesús te está extendiendo su mano. Te está invitando a bailar con Él. Te pregunta: «¿Me concedes esta pieza... todos los días de tu vida?» Su mirada está fija en ti. Está cautivado por tu belleza. Está sonriendo. No le importan las opiniones de los demás. Está de pie. Él te guiará. Él espera tu respuesta.

Mi amado habló, y me dijo:
Levántate, oh amiga mía, hermosa mía, y ven. (Cantares 2.10)

Sobre los autores

John Eldredge es el fundador y director de *Ransomed Heart*™ *Ministries* en Colorado Springs, Colorado; un grupo dedicado a la enseñanza, consejería y discipulado de personas que quieren recuperarse y vivir desde lo profundo de sus corazones.

John es autor de varios libros, entre ellos: *Majestuoso, Salvaje de Corazón* y coautor de *El Sagrado Romance*. Vive en Colorado Springs con su esposa Stasi y sus tres hijos, Samuel, Blaine y Luke. Le encanta vivir en las Montañas Rocosas porque allí puede dedicarse a sus otras pasiones: la pesca con mosca, alpinismo y a explorar en su canoa los cuerpos de agua del oeste de los Estados Unidos.

Stasi Eldredge es colíder del ministerio para mujeres de *Ransomed Heart*. Su pasión es que las mujeres descubran su identidad como las amadas de Cristo. Stasi ama la belleza del oeste de los Estados Unidos y es mucho más probable encontrarla explorando al aire libre que atendiendo las tareas de la casa. Ama a su familia, los baños de burbujas, las conversaciones profundas, el viento, su perro Scout, que otra persona friegue los trastes, una buena película, un buen llanto, una yegua llamada Cora y «sobre todo, la manera en que Dios me ama y me sorprende al seguir acercándose a mi corazón en maneras maravillosas e íntimas».

Para más información sobre el ministerio de John y de Stasi, visite www.ransomedheart.com

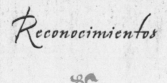

Reconocimientos

¿Por dónde empezamos? Estamos en deuda con demasiadas personas como para mencionarlas.

Gracias a nuestra querida amiga Leigh, quien sirvió de comadrona para este libro por medio de su intercesión, su aliento, su amor y su consistente fe en nosotros y en su Verdadero Amor. Y por el gran grupo de mujeres a las que tenemos el honor de llamar nuestras hermanas, nuestras amigas. A las mujeres de Ransomed Heart y de Imago Dei. Ustedes son cautivantes.

Gracias a nuestros aliados en Thomas Nelson. Brian, tu edición y consejos han dado otra vez como resultado un libro mucho mejor. Mike, Jonathan, Jerry, Kyle, su visión y deseo están encendiendo un gran fuego en el corazón del pueblo de Dios. Y a nuestros aliados en Yates y Yates, guerreros samurai para el Reino.

Gracias a los que han orado por nosotros a través de esta batalla. Ustedes saben cómo ha sido.

(Esto se siente como un mensaje de aceptación de un Oscar, y ahora están tratando de que nos bajemos del escenario.)

Y por último, pero no menos importante, a Aquel que nos ama más y mejor: nuestro maravilloso Dios, nuestro valiente y precioso Señor. ¡Cuánto te amamos! Esta es nuestra ofrenda. Este es nuestro amor derramado.

Oración diaria por libertad

❧

Mi querido Señor Jesús, me acerco hoy para ser restaurada en ti, para renovar mi lugar en ti, mi alianza contigo y para recibir de ti toda la gracia y misericordia que necesito desesperadamente en este día. Te honro como mi soberano Señor y rindo cada área de mi vida total y completamente a ti. Te entrego mi cuerpo como sacrificio vivo. Te entrego mi corazón, mi alma, mi mente y mi fuerza, y también te entrego mi espíritu. Me cubro con tu sangre: mi espíritu, mi alma y mi cuerpo. Y le pido a tu Espíritu Santo que restaure mi unión contigo, que me selle en ti y me dirija en este momento de oración.

Querido Dios, santa y victoriosa Trinidad, solo tú eres digno de recibir toda mi adoración, la devoción de mi corazón; toda mi alabanza, toda mi confianza y toda la gloria de mi vida. Te adoro, me inclino ante ti y me entrego toda a ti en esta búsqueda de vida a través de mi corazón. Solo tú eres vida y solo tú te has convertido en mi vida. Renuncio a todos los demás dioses, a todos los ídolos y te doy el lugar en mi corazón y en mi vida que realmente mereces. Confieso aquí y ahora que todo se trata de ti, Dios, y no de mí.

Eres el Héroe de esta historia y te pertenezco. Perdona cada uno de mis pecados. Escudríñame y conóceme, y revélame cualquier área de mi vida que no sea de tu agrado, revela cualquier acuerdo que haya hecho con mi Enemigo, y concédeme la gracia de un profundo y verdadero arrepentimiento.

Padre celestial, gracias por amarme y escogerme antes de haber creado el mundo. Eres mi verdadero Padre, mi Creador, mi Redentor, mi Sostenedor y el fin verdadero de todas las cosas, incluyendo mi vida. Te amo, confío en ti y te adoro. Gracias por darme tu amor al enviar a tu único Hijo Jesús para ser mi sacrificio y mi nueva vida. Lo recibo y así como toda su vida y obra, la que separaste para mí. Gracias por incluirme en Cristo, por perdonar mis pecados, por concederme su justicia, por hacer de mí un ser pleno. Gracias por devolverme la vida en Cristo, por resucitarme con él, por sentarme con él a tu diestra, concediéndome su autoridad, y por ungirme con tu Espíritu Santo. Recibo todo esto con agradecimiento y le doy total autoridad en mi vida.

Jesús, gracias por venir a mí, por pagar mi rescate con tu vida. Te honro como mi Señor. Te amo, te adoro y confío en ti. Sinceramente te recibo como mi redención y recibo toda la obra y el triunfo de tu crucifixión, por medio de la cual he sido limpiada de todo mi pecado a través de tu sangre derramada. Mi antigua naturaleza es eliminada, mi corazón es circuncidado en Dios y cualquier afirmación hecha en mi contra es desactivada. Tomo mi lugar en tu cruz y en tu muerte, pues allí he muerto a mi pecado y a mi carne, al mundo y al Enemigo. Estoy crucificada con Cristo. Ahora tomo mi cruz y crucifico mi carne con todo su orgullo, incredulidad e idolatría. Entierro la vieja criatura. Coloco la cruz de Cristo entremedio de mí y todas las personas, todos los espíritus y todas las cosas.

Espíritu Santo, ayúdame a entender la plenitud de la crucifixión de Jesucristo por mí. La recibo con agradecimiento y le concedo total autoridad en mi vida.

Jesús, también te recibo sinceramente como mi nueva vida, mi santidad, mi santificación. Recibo toda la obra y triunfo de tu resurrección, por medio de la cual he sido resucitada contigo a una nueva vida: muerta al pecado y viva para Dios. Estoy crucificada con Cristo y no soy yo quien vive sino es Cristo quien vive en mí. Ahora tomo mi lugar en tu resurrección, por medio de la cual he nacido contigo y reino en vida a través de ti. Me visto de esta nueva persona en toda santidad y humildad, en toda rectitud, pureza y verdad. Cristo es ahora mi vida; el que me fortalece. Espíritu Santo, ayúdame a entender la plenitud de la resurrección de Jesucristo por mí. La recibo con agradecimiento y le concedo total autoridad en mi vida.

Jesús, también te recibo sinceramente como mi autoridad y ley, mi eterna victoria sobre Satanás y su reino. Recibo toda la obra y triunfo de tu ascensión, por medio de la cual Satanás ha sido juzgado y echado fuera, y sus huestes y potestades han sido desarmadas. Jesús, toda autoridad en los cielos y en la tierra a ti sea dada, y en ti he recibido plenitud. Eres la Cabeza sobre todo. Tomo mi lugar en tu ascensión, por medio de la cual he resucitado contigo para estar a la diestra de tu Padre y puesta en toda autoridad contigo.

Desde ahora tu autoridad y tu reino gobernarán toda mi vida, mi familia, mi hogar y mi dominio. Y ahora reclamo la plenitud de tu obra —tu cruz, resurrección y ascensión— contra Satanás, contra su reino y todos sus emisarios y obras que luchan contra mí y lo que me rodea. Mayor es que el que está en mí que el que está en el mundo. Cristo me ha dado autoridad para vencer sobre todo poder del Maligno, y reclamo esa autoridad contra cada enemigo, y hago que desaparezca en el nombre de Jesucristo. Espíritu Santo, ayúdame a entender la plenitud de la obra de ascensión de Jesucristo por mí. La recibo con agradecimiento y le concedo total autoridad en mi vida.

Espíritu Santo, te recibo sinceramente como mi Consejero, mi Consolador, mi Fortaleza y mi Guía. Gracias por sellarme en Cristo. Te honro como mi Señor, y te pido que me dirijas a toda verdad, que unjas toda mi vida, mi caminar y mi llamado, y que me permitas hoy adentrarme más en Jesús. Abro completamente mi vida, en toda dimensión y aspecto —mi cuerpo, mi alma y mi espíritu— y escojo ser llena de ti y caminar cada paso contigo en todas las cosas. Ayúdame a entender, bendito Espíritu Santo, toda la obra y todos los dones de Pentecostés. Lléname otra vez, bendito Espíritu Santo. Te recibo con agradecimiento y te concedo total autoridad en mi vida.

Padre celestial, gracias por otorgarme toda bendición espiritual en los cielos por medio de Cristo. Hoy recibo esas bendiciones en mi vida y le pido al Espíritu Santo que traiga todas esas bendiciones en este día. Gracias por la sangre de Jesús. Lávame con su sangre de todo pecado una vez más, de toda mancha y de toda artimaña del Enemigo. Me visto con tu armadura: el cinturón de la verdad, la coraza de justicia, el calzado del apresto del evangelio de la paz y ?el yelmo de la salvación. Tomo el escudo de la fe y la espada del Espíritu, la palabra de Dios, y empuño estas armas contra el Maligno, en el poder Dios. Decido orar en el Espíritu en todo momento, ser fuerte en ti, Señor, en tu poder.

Padre, gracias por tus ángeles. Los convoco en la autoridad de Jesucristo y los libero para que peleen por mí y mi familia. Permite que cuiden de mí en cada momento de este día. Gracias por las personas que oran por mí. Confieso que necesito sus oraciones. Te suplico que envíes tu Espíritu y los animes, los unas, levantando así una gran muralla de oración e intercesión por mí. Que el reino del Señor Jesucristo venga hoy sobre mi hogar, mi familia, mi vida. Oro todo esto en el nombre de Jesucristo, dándole toda gloria, honor y gracias. Amén.

Extracto de Salvaje de corazón

Al fin estoy rodeado de un paisaje salvaje. El viento en la copa de los pinos detrás de mí suena como el océano. Las olas se apresuran desde el gran azul de arriba, sobre la cima de la montaña que he escalado, en algún punto de la cordillera Sawatch en el centro de Colorado. Un mar de artemisas se extiende a mis pies por millas y millas solitarias. Zane Grey lo inmortalizó con el color salvia púrpura, pero la mayor parte del año tiene más bien un tono gris plateado. Esta es la clase de región que puede atravesar por días montado en un caballo sin ver otra alma viviente. Hoy, voy a pie. Aunque el sol brilla esta tarde, la temperatura no subirá a más de treinta grados Fahrenheit (cero grados centígrados) aquí cerca de la División Continental, y lo que sudé al escalar este tramo ahora me produce escalofríos. Está terminando el mes de octubre y se aproxima el invierno. A la distancia, a casi ciento sesenta kilómetros (cien millas) al sur por el suroeste, las Montañas San Juan ya están cubiertas de nieve.

El aroma acre de las salvias aun se adhiere a mis jeans, y me mantiene la mente despejada cuando tomo una bocanada de aire...

notablemente escaso a más de tres mil metros (diez mil pies) de altura. Me veo obligado a descansar de nuevo, aun cuando sé que cada pausa aumenta la distancia entre mi presa y yo. Sin embargo, la ventaja siempre ha sido de ella. Aunque las huellas que encontré esta mañana aún eran frescas (de sólo unas horas), eso prometía muy poco. Un alce puede cubrir con facilidad kilómetros de terreno escarpado en esa cantidad de tiempo, especialmente si está herido o huyendo.

El uapití, como lo llaman los indios, es una de las criaturas más escurridizas que quedan en Estados Unidos. Son los reyes fantasmas del territorio alto, más cautos y recelosos que el venado, y más difícil de seguirles el rastro. Viven en las elevaciones más altas, y viajan más en un día que casi cualquier otra pieza de caza. Los alces parecen tener un sentido especial para detectar la presencia humana. En algunas ocasiones he estado cerca, al instante se han ido, desapareciendo silenciosamente entre los cultivos de álamos tan espesos que usted no creería que un conejo podría atravesarlos.

No siempre fue así. Por siglos los alces vivieron en las praderas, pastando juntos en grandes cantidades. En la primavera de 1805, cuando andaba en busca del Pasaje Noroccidental, Meriwether Lewis describió que pasaban en manadas de miles. A veces los curiosos holgazaneaban tanto que él podía lanzarles palos, como vacas lecheras de granja bloqueando el camino. Sin embargo, a finales del siglo la expansión hacia el oeste obligó a los alces a subir a las Montañas Rocosas. Ahora son escurridizos, y se esconden como bandidos en los límites de la vegetación, hasta que las fuertes nevadas del invierno los obligan a bajar. Si los busca ahora es bajo las condiciones de ellos, en persecuciones intimidantes mucho más allá del alcance de la civilización.

Por eso es que vengo.

Y es la razón por la que todavía estoy aquí, dejando que el viejo alce se aleje. Mi cacería, como puede ver, en realidad tiene poco que ver con el alce. Lo sabía antes de llegar. Estoy persiguiendo algo más en este lugar indómito. Ando en busca de una presa aun más escurridiza... algo que sólo se puede encontrar con la ayuda de un lugar solitario como este.

Estoy buscando mi corazón.

SALVAJE DE CORAZÓN

Eva fue creada dentro de la exuberante belleza del huerto del Edén. Pero Adán, como recordará, fue creado *fuera* del huerto. En el recuento de nuestros inicios, Génesis 2 lo deja ver claro: el hombre nació en zona deshabitada, de la parte indómita de la creación. Sólo después fue llevado al Edén. Desde entonces los muchachos nunca se han mantenido dentro de las casas y los hombres han tenido un insaciable anhelo de explorar. Añoramos regresar; es entonces cuando la mayoría de los hombres cobran vida. Como dijo John Muir, cuando un hombre va a las montañas, llega a casa. El centro de su corazón no está domesticado, *y eso es bueno*. «No estoy vivo en una oficina —dijo Northface—. No estoy vivo en un taxi. No estoy vivo en una acera». Amén a eso. ¿Su conclusión? «Nunca dejaré de explorar».

Mi género parece necesitar un poco de ánimo. Esto llega de modo natural, como nuestro amor innato por los mapas. En 1260 Marco Polo salió a buscar a China, y en 1967, cuando tenía siete años, mi amigo Danny Wilson y yo intentamos cavar un hoyo en nuestro patio para llegar hasta allá. Nos dimos por vencidos a los dos metros y medio (ocho pies), pero resultó un gran fuerte. Aníbal atravesó sus famosos Alpes, y llega un día en la vida de un niño cuando cruza por primera vez la calle y pasa a formar parte del grupo de los grandes exploradores. Scott y Amundsen compitieron por el Polo Sur; Peary y Cook se disputaron el Polo Norte, y cuando el verano pasado les di a mis hijos algunas monedas y permiso para ir en sus bicicletas hasta la tienda para comprar un refresco, cualquiera hubiera pensado que les había alquilado un avión para descubrir el ecuador. Magallanes navegó al oeste, alrededor de la punta de Sur América —a pesar de las advertencias de que él y su tripulación caerían en el fin de la tierra— y Huck Finn bajó por el Misisipí, haciendo caso omiso a amenazas similares. Powell siguió al Colorado dentro del Gran Cañón, aunque —no, *porque*— nadie lo había hecho antes y todo el mundo decía que no se podía hacer.

Por eso mis chicos y yo nos paramos en la orilla del río Snake en la primavera de 1998, sintiendo esa antigua urgencia de escaparnos. La descongelación de la nieve ese año era alta, más alta que de costumbre, y el río se había salido de su cauce y corría a raudales por los árboles a ambos lados. El medio del río, que a finales del verano es cristalino, ese día estaba como chocolate con leche, flotaban troncos, enormes marañas de ramas más grandes que un auto, y quién sabe qué más. Alto, lleno de lodo, y raudo, el Snake era imponente. No se veían otras balsas. ¿Mencioné que llovía? Sin embargo, teníamos una canoa nueva, los remos estaban a la mano y, seguro, yo nunca había flotado en el Snake sobre una canoa, a decir verdad en ningún otro río, ¡pero ni hablar! Nos subimos y nos dirigimos a lo desconocido, como Livingstone metiéndose al interior de África.

La aventura, con todos sus requisitos de peligro y locura, es un profundo anhelo espiritual en el alma del hombre. El corazón masculino necesita un lugar donde nada sea prefabricado, modular, sin grasa, veloz, adjudicado, conectado, calentado en microondas. Donde no haya fechas límites, teléfonos celulares ni reuniones de comité. Donde haya espacio para el alma. Donde, finalmente, la geografía que nos rodea corresponda a la de nuestro corazón. Observe los héroes del texto bíblico: Moisés no encontró al Dios viviente en el centro comercial. Lo encontró (o fue encontrado por Él) en alguna parte de los desiertos del Sinaí, muy lejos de las comodidades de Egipto. Lo mismo se aplica a Jacob, quien no tuvo su lucha contra Dios en un sofá de la sala sino en el lecho seco de un río, en alguna parte del Jaboc, en Mesopotamia. ¿Dónde fue el gran profeta Elías a recuperar sus fuerzas? Al desierto. Así lo hizo Juan el Bautista, y su pariente Jesús, quien *fue llevado por el Espíritu Santo* al desierto.

No importa qué más estuvieran buscando esos exploradores, también andaban en busca de sí mismos. Muy profundo en el corazón de un hombre hay algunos interrogantes básicos que simplemente no encuentran respuesta en la mesa de la cocina. ¿Quién soy? ¿De qué estoy hecho? ¿A qué estoy destinado? Es el miedo lo que mantiene a un hombre en casa, donde las cosas están limpias y en orden, *y todo está bajo su control*. Pero las respuestas a sus más profundos interrogantes no se encuentran en la televisión ni en la nevera. Allá en las ardientes arenas desérticas, perdido en un desierto inexplorado, Moisés recibió la misión y el propósito de su vida. Fue llamado a algo mucho más grande de lo que había imaginado, mucho más serio que un ejecutivo en jefe o un «príncipe de Egipto». Bajo estrellas extrañas, en lo profundo de la noche, Jacob recibió un nuevo nombre, su verdadero nombre. Ya no es un astuto negociante, ahora es alguien que luchó con Dios. Lo esencial del sufrimiento de Cristo en el desierto fue una prueba de su *identidad*. «Si eres quien crees ser...» Si un hombre ha de averiguar quién es, y por qué está aquí, debe hacer ese viaje.

Es necesario que vuelva a recuperar su corazón.

La expansión hacia el oeste contra el alma

La manera en que se desarrolla la vida de un hombre hoy día tiende a meter su corazón en remotas regiones del alma. Interminables horas ante una pantalla de computadora; vendiendo zapatos en el centro comercial; reuniones, memorándums, llamadas telefónicas. El mundo de los negocios —donde la mayoría de estadounidenses viven y mueren— exige que un hombre sea eficiente y puntual. Se diseñan políticas y procedimientos empresariales con un propósito: atar al hombre al arado y hacer que produzca. Pero el alma se niega a que la amarren; ella no sabe de agendas, fechas límites ni informes de ganancias o pérdidas. El alma anhela pasión, libertad, *vida*. Así lo expresó D.H. Lawrence: «No soy un mecanismo». Un hombre necesita sentir los ritmos de la tierra; necesita tener a mano algo verdadero: el timón de un bote, un par de riendas, la aspereza de la cuerda o simplemente una pala. ¿Puede un hombre vivir todos sus días con las uñas limpias y recortadas? ¿Es eso con lo que sueña un niño?

La sociedad no acaba de decidir qué piensa sobre los hombres. Luego de pasar los últimos treinta años redefiniendo la masculinidad como algo más sensible, seguro, manejable y, por así decirlo, femenino, ahora les reprochan por no ser hombres. Los niños suspiran por ser niños. Como si para que un hombre crezca de verdad tuviera que renunciar a la aventura y a sus ansias de conocer el mundo, para apaciguarse y estar siempre en casa jugando damas. Un tema regular en programas de entrevistas y libros nuevos es: «¿Dónde están todos los *verdaderos* hombres?» Quiero contestar: *Les pidieron que fueran mujeres*. El resultado es una confusión de género nunca antes experimentada en tan amplio nivel en la historia de la humanidad. ¿Cómo puede saber alguien que es un hombre cuando su objetivo más elevado es cuidar sus modales?

Después, ¡ay!, viene la iglesia. El cristianismo, como existe en la actualidad, ha hecho algunas cosas horribles a los hombres. Cuando todo se ha dicho y hecho, pienso que la mayoría de los hombres creen que Dios los puso en la tierra para ser chicos buenos. Muchos hombres nos han dicho que el problema es que no saben cómo cumplir sus promesas, ser líderes espirituales, conversar con sus esposas, o cómo criar a sus hijos. No obstante, si de veras lo intentan con empeño, logran alcanzar la elevada meta de llegar a ser... un chico bueno.Eso es lo que tenemos como modelos de madurez cristiana: ser chicos realmente buenos. No fumamos, no bebemos ni decimos malas palabras; eso es lo que nos hace *hombres*. Pues bien, déjeme preguntar a mis lectores varones: ¿Alguna vez, en todos sus sueños infantiles, soñó con convertirse en un chico bueno? (Damas, ¿actuaba con audacia el príncipe de sus sueños... o sólo era un buen tipo?)

En realidad ahora, ¿exagero mi caso? Vaya a la mayoría de iglesias en Estados Unidos, mire a su alrededor, y hágase esta pregunta: ¿Qué es un hombre cristiano? No escuche lo que se dice, mire lo que encuentra allí. No hay duda alguna. Usted tendrá que admitir que un varón cristiano es... aburrido. En un reciente retiro de la iglesia hablé con un señor en sus cincuenta, y realmente escuché acerca de su viaje como un hombre. «Me he esforzado mucho en los últimos veinte años para ser un buen hombre, como lo define la iglesia». Intrigado le pedí que hablara de ese pensamiento. Hizo una larga pausa y contestó: «Obediente. Y separado de mi corazón». *Una descripción perfecta* —pensé—. *Lamentablemente acertada.*

Robert Bly se lamenta en *Iron John* [El ciudadano de hierro]: «Algunas mujeres quieren un hombre pasivo, si es que quieren un hombre; la iglesia quiere un hombre domado (los llaman sacerdotes); la universidad quiere un hombre domesticado (los llaman personas con profesión); la empresa quiere un ... hombre desinfectado, sin vellos y superficial». Todo se junta en una clase de expansión hacia el oeste contra el alma masculina. Y de esta manera se lleva el *corazón* de un hombre a lugares remotos, como un animal herido que busca refugio. Las mujeres saben esto y lamentan no tener acceso al corazón de sus hombres. Los hombres también lo saben, pero no pueden explicar por qué se ha perdido su corazón. Saben que su corazón está palpitando, pero a menudo no saben dónde seguir el rastro. La iglesia menea la cabeza y se pregunta por qué no puede conseguir más hombres para llevar a cabo sus programas. La respuesta es sencilla: No hemos invitado hombres a conocer y a vivir desde la profundidad de su corazón.

UNA INVITACIÓN

No obstante, Dios hizo el corazón masculino, lo puso en todo hombre, y de ese modo le ofrece una *invitación*: «Ven y vive lo que anhelo que seas». Permítame pasar por el debate de naturaleza contra crianza, «¿se construye en realidad el género?», con una observación simple: Tanto hombres como mujeres están hechos a imagen de Dios *como hombres o como mujeres.* «Creó Dios al hombre a su imagen, a imagen de Dios lo creó; varón y hembra los creó» (Génesis 1.27). Pues bien, sabemos que Dios no tiene cuerpo, por tanto la singularidad no puede ser física. El género simplemente debe estar en el nivel del alma, en lugares profundos y eternos del interior. Dios no hace personas genéricas; hace algo muy marcado: un hombre o una mujer. En otras palabras, hay un corazón masculino y un corazón femenino, los que en su forma particular reflejan o representan el corazón de Dios al mundo.

Dios *quiso decir* algo cuando creó al hombre, y si hemos de encontrarnos a nosotros mismos, debemos encontrar eso. ¿Qué puso Él en el corazón masculino? En vez de preguntar lo que usted cree que debe hacer para convertirse en un mejor hombre (o mujer, para mis lectoras), deseo preguntarle: *¿Qué es lo que le anima a vivir?* ¿Qué hace que su corazón palpite aprisa? El viaje que enfrentamos ahora es a una tierra extraña para la mayoría de nosotros. Debemos entrar en un paisaje que no tiene sendas claras. Este vehículo de exploración nos lleva nuestros propios corazones, a nuestros deseos más profundos. El dramaturgo Christopher Fry dice:

> La vida es una hipócrita si no puedo vivir
> ¡A la manera en que me mueve ha hacerlo!

Hay tres deseos que tengo tan profundamente escritos en mi corazón que ahora sé que ya no puedo ignorarlos sin perder mi alma. Son indispensables para describir quién soy y qué anhelo ser. Miro en mi infancia, busco las páginas de literatura, escucho con cuidado a muchos, muchos hombres, y estoy convencido que estos deseos son universales, una clave a la masculinidad misma. Se pueden perder, olvidar o emplear mal, pero en el corazón de todo hombre hay un anhelo desesperado por una batalla que pelear, una aventura que vivir y una bella que rescatar. Quiero que piense en las películas que le gustan a los hombres, en las cosas que hacen con su tiempo libre, y especialmente en las aspiraciones de los niñitos, y vea si no tengo razón en esto.

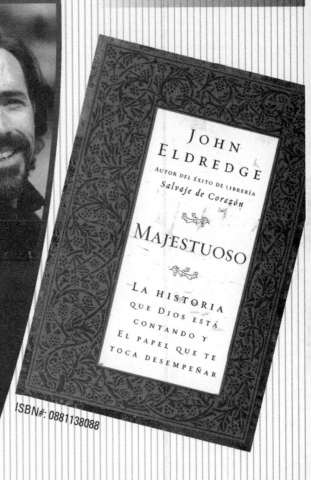

Cautivante. Lo que *Salvaje de corazón* hizo en los hombres, *Cautivante* lo puede hacer en las mujeres. Este impactante libro muestra a las lectoras el diseño glorioso de las mujeres antes de la Caída, describe cómo se puede sanar el corazón femenino y arroja luz sobre el poder y la belleza que una mujer debería tener. Al revelar los tres deseos principales que cada mujer lleva consigo: Un romance que compartir, una vida por la cual ser responsable y una belleza por resurgir—John y Stasi Eldredge invitan a las mujeres a recobrar esos corazones femeninos, creados a la imagen de un Dios apasionado. Debemos agregar que este libro animará a los hombres a descubrir el alma de la mujer y a deleitarse en la belleza y la fuerza que las mujeres por naturaleza pueden ofrecer.

Edición en inglés de tapa dura—ISBN 0-7852-6469-8
Audio en inglés en 3 CDs—ISBN 0-7852-0909-3

Majestuoso. Generalmente, no nos identificamos con el autor de una gran historia. Más bien, nos apegamos más al héroe o a la heroína alrededor de quien gira la historia. Compartimos sus tristezas y sus triunfos. Vitoreamos sus logros y sufrimos sus pérdidas. En *Majestuoso*, un recuento del evangelio en cuatro actos, John Eldredge nos invita a volver a visitar el drama de la vida, viendo a Dios no solamente como el autor sino también como el protagonista principal.

Edición en español *(Majestuoso)*—ISBN 0-8811-3808-8
Edición en inglés de tapa dura —ISBN 0-7852-6531-7
Audio en inglés en 2 CDs —ISBN 0-7852-0910-7
Guía de Estudio en inglés—ISBN 1-4185-0015-1

El despertar de los muertos. Hay una gloria en la vida, que la mayoría de las personas, incluyendo los creyentes, nunca ven. En este libro nuevo y revelador, John Eldredge presenta al corazón como el centro de la vida. Construyendo sobre estas verdades fundamentales, Eldredge muestra a los lectores por qué el verdadero cristianismo es un proceso de restauración.

Edición en español *(El despertar de los muertos)*— 0-8811-3801-0
Edición en inglés de tapa dura —ISBN 0-7852-6553-8
Audio en inglés en 3 CDs —ISBN 0-7852-6299-7

Salvaje de corazón. Dios diseñó al hombre para arriesgarse, dice John Eldredge. Si no, mire los sueños y anhelos escritos en el corazón de todo muchacho: Ser héroe, ser guerrero, vivir una vida de aventura y riesgo. Tristemente, la mayoría abandona esos sueños y anhelos… con la ayuda de un cristianismo que al parecer solo lo presiona a ser «un buen chico». No en balde muchos hombres evitan la iglesia, y los que no a menudo son pasivos y en extremo aburridos. En este provocativo libro, Eldredge ofrece a las mujeres una mirada al verdadero corazón del hombre, y permite a los hombres ser lo que Dios quiso que fueran al diseñarlos: arriesgados, apasionados, vivos y libres.

Edición en español *(Salvaje de Corazón)*—ISBN 0-8811-3716-2
Edición en inglés de tapa dura —ISBN 0-7852-6883-9
Audio en inglés en 3 CDs —ISBN 0-7852-6298-9
Audio en inglés en 2 Casetes—ISBN 0-7852-6498-1

El sagrado romance. Si anhela algo más, aun si no sabe qué es ese algo, abra este profundo libro. Al poco rato se verá yendo de página en página para ver qué más dice. *El sagrado romance* es la historia de nuestra vida; es la historia de Dios. Es una invitación divina a experimentar la belleza, la intimidad y la aventura que secretamente anhelamos.

Edición en español *(El Sagrado Romance)* —ISBN 0-8811-3648-4
Edición en inglés en rústica—ISBN 0-7852-7342-5
Edición especial de colección (Tapa dura)—ISBN 0-7852-6723-9
Audio en inglés en 2 Casetes—ISBN 0-7852-6786-7